大学生
心理成长导航

第二版

逄　伟　朱琳琳　主编

山东人民出版社 · 济南
国家一级出版社 全国百佳图书出版单位

图书在版编目（CIP）数据

大学生心理成长导航 / 逄伟，朱琳琳主编. —2版. —济南：山东人民出版社，2022.9（2025.9重印）
ISBN 978-7-209-13876-5

Ⅰ. ①大… Ⅱ. ①逄… ②朱… Ⅲ. ①大学生－心理健康－健康教育 Ⅳ. ①G444

中国版本图书馆CIP数据核字（2022）第138212号

大学生心理成长导航（第二版）
DAXUESHENG XINLI CHENGZHANG DAOHANG
逄 伟 朱琳琳 主编

主管单位 山东出版传媒股份有限公司
出版发行 山东人民出版社
出 版 人 田晓玉
社　　址 济南市市中区舜耕路517号
邮　　编 250003
电　　话 总编室（0531）82098914
　　　　 市场部（0531）82098027
网　　址 http://www.sd-book.com.cn
印　　装 日照报业印刷有限公司
经　　销 新华书店

规　　格 16开（185mm×260mm）
印　　张 19.5
字　　数 340千字
版　　次 2013年8月第1版
　　　　 2022年9月第2版
印　　次 2025年9月第5次
ISBN 978-7-209-13876-5
定　　价 43.00元

编委会成员名单

主　编　逄　伟　朱琳琳

编　委　邢　晨　刘　静　孟　刚

田玉梅　陈鸿雁　焦　雯

王　涛　刘春珍

内容简介

本书以心理健康基本理论知识为基础，以促进学生心理的适应和发展，提高大学生心理素质，帮助学生成长成才为目标。运用典型案例导入、心理学知识解读、心理知识拓展、心理问卷评估、实训活动等项目，引导大学生围绕成长过程中经常遇到的心理问题，如适应、挫折、学习、人际交往、恋爱与性心理、情绪困扰、生涯规划等进行科学合理的理解和自我指导，帮助大学生更好地认识自我，完善自我，提升心理自我教育的能力。

本书内容贴近大学生活，通俗易懂，既有理论知识，又有实际指导，体现了较好的实用性和可读性，可作为高校心理健康课程的教材或教学参考用书，也可作为大学生心理健康教育自助读物。

前言

人的一生,在不同的发展阶段,都会经历各种各样的挫折和心理压力。对于大学生来说,因其正处于青春发育期,心理特征上迅速走向成熟而又未真正成熟,因此更易出现压力、烦恼、困惑、不适等诸多心理问题。如何帮助大学生处理成长的烦恼、优化心理素质、开发自身潜能,学校的心理健康教育起到了至关重要的作用。

习近平总书记在党的二十大报告中,围绕"推进健康中国建设,把保障人民健康放在优先发展的战略位置"作出重要部署,并提出要"重视心理健康和精神卫生"。这对新时代做好心理健康和精神卫生工作提出了明确要求。为了让大学生认识到心理健康的重要性,主动认识自我、提高心理承受力,喜欢上心理健康教育课程,编者以《中共中央关于认真学习宣传贯彻二十大精神的决定》《中共中央、国务院关于进一步加强和改进大学生思想政治教育的意见》《教育部、卫生部、共青团中央关于进一步加强和改进大学生心理健康教育的意见》《教育部办公厅关于普通高等学校学生心理健康教育课程教学基本要求》等文件精神为指导,结合高职学生实际,遵循助人自助的心理健康教育原则和科学、科普、实用、易懂的编写原则编写了本书。

本书一改心理健康教育类书籍学术性强、重理论轻实践的不足。笔者通过对大学生的大量调研,设定了本书的编写专题,本着实用、够用、可读、新颖的原则,以"案例导入""心理解读""心理体验""心理评估""知识拓展""附录"(好书推荐、电影推荐)等板块呈现了专题内容。其中,"案例导入"引用了国内外及发生在大学生身边的经典案例,让大学生认识到心理问题的普遍性和解决心理问题的重要性;"心理解读"介绍了专业的心理学知识,让大学生能够学习到心理学基础知识,从心理学的角度认识、分析进而解决心理问题;"心理体验"运用体验式教学的方法,通过团体心理活动等,让大学生在活动中体悟心理道理,更好地认识自我、完善自我;"心理评估"通过较为科学的心理测评工具,帮助大学生进一步分析自我;"知识拓展"介绍了一些与专题相关、蕴含趣味的心理学知识,帮助大学生增强对专题的认识;"附录"为大学生提供了一些经典的书籍和电影，以帮助他们课后更好地自我成长。

大学生是祖国的栋梁和未来的希望，大学生能否健康成长，不仅关系到个体的未来发展，也关系到整个中华民族的兴衰，关注大学生健康成长是我们每一位教育工作者的责任。本书编者都是工作在心理健康教育工作第一线的教师，在编著本书过程中，精心撰写，反复审校，可谓竭尽全力。

本书文笔流畅，深入浅出，内容丰富，形式活泼，既有理论知识，又有实际指导，体现了较好的实用性和可读性，既可作为高校开展大学生心理健康教育课程的教材或教学参考用书，也可作为大学生心理健康教育自助读物。

本书在编写过程中引用了大量的资料，由于各种原因，未能与这些成果的著作权人和作者一一取得联系，在此表示深深地谢意和歉意。由于编者水平有限，书中难免存在不足之处，恳请读者批评指正。

编　者

2022 年 7 月

目　录

项目一　健康成长　从心开始——大学生心理健康解读 …… 1
案例导入 …… 2
心理解读 …… 5
心理体验 …… 18
心理评估 …… 22
知识拓展 …… 28
附录 …… 33
项目二　善于适应　悦纳自我——适应大学新生活解读 …… 34
案例导入 …… 35
心理解读 …… 38
心理体验 …… 52
心理评估 …… 53
知识拓展 …… 59
附录 …… 63
项目三　奏响大学生活的主旋律——大学生学习心理解读 …… 65
案例导入 …… 66
心理解读 …… 68
心理体验 …… 85
心理评估 …… 88
知识拓展 …… 93
附录 …… 98
项目四　主动交往　珍视友情——大学生人际交往解读 …… 100
案例导入 …… 101

心理解读 …… 103
心理体验 …… 113
心理评估 …… 114
知识拓展 …… 119
附录 …… 121
项目五　青苹果　红苹果——大学生爱情心理解读 …… 123
案例导入 …… 124
心理解读 …… 125
心理体验 …… 136
心理评估 …… 138
知识拓展 …… 146
附录 …… 152
项目六　接受挑战　永不言弃——大学生挫折心理解读 …… 154
案例导入 …… 155
心理解读 …… 157
心理体验 …… 165
心理评估 …… 166
知识拓展 …… 171
附录 …… 177
项目七　我的情绪我做主——大学生情绪管理解读 …… 179
案例导入 …… 180
心理解读 …… 181
心理体验 …… 194
心理评估 …… 196
知识拓展 …… 201
附录 …… 205
项目八　探寻我的人格密码——大学生塑造健全人格解读 …… 207
案例导入 …… 208
心理解读 …… 211
心理体验 …… 225
心理评估 …… 227

知识拓展……239
附录……243
项目九　网络伴我健康行——大学生网络心理解读……245
案例导入……246
心理解读……248
心理体验……256
心理评估……259
知识拓展……263
附录……266
项目十　我的未来不是梦——大学生职业生涯规划与择业心理解读……267
案例导入……268
心理解读……270
心理体验……280
心理评估……284
知识拓展……294
附录……296
参考文献……298

项目一

健康成长　从心开始

——大学生心理健康解读

编者寄语

党的二十大报告将“健康中国”作为我国2035年发展总体目标的一个重要方面,提出“把保障人民健康放在优先发展的战略位置,重视心理健康和精神卫生”。健康的心理是一个人全面发展必须具备的条件和基础,大学生正处于人生成长和进步的关键期,更应该重视自己的心理健康。健康成长,从心开始!

案例导入

案例一:烦恼来自哪里?

李某,男,20岁,某大学大一新生,家在外地,父母务农,家里还有上高三的妹妹,中学时住过校,近期情绪低落,上课无精打采。入校两个月时曾找辅导员说想调换宿舍,调换的具体原因不愿告诉辅导员,但当时别的宿舍人都满了,没能给其调换,近期找辅导员想申请退学。辅导员将其介绍到学校心理咨询中心。

在心理辅导老师的引导下,李某将心事说了出来:"我想退学,不是因为我不喜欢这个专业,也不是因为我不喜欢学校,主要是因为我不喜欢宿舍的同学。第一,我宿舍的同学家庭都很富裕,他们非常爱慕虚荣,在一起就是谈名牌,花钱聚餐吃饭,当然吃饭的时候也会叫上我,但是我都不愿意去。因为我怕我吃了他们的,到时候轮到我请客,他们嫌我寒碜,所以我都借故不参加聚餐。时间长了,我就显得很不合群。第二,我和宿舍的同学性格不合,我性格比较内向,可他们都很能闹腾,晚上经常打闹到很晚,影响我学习和休息。第三,我宿舍的同学都喜欢抛头露面,喜欢权力,好几个都是学生干部,学校有活动,他们就催我参加,我和体育委员(我宿舍成员之一)经常因为我不参加班级体育活动而争吵,这让我觉得自己失去了自由。第四,我宿舍的同学不务正业,老想着谈恋爱那点事,甚至他们很不道德,还在宿舍公然谈性,有三个同学已经有了女朋友,有时候我很嫉妒也想不明白:女生怎么会喜欢这样的男生!总之,我在宿舍就是个另类,现在他们都排斥我,出去玩、聚餐、体育比赛也不喊我了。第五,他们都不喜欢学习,老想着参加学校活动,只有我一个人在宿舍学习,我就像个傻子一样,久而久之,搞得我也没心情学了。我觉得像他们这样的人,不好好学习,毕了业是找不到工作的,所以我也瞧不起他们。在这样的宿舍生存,我觉得压抑极了,每天度日如年,不想回宿舍,不想见到他们,甚至因为他们的存在,我都不想去班级上课,但老师没法给我调宿舍,我只能退学了,要不然再这样下去,不是我疯了就是他们完了!"

这位同学思路很清晰,存在的种种困惑,其实都是成长的烦恼,属于一般的心理问题,很多人在成长中都曾经有过。只要他发展出合理认知,就可以解除心理烦恼。该同学存在以下心理问题:家庭贫困的自卑心理、学习动机过强心理、对恋爱和性的认识不正确心理、自负心理、人际关系适应不良。其实家庭状况和性格都不是影响同学之间关系的因素，在交往中只要真诚大方都可以交到朋友。而且，在大学里，学习成绩不再是衡量一个学生水平的唯一标准，大学生还应该多参加学校其他的活动，提高自己的综合素质，这样才能在毕业求职时符合用人单位的要求。此外，大学生正处于青春发育期，爱上别人或者谈论性的话题都是正常的生理和心理需求，只要把握好恋爱的度，文明恋爱即可。最后，人与人之间的交往有个适应的过程，多发现别人的优点，坚持积极沟通，不要采取逃避的态度，正确理解别人的意图，不过多地依赖自己的主观臆断，矛盾总会得到解决。

案例二：别对自己说“不可能”——约翰·库缇斯的故事

当你抱怨自己的头发的时候，你是否知道有人早已因身患癌症做化疗手术而失去了头发？当你抱怨自己的鞋子的时候，你是否知道有人天天戴着手套用双手走路？当你抱怨自己行路困难的时候，你是否知道有人用手控制着滑板走过漫长而坎坷的道路？当你抱怨连驾照都没考出来的时候，你是否知道有人虽没有双腿却申请驾照并能够驾驶汽车？

他没有双腿，却能潜水；他没有双腿，却能驾驶汽车；他没有双腿，却能成为运动场上的冠军；他没有双腿又得了癌症，却能环游世界四处演讲；他时时刻刻面对着死亡，却能拥有完美的爱与生活！你相信吗，这么多看来“不可能”的事情全都发生在一个人的身上！他就是曾与世界级大师乔·吉拉德、汤姆·霍普金斯、美国前总统克林顿同台演讲，受到南非前总统纳尔逊·曼德拉接见的世界级激励大师——约翰·库缇斯，一个与众不同的人。为什么他能逃脱死神的魔掌？为什么他能战胜癌症的磨难？为什么他最终找到真爱？他是如何用他的双手走出一条不寻常的坎坷路？来聆听他的故事，寻找答案。

约翰·库缇斯，1969 年 8 月 14 日出生于澳大利亚，出生的时候只有可乐罐那么大，腿是畸形的，而且没有肛门，躺在观察室奄奄一息，医生断言他不可能活过 24 小时，建议他的父亲为其准备后事。当悲伤的父亲给儿子准备好小棺材、小墓地后，发现儿子居然还活着。医生又断言他活不过一周、一个月、一年……而今天约翰依然健康地在全世界发表演讲。

有人说，上帝缔造他的时候，一定用了另外一副模子。他天生严重残疾，身患癌症，但他挑战死亡；他从小受尽歧视和折磨，依然笑对人生；他只能依靠双手行走，却成为运动健将；他只能算半个人，却是世界上最著名的激励大师。他的演讲雄伟壮丽，他有清晰的头脑、很好的幽默感，他乐于付出他的时间和才能。约翰在全世界向千千万万热情、热切的人们演讲，他没有双腿，也不依靠轮椅生活、移动和存在，却形成了世界级的自尊、自信和自立。他所经历的逆境与成功，对每个人来说，都是巨大的个人感召。他在世界 190 多个国家、地区和城市激励超过 150 万人。约翰·库缇斯已成为世界上最著名的残疾人激励大师！

约翰一生都在和恐惧、孤独、侮辱、折磨、病痛甚至死亡抗争，回想往事，他想："这个世界充满了伤痛和苦难。有人在烦恼，有人在哭泣。面对命运，任何苦难都必须勇敢面对，如果赢了，就赢了；如果输了，就输了。一切皆有可能，所以永远不要对自己说'不可能'。"

约翰·库缇斯曾说过：每一天都会成为你生命中最美好的一天！不管你觉得自己是多么不幸，世界上永远还有人比你更加不幸！不管你觉得自己是多么了不起，这个世界上永远还有人比你更加强大！

案例三：心理健康教育刻不容缓——武汉一大学生跳江身亡

王某出生在仙桃市一个平原小镇，是武汉一所 985 高校的大四学生。他的父母都是医护人员，平日工作很忙，他从小就跟着爷爷奶奶长大。在父母的记忆里，儿子一直是他们的骄傲，也是亲友眼中的一个传奇。从小学到初中，从高中到大学，王某的求学之路几乎没让父母操什么心。他学的是物理专业，大学的成绩非常优秀，年年都获得奖学金。2021 年暑假，他被学校推荐参加某知名高校举办的"全国优秀大学生夏令营"，这也是该校招收"推免生"的预选拔方式之一。从夏令营回来，王某信心满满地告诉父母，老师对他的表现和条件都很满意，表达了很明确的录取意向。在家里过完剩下的暑假时光后，2021 年 8 月 31 日，王某独自返回学校，然而 9 月 9 日凌晨 1 时许，王某的母亲接到一名自称儿子老师的人来电，说王某跳江失踪了。王某的母亲以为这是一个诈骗电话，但她一直没能打通儿子的电话，于是心神不宁地告诉了值夜班的丈夫。当天清晨，下夜班的王父回拨电话，确认了对方的确是儿子所在学院的领导，并得到一个晴天霹雳的消息：9 月 8 日晚上，王某从学校门口乘一辆网约车，前往长江大桥武昌桥头的一家宾馆；21 时 47 分，他出现在长江大桥中间；21 时 52 分，一个黑影纵身从桥上跳入长江。一对途经大桥的行人在桥面发现王某的书包，随后报警。

王父和妻子怎么也想不通，儿子为什么会做出这样残酷的选择。在等待搜救的过程中，他们仔细地翻看儿子的手机和电脑，只知道事发前儿子与女友发生过争吵，但社交软件中的聊天记录有些都被删除了。后来，他们又在儿子的电子邮箱里找到几封邮件，都被设置为定时发送模式，收件人分别是同学、好友、女友。在这些邮件中，他委托同学在女友生日时送上礼物，委托好友向父母和几名亲人道声“对不起”，还有一封邮件是设定在10年后发给女友的。在度日如年的等待中，王父和妻子悲伤地清理着儿子留下的点点滴滴，他们从一些蛛丝马迹中推测，儿子的冲动之举多半与情感波折有关。但他们不明白的是，一贯阳光开朗的儿子，怎么会做出如此偏激的行为。然而，逝者已矣，父母只能更加痛悔平日对儿子的心理关注不够细腻。

王某的不幸事件给学校和家庭敲响了警钟，重视并做好学生的心理健康教育刻不容缓。无论是家庭教育还是学校教育，都应该加强融入对学生的心理健康教育，以增强他们对复杂事件的心理承受力。虽然大学非常重视课程知识的传授，但教会学生心理健康知识，保持积极健康的心态，实现自然、人与社会的和谐相处显然更为重要。同时，家庭、学校和社会教育要三位一体，朝一个方向用力，最终为学生的健康成长提供强有力的支持。

心理解读

一、大学生心理健康概述

（一）心理健康的定义

世界卫生组织（WHO）把心理健康定义为：一种持续高效而满意的心理状态，在这种状态下，生命具有活力，潜能得到开发，价值得到实现。从广义上讲，心理健康是一种持续高效而满意的心理状态；从狭义上讲，心理健康是知、情、意、行的统一，是人格完善协调，社会适应良好。

（二）大学生心理健康的标准

不同的心理学家对心理健康的标准有不同的看法。概括地说，心理健康的标准就是：凡对一切有益于心理健康事件或活动做出积极反应的人，其心理便是健康的。根据国内外心理健康的标准，结合大学生的实际情况，大学生心理健康的标准主要包括如下八条：

1. 智力正常

智力，是人的观察力、注意力、记忆力、想象力、思维力、创造力及实践活动能力等的综合，包括在经验中学习或理解的能力、获得和保持知识的能力、迅速而成功地对新情境做出反应的能力、运用推理有效地解决问题的能力等。这是大学生学习、生活与工作的基本心理条件，也是适应周围环境变化所必备的心理保证。因此，衡量大学生的智力是否正常，关键在于其是否正常地、充分地发挥了自我效能，即有强烈的求知欲，乐于学习，能够积极参与学习活动。

2. 情绪健康

情绪健康的标志是情绪稳定和心情愉快。包括的内容有：愉快情绪多于负性情绪，乐观开朗，富有朝气，对生活充满希望；情绪较稳定，善于控制与调节自己的情绪，既能克制又能合理宣泄自己的情绪，情绪的表达既符合社会的要求又符合自身的需要，在不同的时间和场合有恰如其分的情绪表达；情绪反应与环境相适应，反应的强度与引起这种反应的情境相符合。

3. 意志健全

意志是人在完成一种有目的的活动时进行的选择、决定与执行的心理过程。意志健全者在行动的自觉性、果断性、坚持性和自制性等方面都表现出较高的水平。意志健全的大学生在各种活动中都有自觉的目的性，能适时地做出决定并运用切实有效的方式解决所遇到的问题。在困难和挫折面前，能采取合理的反应方式，能在行动中控制情绪和言而有信，而不是行动盲目、畏惧困难、顽固执拗。

4. 人格完善

人格是个体稳定而独特的心理特征的总和。人格完善就是指有健全统一的人格，有坚强、自信的性格，正确的人生观、价值观，合理的需要，广泛的兴趣等，个人的所想、所说、所做都是协调一致的。人格完善包括人格结构的各要素完整统一，具有正确的自我意识，不产生自我同一性混乱，以积极进取的人生观作为人格的核心，并以此为中心把自己的需要、目标和行动统一起来。

5. 自我评价正确

正确的自我评价是大学生心理健康的重要条件。大学生在进行自我观察、自我认定、自我判断和自我评价时，能做到自知、恰如其分地认识自己，摆正自己的位置；既不以自己在某些方面高于别人而自傲，也不以某些方面低于别人而自卑；面对挫折与困境，能够自我悦纳，喜欢自己，接受自己，自信、自尊、自强、自制、自爱，正视现实，积极进取。

6. 人际关系和谐

良好的人际关系是事业成功与生活幸福的前提。其表现为：乐于与人交往，既有广泛而深厚的人际关系，又有知心朋友；在交往中保持独立而完整的人格，有自知之明，不卑不亢;能客观评价别人和自己,善取人之长补己之短,宽以待人,乐于助人,积极的交往态度多于消极态度,交往动机端正。

7. 社会适应良好

个体应与客观现实环境保持良好关系,既要进行客观观察以取得正确认识,以有效的办法应付环境中的各种困难,不退缩,又要根据环境的特点和自我意识的情况努力进行协调或改变环境以适应个体需要,改造自我适应环境。

8. 心理行为符合大学生的年龄特征

大学生是处于特定年龄阶段的特殊群体,应具有与年龄与角色相适应的心理行为特征。

正确理解大学生心理健康的标准还应重视以下几个方面:

一是标准的相对性。国内学者张小乔提出一种灰色区的概念,即人的精神正常与不正常无明显界限,它是一个连续变化的过程。具体来说,如果将人的精神正常比做白色,精神不正常比做黑色,那么在白色与黑色之间存在一个巨大的缓冲区域——灰色区,世间大多数人都散落在这一灰色区域内。大学生心理健康与不健康也并无明显界限,而是一个连续变化的过程。对多数大学生而言,在人生的发展过程中面临心理问题是正常的,不必大惊小怪,应积极加以矫正。与此同时,个体心理状态处于灰色区域时,应提高自我保健意识,及时进行自我调整。人的健康状态的活动是一个发展的问题,一个人遇到了某种心理障碍并不意味着会永远保持或行将加重。出现心理冲突是非常正常的,而且是可以自行解决的。

二是整体协调性。把握心理健康的标准,应以心理活动为本考察其内外关系的整体协调性。从心理过程看,健康的人的心理活动是一个完整统一的协调体,这种整体协调保证了个体在反映客观世界过程中的高度准确性和有效性。事实表明,认识是健康心理结构的起点,意志行为是人格面貌的归宿,情感是认识与意志之间的中介因素。从心理结构的几个方面看,一旦它们不能和谐地进行协调运作时,就可能产生一系列的心理困扰或问题。从个性角度看,每个人都有自己长期形成的稳定的个性心理,一个人的个性在没有明显的、剧烈的外部因素影响下是不会轻易发生变化的。从个体与群体的关系看,每个人在现实中可划分成不同的群体,不同群体间的心理健康标准是有差异的。

三是发展性。事实上,不健康的心理可能是人的发展过程中不可避免地具有发展性的问题,随着个体的心理成长会逐渐调整而趋于健康。

（三）大学生心理健康的意义

1. 心理健康是大学生健康成长的需要

关于健康，早在20世纪70年代世界卫生组织就将之定义为："不仅指没有疾病或躯体正常，还要达到生理、心理和社会适应方面的完满状态。"多项研究也表明，人的身体和心理是相互影响的，过度的或长期的不良情绪会使人的大脑功能严重失调，易于引发"心身疾病"，如高血压、心脏病、胃溃疡、癌症等。巴甫洛夫说：一切沉重顽固的焦虑和忧郁足以给各种疾病打开大门。更严重的是，有的大学生由于心理健康问题引发了较为严重的抑郁症、焦虑症、恐惧症等，甚至导致自杀或者伤人的负面行为。因此一个人要健康成长，必须心理健康，这样才能更有利于身体健康发育。

2. 心理健康是大学生适应社会的需要

适应是智慧的本质，物竞天择，适者生存。现代社会挑战与机遇并存，面对社会的迅速变革，每个人都会承受来自各方面的巨大压力。迎接挑战，战胜压力，要不断调整个人心理，使之与环境相适应。大学生要在现代社会中发展，必须拥有健康的心理。

3. 心理健康是大学生成才发展的需要

当一个人拥有自信、情绪积极乐观、意志坚定时，能够最大限度地开发自己的潜能；当一个人处于自卑、愤怒、抑郁、焦虑、紧张等消极状态时，其对外界的感知能力就会下降，从而限制自己潜能的发挥。健康的情绪、坚强的意志、良好的性格对人的智力发展和成就的取得具有巨大的推动作用；相反，情绪不稳定、意志力薄弱、性格存有明显缺陷的人，在事业上也往往到处碰壁，其智能的发展亦同样会受到阻抑。

也就是说，一个人要成才发展，身体健康、智商高、专业好固然重要，心理素质所起的作用也不容忽视。一个心理不健康的大学生可能对自我的认识不全面，缺乏意志力，不会控制情绪，无法面对挫折，不会处理人际关系，很容易失去自我，这样就会失去很多成功的机会。

二、大学生常见的心理问题

所谓心理问题，是指所有心理及行为异常的情形。大学生常见的心理问题，按照其严重程度，可以分为一般心理困扰、心理障碍和精神疾病三类。事实上，大学生中有心理障碍或精神疾病的学生极少，多数学生遇到的都是一般心理困扰。大学生常见的主要的心理问题包括以下几类：

（一）适应问题

这一问题在刚入大学的新生中较为常见。新生来到大学后，在自我认知、同学交往、自然环境、学习方法等方面都面临着全面的调整适应，由于目前大学生的生活自理能力、适应能力和调整能力普遍较弱，因而在新生中适应问题广泛存在，有个别学生甚至因为适应不良而只能选择退学。

（二）情绪困扰问题

由于大学生活更加丰富，大学生在学习、人际交往、生活、个人发展等方面遇到的问题比中学阶段多，但大学生分析处理问题的能力相对较低，无法正确面对挫折和压力，情绪容易波动。大学生中最常见的情绪困扰包括焦虑、抑郁、愤怒等，这些不良情绪如果得不到及时调整，就很容易影响到正常的生活、学习。

（三）学业问题

学习是大学生的主要任务，学习问题也是大学生日常要面对的最主要的问题。学习压力大、学习动力不足、学习目的不明确、学习成绩不理想、学习困难等学业问题始终困扰着大学生。很多学生对大学的学习方式、教学方式、专业发展等方面存在困惑，一些大学生不喜欢自己的专业，对专业学习缺乏兴趣，学习动机不强，过于轻视考试或者考前焦虑。高职院校大学生虽然在平时就存在方方面面的学习问题，但是因为学习问题寻求心理辅导的并不多，部分学生在考前会产生焦虑情绪，甚至导致身体不适，出现失眠、烦躁、害怕等症状。

（四）人际交往问题

大学生活中，良好的人际关系对大学生的心理健康影响甚大。良好的人际关系会帮助大学生消除孤独感，建立安全感和归属感。然而很多大学生不敢交往、不愿交往、不会交往，导致自己陷于困惑和苦闷。一些学生不会处理宿舍内的关系和班级同学关系，不从自身找原因，总认为问题出在别人身上，所以要求学校换宿舍、调班级，甚至有的学生因为无法处理人际关系而被迫选择退学。

（五）恋爱与性心理困扰问题

大学生处于青春期，性生理发育逐渐成熟，性意识也逐渐萌发，恋爱与性问题是不可回避的。由于青春期教育不够，大学生的恋情幼稚，部分大学生的恋爱观不端正，继而导致恋爱及性心理方面的心理负担和困惑。在学校心理辅导个案中，因为失恋、单恋、三角恋问题前来咨询的学生很多，一些学生还因为恋爱问题处理不当引发伤人或者自杀的悲剧。

（六）网络成瘾问题

信息技术化时代，熟练使用网络是不可避免的趋势，也是大学生必备的素质。网络给大学生带来种种方便的同时，也给很多不善于控制自己的大学生带来很大的弊端和危害。很多大学生在使用网络时形成网络依赖，影响了学习和生活，部分学生形成网络成瘾综合症，深陷网络泥潭不能自拔，最终荒废学业、自毁前程。因为网络成瘾不想上课，导致考试不及格或者逃课、逃学等问题，最终导致休学、退学的例子不在少数。

（七）求职择业问题

职业生涯规划是大学生活的重要组成部分，影响着个人事业的发展，也影响着个人的家庭幸福。英国哲学家罗素说："选择职业是人生的大事，因为职业选择决定了一个人的未来，选择职业就是选择将来的自己。"目前有关学生职业生涯发展的困惑有下列现象：不知道自己能干什么，不知道自己想干什么，不知道自己适合干什么，不了解社会需要什么样的人，不了解到哪里去找工作，不知道现在该做些什么准备等。所以，很多学生平时无所事事、空虚、无聊，虚度了美好时光，在面临求职择业时就产生迷茫、困惑、焦虑、恐惧等心理困扰。

三、大学生常见心理问题的自我调适

（一）正确认识心理问题

心理困扰人人都有，只是程度不同。大学生活的不适应、考试焦虑、人际关系不协调、恋爱困扰、择业迷茫、欠缺自信等都是大学生常有的心理困扰，是大多数人成长过程中必然面临的发展性问题，只要积极进行自我调整或及时寻求心理帮助都是可以解决的。大学生若遇到心理困扰，应主动寻求心理咨询。要去除"有病（精神病）才去咨询"的误解。学校的心理咨询不同于医院的心理治疗，学校心理咨询主要是发展性的咨询，即帮助大学生解决一般的心理困扰，协助大学生更好地认识自我、开发潜能，使人获得更好的发展。若产生中度以上心理障碍或心理疾病，只要坚持用科学态度对待，积极配合治疗，也是可以得到改善的。

（二）自我心理调适方法

1. 运用心理防御机制，进行心理自我调适

心理防御机制是指个体面临挫折或冲突等紧张情境时，在其内部心理活动中具有的自觉或不自觉地解脱烦恼，减轻内心不安，以恢复心理平衡与稳定的一种适应性倾向。常用的心理防御机制包括积极的和消极的两类。积极的心理防御机制能够激发主体的主观能动性，激励主体以顽强的毅力克服困难、战胜挫折，从根本上解决自己的心理困扰，可以坚持使用；消极的心理防御机制只能暂时稳定情绪，不能从根本上解决自

己的心理困惑,可以暂时使用,不能长期依赖。下面介绍几种心理防御机制,大学生可以有选择地运用。

(1)升华

人的心理问题长期不能解决,往往与他们的消极心理固着有关。如何克服心理固着,有效的方法是进行心理位移,即选择一种新的、高层次的、积极的、利于他人和社会的心理认知固着代替旧有的心理认知固着,从而改变消极的心理状态,这就是心理升华法。“失败乃成功之母”“化悲痛为力量”就是从失败的消极因素中认识其中蕴涵着的积极因素,使之成为个体奋起图强、取得成功的动力和契机。

大学生在面临失恋、求职失败、竞选失败等问题时,可以运用“升华”的做法调整心理和行为。失之东隅,收之桑榆。《少年维特之烦恼》就是歌德在失恋后将感情升华的结果,他把自己失恋的痛苦转移到写小说中,成就了一部世界文学巨著。

(2)补偿

人们难免会由于一些内在的缺陷或外在的障碍以及其他种种因素的影响导致最佳目标动机受挫。这时,往往会采取种种方法来进行弥补,以减轻、消除心理上的困扰。这在心理学上称为补偿。补偿,就是在目标实现受挫时,通过更替原来的行动目标,求得长远价值目标实现的一种心理调适方式。

比如有的大学生在英语三级考试中没考好,这种情况下不用自责,只要及时吸取教训,调整学习方法,争取毕业时通过英语四级考试便会更好。有的大学生因为担心自己形象不够好失去录取机会,就暗下决心努力学习,掌握扎实的专业知识,提高自己的综合素质,争取在毕业求职时因为自己的内涵而脱颖而出,也是一种补偿。

(3)求实

求实就是切合实际调整目标。当实现目标过程中受挫时,人就会产生心理紧张或痛苦,避免或缓解这种状况的一个有效措施,就是及时地切合实际地调整自我,并变换实现目标的途径和方法。

人贵有自知之明,当制定目标时,要根据自身实际,使目标切实可行。大学生正处于自我认识的形成时期,往往高估自己的能力和水平,因此目标的制定可能过于理想化,当在实践过程中发现自己的目标不合实际时,要接纳现实的自我,重新制定合理的目标。

(4)转视

转视即换个角度看问题。并不是任何来自客观现实的外部刺激都是可以回避或淡化的,但是任何事物都有积极和消极的两方面。同一客观现实或情境,如果从一个角度来看，可能引起消极的情绪体验，使人陷入心理困境；如果从另一个角度来看，就可以发现它的积极意义，从而使消极情绪体验转化为积极情绪体验，走出心理困境。

在生活中难免有各种不如意的事情发生，常言道：人生不如意事十之八九。我们无法左右环境和别人，只能改变自己的态度和认知，学会去建立全面的、两点论的、辩证的价值观。大学生面临不如意的事情时，尝试着用积极的思维模式去评价不如意的事，也不失为一种明智之举。

（5）换脑

是指换一种认知解释事物，更新观念，重新解释外部环境信息，也就相当于换一个脑袋思考、解释问题。在个体出现心理矛盾和冲突的时候，可以通过换脑法，减少或消除心理认知与心理体验的矛盾冲突。

大学生在面对挫折和矛盾时，如果一味地钻牛角尖，只从一个角度想问题，就会趋向于偏执，不但不利于问题的解决，反而会错失解决问题的良机。可以及时地换种办法、换种思路，尝试重新认识和解决问题。

（6）变通

变通是变恶性刺激为良性刺激、酸葡萄与甜柠檬等同的效应，心理学上又叫合理化。就是通过找一些理由为自己开脱，以减轻痛苦，缓解紧张，使内心获得平衡的办法。弗洛伊德指出，常见的合理化有两种：一是希望达到的目的没有达到，心里便否定该目的的价值或意义，俗称酸葡萄效应。二是未达到预定的期望或目标，便提高目前现状的价值或意义，俗称甜柠檬效应。如狐狸吃不到葡萄，就说葡萄是酸的，只能得到柠檬，就说柠檬是甜的，于是便不感到苦恼。心理调适可借用某种“合理化”的理由来解释事实，变恶性刺激为良性刺激。

变通，只能暂时地调整自己的心理，并不利于大学生的长远发展。当目标暂时无法实现时，可以适度调整自己的目标，但更重要的是要加倍努力，通过调整方法的策略，运用多种方法实现目标。

（7）回避

回避是指转移注意力，尽可能躲开导致心理困境的外部刺激。在心理困境中，人的大脑里往往形成一个较强的兴奋灶。回避了相关的外部刺激，可以使这个兴奋灶让位给其他刺激引起的新的兴奋灶。兴奋中心转移了，也就摆脱了心理困境。但是这种防御机制只能暂时调整自己的心理，不能从根本上解决自己的情绪困扰。从某种角度来看，回避是一种自我欺骗，不可长期使用。

大学生失恋时，为暂时避免激烈情绪的产生，可以采用回避的方法，暂时避开爱慕的对象或者与其有关的信息，给自己一段时间去接受和适应失恋的事实。

2. 合理宣泄法

合理宣泄就是利用或创造某种条件，以合理的方式把压抑的情绪倾诉和表达出来，以减轻或消除心理压力，稳定思想情绪。宣泄是一种释放，宣泄的过程也是人们进行心理自我调整的过程。宣泄是治愈心理问题最重要的环节，良好的宣泄能使心理困扰减少一半。但有的大学生在遇到挫折和情绪困扰时，往往失去理智，采取不合理的宣泄方式，例如喝酒、自伤、打人、骂人等，不但解决不了自己的问题，反而引起更多的问题。建议大学生可以采取以下几种合理宣泄方式进行宣泄。

(1)倾诉

将心里的苦闷找最亲近、最信赖、最理解自己的人诉说，找一个安静而不被别人打扰的地方，不必在意自己的言辞、情绪、形象，尽量袒露和表达最真实的自己。

(2)书写

用写信、写日记、发表个人动态等方式，将一些不能向外人透漏的心事和想法写下来，使那些因各种原因而不能直接对人表露的情绪得到排解。

(3)运动

体育锻炼被公认为一种心理治疗方法。美国的一项调查显示，1750 名心理医生中，80% 的人认为体育锻炼是治疗抑郁症的有效手段之一。当大学生有消极情绪或解不开的困扰时，可以暂时放下困扰，采取一些不会影响自己和他人身体健康的运动方式释放能量。比如可以打球、跑步、爬山，接近大自然，呼吸一下新鲜空气，让怒气和痛苦随汗水一起流淌，心情就会开朗起来。

(4)哭泣或喊叫

哭泣被心理学家称为“自然的安全阀”，人们的一种天生的情感表达方式。当大学生感到压抑时，可以找个地方独自一人或当着倾诉对象痛哭，也可以在保证安全的前提下，到树林里、大海边或没人的操场，放开喉咙把一肚子的积怨喊出来。

(5)洗澡

洗澡可以解愁。研究结果表明，洗澡水温为 38 摄氏度到 40 摄氏度时，能促进血液循环，使人镇静下来。当你感到烦躁不安时，不妨洗个热水澡。

另外，有些学校的心理咨询机构设有专门的心理宣泄室，配备皮质宣泄人、跑步机、宣泄墙等，大学生可以通过击打宣泄人、踢打宣泄墙等进行宣泄。

3. 身心放松法

放松训练是按一定的练习程序，学习有意识地控制或调节自身的心理、生理活动，以达到降低肌体唤醒水平，调整那些因紧张刺激而紊乱了的功能。放松训练对于缓解紧张性头痛、失眠、高血压、焦虑不安、气愤、抑郁等生理和心理状态较为有效，对于稳定情绪、振作精神、恢复体力、消除疲劳、增强记忆、提高学习效率都有一定效果。下面给大学生介绍几种简单易行的身心放松训练法。

(1)想象放松

在一间安静整洁、光线柔和、周围无噪音的房间，放松者找一个较为舒适的位置以舒服的姿势躺下。

放松的要领：在整个放松过程中要始终保持深慢而均匀的呼吸，要能体验随着想象有股暖流在身体内运动。

指导语举例：

我仰卧在水清沙白的海滩上，沙子细而柔软。我躺在温暖的沙滩上，能感受阳光的温暖，能听到海浪的声音，感到温暖而舒适。微风吹来，我有说不出的舒畅感觉。微风带走我的思绪，只剩下一片金黄阳光。海浪不停地拍打海岸，思维随着节奏漂荡，涌上来又退下去。温暖的海风吹来，又离去，带走了心中的不快。我感到细沙柔软、阳光温暖、海风轻缓，只有蓝色天空和大海笼罩我的心。阳光照着我全身，身体感到暖洋洋的。阳光照着我的头，我感到温暖与沉静。

轻松暖流，流进右肩，我感到温暖和轻松。呼吸变慢、变深。轻松暖流，流进我右手，感到温暖和轻松。呼吸变慢、变深。轻松暖流，又流回我右臂，我感到温暖又轻松。又流进我后背，感到温暖又轻松，从后背转到脖子，我感到温暖又轻松。

我的呼吸变慢、变深。轻松暖流，流进左肩，我感到温暖又轻松。呼吸变慢、变深。轻松暖流，流进左手，我感到温暖又轻松。呼吸变慢、变深。轻松暖流，又流回左臂，我感到温暖又轻松。我的呼吸变慢，变得更轻松。心跳也慢，更有力。轻松暖流，流进右腿，我感到温暖又轻松。呼吸变慢、变深。轻松暖流流进右脚，我感到温暖又轻松。呼吸变慢、变深。轻松暖流，又流回右腿，我感到温暖又轻松。

呼吸变慢，越来越深，越来越轻松。轻松暖流流进腹部，感到温暖又轻松，流到胃部，感到温暖又轻松，最后流到心脏，感到温暖又轻松。整个身体变得平静。心里安静极了，已经感觉不到周围的一切，四周好像没有任何东西，我安然躺卧在大自然中，十分自在。

静默几分钟后放松训练结束。

大学生可以将上述指导语或从网上搜索的类似的指导语，读熟并录下来，最好伴有轻柔的音乐进行录制，做训练时，放录音即可。也可以到网上直接搜索放松训练的音频，训练时播放。

(2)渐进性肌肉放松法

在一间安静整洁、光线柔和、周围无噪音的房间,练习者以舒适的姿势靠在沙发或躺椅上,闭目。

将注意力集中到头部,咬紧牙关,使两边面颊感到很紧,然后再将牙关松开,咬牙的肌肉就会产生松弛感。逐次一一将头部各肌肉都放松下来。

把注意力转移到颈部,先尽量将脖子的肌肉弄得很紧张,感到酸、痛、紧,然后把脖子的肌肉全部放松,以觉得轻松为度。

将注意力集中到两手上,用力紧握,直至手发麻、酸痛时止,然后两手开始逐渐松开,放置到自己觉得舒服的位置,并保持松软状态。

把注意力指向胸部,开始深吸气,憋一二分钟,缓缓把气吐出来,再吸气,反复几次,让胸部感觉松畅。

这样,依此类推,将注意力分别集中至肩部、腹部、腿部,逐次放松。最终,全身松弛,处于轻松状态,体会紧张和松弛的感觉,保持一二分钟。

大学生练习时可以将上述指导语熟读并录下来,放录音做练习,也可以记住以上程序直接做练习,或者从网上搜索音频做练习。每日照此操做两遍,持之以恒,必会使心情及身体获得放松。

(3)深呼吸放松法

练习时采用鼻子呼吸,腹部吸气。双肩自然下垂,慢慢闭上双眼,然后慢慢地、深深地吸气,吸到足够多时,憋气两秒钟,再把吸进去的气缓缓地呼出。自己要配合呼吸的节奏给予一些暗示和指导语:“吸……呼……吸……呼……”呼气的时候尽量告诉自己现在很放松、很舒服,注意感觉自己的呼气、吸气,体会“深深地吸进来,慢慢地呼出去”的感觉。重复做这样的呼吸20遍,每天两次。这种方法虽然很简单,但是往往能起到一定的作用。

当在某些特殊的场合,如考试、面试、演讲前感到紧张而无时间和场地来运用前面两种的放松方法时,可以采用深呼吸放松法。

(4)音乐放松法

科学家认为,优美悦耳的音乐可以改善人的神经系统、心血管系统、内分泌系统和消化系统的功能,促使人体分泌一种有利于身体健康的活性物质,可以调节体内血管的流量和神经传导。另一方面,音乐声波的频率和声压会引起心理上的反应。良性的音乐能提高大脑皮层的兴奋性,可以调节人们的情绪,激发人们的感情,振奋人们的精神,同时有助于改善因心理与社会因素所导致的紧张、焦虑、忧郁、恐怖等不良心理状态,提高应激能力。

例如，德国音乐家梅亚贝尔有一次与妻子吵架，为了压住自己的愤怒之情，他当即演奏了肖邦的《夜曲》。悦耳的旋律使夫妇俩怒气全消，言归于好。法国音乐家比才的一曲《卡门》，治好了哲学家尼采的一场病。尼采在给友人的信中说："我近来连日患病，经多方医治，均未见效。昨晚听了杰作《卡门》，竟痊愈了，我太感谢这音乐了。"

不同的情绪需要听不同的音乐。忧郁的人宜听具有"忧郁感"的音乐，不管是"悲痛"的"圆舞曲"还是其他有忧郁成分的乐曲，都是具有美感的；性情急躁的人宜听节奏慢、让人思考的乐曲，这样可以调整心绪，克服急躁情绪，如一些古典交响乐曲中的慢板部分；悲观、消极的人宜多听宏伟、粗犷和令人振奋的音乐，乐曲中充满坚定、无坚不摧的力量，会随着飞扬的旋律而洒向听者"软弱"的灵魂，久而久之，会使人树立起信心，振奋起精神。

大学生可以根据自己不同的情绪，选择合适的音乐来听，也可以到心理咨询机构的音乐放松治疗室，接受专门的音乐放松训练。

四、学校心理健康教育的基本途径

目前，大学生心理健康状况整体不容乐观，据每年的大学生心理健康普查发现，约10%—20%的学生存在不同程度的心理问题，这引起了国家、学校对大学生心理健康教育的高度重视。各高校基本建立健全了大学生心理健康教育体制和机制，成立专门的心理健康教育领导小组以及心理健康教育机构，落实大学生心理健康教育内容，开展大学生心理健康教育活动。但有的同学并不了解学校心理健康教育机构的情况，也不参加学校组织的心理健康教育活动，因此遇到问题后独自困扰不知如何解决。如果心理问题长期不予疏导，最终可能导致心理障碍。

以下为学校心理健康教育的基本途径，大学生可以全面地了解并积极参与其中，充分运用学校心理咨询机构提供的有利条件，运用各种社会积极因素，来提升自己的心理素质。

（一）建立心理健康教育网络工作体系

心理健康教育的首要任务是预防心理疾病发生，同时要谨防心理危机事件发生。目前，绝大多数高校已建立"学校—院系—班级—宿舍"四级心理健康教育网络工作体系。其中，学校心理健康教育中心负责全校的心理健康教育工作，并指导各院系心理健康教育辅导站开展工作；各院系心理健康教育辅导站负责统筹安排本院系的心理健康教育工作；班级心理健康委员负责本班学生心理异常情况的及时汇报；宿舍心理观察员负责做好本宿舍学生的心理异常情况的汇报工作。当大学生遇到心理困惑时，可以通过各级心理工作人员获得心理帮助,及时解决心理困惑。

(二)系统开设心理健康教育课程,举办专题讲座

2021年7月7日,教育部办公厅印发《关于加强学生心理健康管理工作的通知》,要求进一步提高学生心理健康工作针对性和有效性,切实加强专业支撑和科学管理,着力提升学生心理健康素养。

大学生的心理健康问题存在个性差异。要综合提升学生的心理素质,需要发挥课堂主渠道的作用,高校基本都设有"大学生心理健康教育"必修课,以及"恋爱心理""朋辈互助心理""心理学与生活""心理案例解析"等多种选修课。这些课程可以系统地传授大学生所需要的专业心理学知识,且这些课程的讲授大多采用案例讲解、活动演示、心理专题片研讨等教学形式,寓教于乐,充分调动学生的积极性。授课的教师基本都持有国家心理咨询师资格证或者具有丰富的学生心理咨询经验。

各高校也会定期举办心理健康专题讲座,主要针对大一新生的适应问题、大二学生的恋爱问题、大三学生的就业心理问题等开展专题教育,教给学生切实可行的心理调节办法。希望提升自己心理素质的同学,可以通过学校的心理健康网站获取讲座的信息,积极参与到这些讲座中来。

(三)定期举办心理健康教育活动

5月25日是全国大学生心理健康日,"5·25"的谐音即为"我爱我",提醒大学生"珍惜生命,关爱自己"。高校心理教育中心会定期举办各类学生喜闻乐见的主题教育活动,既有手语操表演、趣味心理运动会、心理图片展、专家现场提供心理咨询服务、心理健康电影展、心理剧表演等各种特色活动,也有心理健康知识竞赛、心理健康征文比赛、心理主题脱口秀大赛、朋辈心理辅导大赛、心理微课比赛、心理健康手抄报比赛、心理健康主题演讲比赛等各类竞赛活动。活动方式新颖活泼,学生在校期间均可参加。

(四)多种载体共享心理健康资源

信息化时代,很多高校都有专门的心理健康教育网站和心理微信公众号,并通过网站、公众号发布心理健康教育活动通知,普及心理健康知识,学生可登录网站、公众号,了解心理调适方法,掌握心理中心活动动态,发布咨询信息,进行咨询预约等;通过学校校园之声广播站开辟心理专栏,播放与心理知识有关的信息内容;充分运用校内宣传栏、室内板报等载体宣传心理健康知识,最大限度地实现心理健康资源在学生群体中共享,营造积极向上的心理健康氛围,潜移默化地熏陶和影响学生。学生可以通过浏览学校心理健康网站、公众号、倾听校园广播站心理健康知识、阅读宣传栏等方式获取心理健康知识，解决自己的心理困惑。

（五）开展个案心理咨询和团体心理辅导

目前高校心理健康教育机构设备都比较齐全，基本设有个体咨询室、团体辅导室、心理测评室，可以满足学生的心理辅导需求，一些条件好的学校还设有音乐放松室、宣泄室、沙盘治疗室等。高校心理咨询机构的老师基本持有国家心理咨询师资格证书，具备丰富的心理咨询经验，学生有心理困惑可以通过预约面谈的方式或电话咨询进行个案心理咨询。

另外，团体辅导也是学校经常举办的心理辅导活动之一，团体心理辅导是在团体的情境下进行的一种心理辅导形式，通过团体内人际交互作用，促使个体在交往中观察、学习、体验、认识自我、探索自我、调整改善与他人的关系，学习新的态度与行为方式，以促进良好的适应与发展的助人过程。团体辅导一般采取团体游戏的方式开展，由1—2名领导者主持，根据团体成员问题的相似性，自愿形成团体小组，共同参与活动，并遵守保密原则，解决小组成员的心理困惑。辅导团体规模因参加者问题的性质不同而不等，少则3—5人，多则十几个人到几十个人，目的在于通过开展一次或者几次团体活动，改善人际关系，增强参加者社会适应能力，促进人格成长。如一些高校围绕大学生的人际交往、环境适应、情绪情感、团队合作等问题举办了“大学生人际关系训练营”“情感心理沙龙”“强迫症心理工作坊”“信任背摔”“孤岛求生”“穿越电网”“海难逃生”等团体辅导和心理素质拓展活动。

心理体验

活动一：诗歌创作——我是谁？

活动目的：理解自己，认识自己的独特之处。

活动时间：约20分钟。

具体操作：让学生拿出一张白纸，在“独特的我”后面的线上写上自己的名字，按照括号内的提示，补充完“我是……”的小诗，写完后，默读一遍，体会自己的独特之处。也可以请不同的学生读出自己的诗一起分享。

独特的我________________

第一节

我是(我所具备的两种品格)

我好奇(我所好奇的事情)

我听见(一种想象的声音)

我看见(一种想象的景象)

我愿(一个实在的愿望)

我是(重复本诗第一行)

第二节

我假设(我实在想假设的事情)

我感到(一种想象的感觉)

我触到(一种想象的触觉)

我担心(实在令我烦心的事情)

我哭泣(令我非常悲伤的事情)

我是(重复本诗第一行)

第三节

我明白(我认定为真的事情)

我说(我相信的事情)

我梦想(我实在梦想的事情)

我试图(我真正努力去做的事情)

我希望(我真正希望的事情)

我是(重复本诗第一行)

总结:通过分享发现,每个人的诗各不相同,就像每个人各不相同一样。你可以保留这首诗,在你怀疑自己是否特别的时候拿出来读一下。

活动二:滚雪球

活动目的:通过与越来越多的人交往,使自己的交往范围扩大,朋友越来越多。

活动时间:约 25 分钟。

具体操作：

第一步：初步相识。

你可以在房间里自由漫步，见到其他成员时，微笑着与他/她握手，并相互介绍。例如："你好，我是来自中文系的刘宁，我爱好音乐、体育……"介绍的内容包括姓名、所属院系、性格特点、兴趣爱好、家庭情况以及愿意让对方了解的有关自我的资料。自我介绍完之后，你俩漫谈几分钟。

注意：当别人进行自我介绍时，你要全身心地投入倾听，通过语言与非语言的观察，尽可能多地了解对方。

第二步：扩大交往圈子，拓展相识面。

你和你刚认识的朋友与另外两个通过自我介绍认识的成员组合，形成一个四人小组，你将自己刚才认识的朋友向另外两位新朋友介绍，每人介绍 2—3 分钟。例如 A 向 C 和 D 介绍 B："她是我的朋友，来自中文系的刘宁，她爱好音乐和运动……"四人一起自由交谈几分钟。

第三步：进一步扩大交往范围，引发个人参与团体的兴趣。

两个四人小组组合，八人围圈而坐。从其中一个人开始，每人用一句话介绍自己。这句话中必须包括三项内容：姓名、所属院系、自己与众不同的特征。规则是：当第一个人说完后，第二个人必须从第一个人开始讲起，第三个人一直到第八个人都必须从第一个人开始讲起，这样做使全组注意力集中，也能协助他人完整且正确地表达，最终能使成员在多次重复中不知不觉记住了他人的信息。

例如：

A："我是首都师范大学性格外向的刘宁"；

B："我是首都师范大学性格外向的刘宁/旁边的首都师范大学喜欢跳舞的张平"；

C："我是首都师范大学性格外向的刘宁/旁边的首都师范大学喜欢跳舞的张平/旁边的工商大学的幽默的吴森"；

……

点评：通过这个活动，你会认识越来越多的朋友，并且牢牢地记住他们！

活动三：价值拍卖

活动目的：

1. 激发学生思考自己的价值观念，学会抓住机会，不轻易放弃。

2. 帮助学生体验澄清自己的人生态度。

活动道具：

足够的道具钱、不同颜色的硬纸板、拍卖槌。

活动时间：约35分钟。

具体操作：

1. 事前准备

将拍卖的东西写在硬纸板上（最好是用不同颜色的笔），以增加拍卖的趣味性，并且方便拍卖进行。

2. 宣布游戏规则

每个学生手中有5000元（道具钱），它代表了一个人一生的时间和精力。每个人可以根据自己对人生的理解随意竞买拍卖表中的东西。每样东西都有底价，每次出价都以500元为单位，价高者得到东西，有出价5000元的立即成交。

可拍卖的东西：

爱情、友情、健康、美貌、礼貌、名望、自由、爱心、权力、拥有自己的图书馆、聪明、金钱、欢乐、长命百岁、豪宅名车、每天都能吃美食、良心、孝心、诚信、智慧、名牌大学录取通知书、冒险精神（教师可以根据班级学生的年龄特点和实际情况任选）。

3. 举行拍卖会

（1）由教师主持拍卖。

（2）按游戏方式进行，直到所有的东西都拍卖完为止。然后请学生认真思考买回来的东西。

4. 讨论交流

（1）你是否后悔你买到的东西？为什么？

（2）在拍卖的过程中，你的心情如何？

（3）有没有同学什么都没有买？他们为什么不买？

（4）你是否后悔自己刚才争取的东西太少？

（5）争取过来的东西是不是你最想要的？

（6）钱是否一定会带来快乐？

（7）有没有一种东西比金钱更重要或比金钱带来更大的满足感呢？

（8）你是否甘愿为了金钱、名望而放弃一切呢？有没有比上面所说的这些更值得追寻的东西呢？

活动四：我说你画

活动目的：体会准确表达、用心聆听、思考质疑、澄清确定对人际沟通的重要性。

活动时间:约15分钟。

所需材料:两张样图,每人一张16开白纸、一支笔。

具体操作:

1. 请一名学生上台担任“传达者”,其余参与游戏的学生都作为“倾听者”。“传达者”看事先准备好的样图一两分钟,之后背对全体“倾听者”,下达画图指令。

2. “倾听者”根据“传达者”的指令画出样图上的图形,“倾听者”不许提问。

3. “倾听者”展示自己所画的图,“传达者”和“倾听者”谈自己的感受。

4. 再请一位学生上台作为“传达者”,看样图二,面对“倾听者”传达画图指令。其中允许“倾听者”不断提问。

5. 请“传达者”和“倾听者”谈自己的感受,并比较两轮过程与结果的差异。

6. 讨论交流:

(1)第一轮游戏和第二轮游戏的结果是否有差别?为什么?

(2)这个游戏给了你什么样的启示?

游戏启示:

沟通是一门需要互相表达与倾听的、互动的艺术。沟通最直接、最简单的形式就是对话,即用语言来沟通。而用语言来沟通就必须建立在会表达、会倾听的基础之上。如果一个人不会表达、不会倾听,就更谈不上沟通了。所以要进行有效沟通就必须学会倾听、学会表达。

心理评估

你的青春期危机结束了吗

指导语:青春期是我们从孩子状态不断建构自我、成长为自主个体的时期,有些人很容易就告别了童年期,而另外一些人无法完全进入成年期。成年后,他们身上仍然留着少年时期各种困难的印记。你的情况如何呢?是已经结束了这场蜕变,还是在潜意识中仍然保留着青春期危机留下的伤口?要想知道答案,请按你的第一反应回答测试中的问题。

测试目的:弄清楚在从少年到成年的转型中,到底是什么因素在发挥作用。测试结果应该能帮助你清晰获得内心的状况。

1. 你只吃有机食品。在朋友家聚餐时，一个来宾嘲笑你的饮食习惯——

◆你心平气和地与他/她讨论这个问题

●你脸色变红，花一个晚上的时间想说服他/她

■你和他/她就这个话题开起了玩笑

▲你转移了话题

2. 有人告诉你，一个新同事想得到你的职位——

▲他/她既然这么想要，就过来拿好了

■告诉领导，你想保住自己的位置

●你觉得自己的能力不够和他/她竞争

◆你马上去警告他/她：别犯错，伙计

3. 在你的青少年时期，父母对你的态度更倾向于以下的哪种——

■挑剔你

▲信任你

◆控制你

●干涉你

4. 你要度一个月假，你母亲希望跟你一起去——

◆绝对不行！你想过的是一个真正的假期

●可以啊，如果她喜欢的话

■你很愿意，但她只能和你待一个星期

▲太好了！但什么事都得让她包圆儿

5. 你儿时的玩伴拖你去舞厅玩，而你的家人一个人在家，你会打电话对他/她说——

▲别怨我啊，实在是没法儿拒绝

■我要去开心开心

●我肯定会晚回家，别等我

◆我晚上不回来了

6. 你的试用期很快就要结束，这时，你巧遇老板——

●你请他找个时间见你，你想跟他讨论讨论试用结果

◆你心里想着，不知道他对你的工作能力怎么看

▲你不愿意在试用期内想试用结果的事

■你可能会直接问他对你的能力是否满意

7. 你刚和最好的朋友吵了一架，下周是他/她的生日——

■你不会向他/她表示祝贺，得给他/她点儿教训

▲你把礼物寄给他/她之后，表示歉意

◆你带着一瓶香槟去找他/她

●你等他/她先给你打电话再说

8. 想起少年时期，你觉得那是一个怎样的阶段——

▲平静的

■无忧无虑的

●有着激烈的交流

◆抗争不断的

9. 在开始一段情感关系之前，你可能对另一方说——

◆请尊重我，我也会尊重你

▲请给我自由，让我做自己想做的事

●请听我说话，请理解我

■请保护我

10. 你的银行经纪人打电话给你，向你推荐一项长线投资——

▲你觉得利率诱人，跟他/她约好了时间面谈

◆你拒绝了他/她，觉得钱本身就是用来花的

■你花时间跟他/她讨论，免得上当

●你想先跟亲友们讨论讨论，再打电话回复他/她

结果与解释：

结果：在对应的答案上打“√”。

问题	1	2	3	4	5	6	7	8	9	10
◆	D	A	B	A	B	C	D	A	D	B
■	B	D	C	D	D	D	A	B	C	A
●	A	C	A	C	A	A	B	D	A	C
▲	C	B	D	B	C	B	C	C	B	D

你的选项：

A：＿＿＿＿＿＿个；B：＿＿＿＿＿＿个；C：＿＿＿＿＿＿个；D：＿＿＿＿＿＿个

结果解释：

大多数为A：你仍然是一个叛逆的少年

彰显自我，肯定自我，这样的需求从你的少年时期保留至今。对你来说，少年时期对自我身份的构建是个危险期。对于一切阻碍你信念的东西，你都拒绝。你的对抗姿态可能因为你对独立有着不可侵犯的渴望。你正是通过冲突来实现自我、获得他人对自己的承认，让他人将自己视为一个对等的个体。也许在你的青少年时期，你的父母侵入了你的私密空间：他们控制你的外出、你跟朋友的交往、你的电话……而你保护自己私密花园的唯一办法就是和他们抗争。也许，跟前面说的正好相反，你的父母都比较宽容，这让你想树立自己的规则。现在你继续自己的过度行为，把自己的世界观强加诸人。你的情绪状态表明，你还没有完全处理好过去的某些焦虑。与你内心深处的少年保持接触吧，听听它的喊叫，它还在叫嚷着自己不舒服不开心。这样的联结会平复它的怨气，也能让你在人际交流模式方面获得良好的改变。

大多数为 B：你怀念自己的少年时期

你非常喜欢自己的少年时期，你很希望它能一直持续下去：呼朋唤友、开怀大笑、结伴旅行……相反，严肃的讨论让你厌烦，你没有任何长期的计划。偶尔回忆起无忧无虑、轻松自在的年轻岁月，遗憾青春岁月不复流转，这是人之常情。但你为什么逃避自己的未来呢？你担心在新的挑战中失败？你的恐惧可能由于你很少承担责任。在你的童年时期，你的父母可能替你拿了太多主意，这让你认识不到自己的真正愿望和价值。成长就必须做出选择，必须告别已经完结的过去。好好利用你身上令人羡慕的能量吧，用它们来探寻新的道路。这样，你就能创造出跟你的过去一样精彩的未来。

大多数为 C：你仍在寻找自己的身份

你的回答表明：你的少年时代比较平静，没有太多的冲突，缺乏对自己和周围事物的质疑……也许，在这种平静之下，掩藏的是你对家人朋友的依赖。找到这种依赖的原因很有用。可能你承受着自己无法摆脱的沉重的权威——父母过于保护你，结果你只好采取他们的思考模式。当你完全忠于自己的感受和需要时，你就会感到自己背叛了父母。不幸的是，只要你继续维持父母的完美孩子这一形象，你就不能做你自己。你需要摆脱父母对你的各种生活选择的评价，不再期待他们的认同。你要迫使自己跟周围的人保持一定的距离，只有这样你才能获得一定程度上的自主。这样，你才能制订出满足自己内心真正愿望的计划，哪怕它们看起来跟你从父母那儿继承的模式多么不搭调……

大多数为 D：你是一个成熟的成年人

看起来，你已经成功地结束了少年期。你的自信和自主就是证据。有两种可能性让你达到这种状态。一种可能性是：在你孩童时期，你的父母就已经让你自由探索周围的环境，而不把自己的观念和恐惧强加于你。也许，他们还接受你的不同观点，并支持你的想法，所以今天你敢于做出决定，并且清楚地知道什么能带给自己真正的快乐。另一种可能性正好和上面的说法相反：也许你很早就离开让你感到有些窒息的家，这样的经历带给你对自己的信心。无论原因如何，你尝试过不同的计划，通过这些经历发现了自己能力的边界，并把自己的愿望和周围人的愿望区分了开来。你善于花时间尝试不同的可能性，从而让自己稳定下来。也是通过这样的方式，你一方面实现了自我，一方面也能和父母和平相处。这一力量能引导你走在自己选择的道路上。

抑郁自评量表

指导语：请根据你近一周的感觉来进行评分，数字对应的顺序依次为从没、有时、经常、持续。在相应数字下面打"√"。

1. 我感到情绪沮丧、郁闷。	1	2	3	4
*2. 我感到早晨心情最好。	4	3	2	1
3. 我要哭或想哭。	1	2	3	4
4. 我夜间睡眠不好。	1	2	3	4
*5. 我吃饭像平时一样多。	4	3	2	1
*6. 我的性功能正常。	4	3	2	1
7. 我感到体重减轻。	1	2	3	4
8. 我为便秘烦恼。	1	2	3	4
9. 我的心跳比平时快。	1	2	3	4
10. 我无故感到疲劳。	1	2	3	4
*11. 我的头脑像往常一样清楚。	4	3	2	1
*12. 我做事情像平时一样不感到困难。	4	3	2	1
13. 我坐卧不安，难以保持平静。	1	2	3	4
*14. 我对未来感到有希望。	4	3	2	1
15. 我比平时更容易激怒。	1	2	3	4
*16. 我觉得决定什么事很容易。	4	3	2	1
*17. 我感到自己是有用的和不可缺少的人。	4	3	2	1
*18. 我的生活很有意义。	4	3	2	1
19. 假若我死了别人会过得更好。	1	2	3	4
*20. 我仍旧喜爱自己平时喜爱的东西。	4	3	2	1

分数与解释：

将所有得分相加，再将总分乘以 1.25，取整数即可得到标准分。以 50—55 分为界，超过 55 分为异常，分值越高，抑郁倾向越明显，说明你的情绪处于抑郁状态。标准分 < 50，心理健康，无抑郁症状；50 ≤ 标准分 < 60，偶有抑郁，症状轻微；60 ≤ 标准分 < 70，经常抑郁，中度症状；70 ≤ 标准分，有重度抑郁，需要时请教医生。

心理健康测试

指导语：中国科学院心理研究所王极盛教授曾编制了一份心理健康测试表，用于心理健康的自我测定，可以供大学生进行自我心理保健时参考。请根据自己的实际情况在每一项目右边的五级标记栏中打标记。

心理健康测试表

1. 身体衰弱感	无	轻	中	重	很重
2. 身体刺痛感	无	轻	中	重	很重
3. 怕痛	无	轻	中	重	很重
4. 皮肤破了不易好	无	轻	中	重	很重
5. 动作迟缓	无	轻	中	重	很重
6. 注意力难集中	无	轻	中	重	很重
7. 记忆不好	无	轻	中	重	很重
8. 丧失兴趣	无	轻	中	重	很重
9. 难摆脱苦恼	无	轻	中	重	很重
10. 为自己的病情烦躁	无	轻	中	重	很重
11. 常为一些小事而着急	无	轻	中	重	很重
12. 平时情绪易紧张	无	轻	中	重	很重
13. 关心身体程度超过了现在身体实际健康程度	无	轻	中	重	很重
14. 遇到紧急的事心跳或出汗	无	轻	中	重	很重
15. 情绪易波动	无	轻	中	重	很重
16. 思想迟钝	无	轻	中	重	很重
17. 想象力贫乏	无	轻	中	重	很重
18. 容易发怒	无	轻	中	重	很重
19. 难控制自己的情绪	无	轻	中	重	很重
20. 精神不能放松	无	轻	中	重	很重
21. 情绪易冲动	无	轻	中	重	很重
22. 难入睡	无	轻	中	重	很重
23. 为自己的病情焦虑	无	轻	中	重	很重

结果解释：

根据测试的结果，可将受测者的心理健康水平分为四类：

第一类，心理健康水平高。表中23个项目基本答“无”者。

第二类，心理健康水平一般。表中三分之二的项目答案为“无”，其余基本上为“轻”。

第三类，心理健康水平较低。表中半数左右答案为“无”，其他分布于各等级。

第四类，心理不健康。表中答案基本分布于“中”“重”“很重”各栏。

知识拓展

一、心理咨询的几种误解

现今许多原来不把情绪问题当回事的人，已意识到自己有心理疾患，还产生了主动求助于心理医生的愿望。但不少人的认识仍有一定的局限性，且对心理医生产生一些误解，而使“心理淤积”得不到很好的解决。

误解一：看心理医生是很不体面的事

不少人对心理咨询仍有一种神秘感。前往咨询者都是左顾右盼，鼓足了勇气才走进诊室，在医生反复保证下，才肯倾吐愁苦；或是绕了很大的圈子，才把真实的情况暴露出来。前往咨询的人往往怕被他人认为患了精神病或是被当作怪人，或是怕他人认为去咨询就是有见不得人的隐私或思想道德品质方面有问题，表露出情感上的困苦是软弱无能的表现。因而不少人宁愿饱受精神上的痛苦折磨，也不愿去就诊。

其实在人们眼里的心理障碍、“隐私”等，在医生看来往往就是大众较普遍的心理障碍和症结。医生不会取笑咨询者，并会为咨询者保密。因而咨询者丢下包袱、充分信任医生是诊疗的关键所在。在心理学界常引用这样一则故事：一对西方男女青年约会，男方迟到了，当被问及原因时，男子自称看心理医生耽搁了时间。女方不但不责怪，反而更欣赏他，因为一来表明他有一定的经济实力，二来他有向上的精神，有改变生命质量的强烈愿望，不愿混混沌沌虚度一生。在我国，同样的情形，女方则可能猜想男友是不是精神病人、会不会遗传，产生“我还跟他谈下去吗”等疑问。不同的国度、不同的文化背景、不同的认知，会产生截然不同的效果。

误解二:把心理学当作“算命学”

有一则故事:两个久未谋面的老同学不期而遇,其中一个知道对方是心理医生,就让他算一算自己现在心中想些什么。其实许多心理咨询者也有类似的心态。他们不愿或羞于把自己的内心活动吐露出来,在他们看来,反正你是心理医生,简单说几句,你应该能猜出我心中想些什么,要不你就是没水平。可心理医生并不是算命先生,他/她也没有什么特异功能,能看穿人的内心世界,他/她只是应用心理学现象及规律,对咨询者提供的足够信息(病史)进行合理分析,再进行认知和行为、心理治疗。详尽地陈述病史,才能使医患双方共同找到疾病的症结,才能保证医生做出正确的诊断,否则治疗就有南辕北辙的危险。

误解三:对心理咨询抱有过高期望

许多心理咨询者把心理咨询神化,认为心理医生应无所不会、无所不能,好似一个开锁匠,什么样的“心结”一下都能打开。许多心理咨询者常常前往咨询一两次,如果没有他们达到所希求的“晴空万里”的心境便没了下文。其实心理咨询是一个连续的过程,心理干预是一种很艰辛、漫长的治疗过程,心理疾病常与咨询者的个性有很大的关系。有很多心理问题就像一座冰山,积封已久,如果心理咨询者没有强烈的求助、改变愿望,没有恒久的决心与之抗衡,是难以达到冰雪消融效果的,所以前往咨询时应该有打“持久战”的心理准备。

误解四:把完善自我的责任推给心理医生

一些心理咨询者把心理医生当作“救世主”,把自己的所有心理“包袱”丢给心理医生,认为心理医生应该有能耐把它一一解开,而自己不需思考、不需内省、不需努力、不需承担责任。在综合门诊,就是病人看病,医生诊断、开药,一切由医生说了算,病人绝对听从、配合,因而许多心理咨询者想当然地把这种模式带到心理诊室。要知道,心理医生只起分析、引导、启发、支持、改变认知、助咨询者人格成熟的作用。另外,心理咨询者面临抉择,无从决断,希望医生帮拿主意时,应明白心理医生与咨询者是不同的独立的人,有与咨询者完全不同的价值观。心理医生无权把自己的价值观、好恶强加给咨询者。“救世主”只有一个,就是自己,只有改变自己、战胜自己、再塑自己,最终才能超越自我。而把自己完全交给心理医生,是推卸责任的表现,只会一事无成。

误解五:心理咨询等同于思想工作

咨询者中另一个极端的认识,是认为心理咨询没多大用处,无非是讲大道理。因而忽视或未意识到情绪问题是需要治疗的疾病。一个女孩因性强迫观念痛苦异常前来就诊,家人反对并干涉:你就是想不开,想开点就是了。家人也不让患者服药。患者得不到家人的理解支持，内心绝望，从而影响治疗的连续性和效果。其实，心理咨询作为医学中的一门学科，有着严谨的诊疗程序，与思想工作可有交叉，但不能等同。思想工作者是说服对方服从与遵循社会的意识形态、道德标准、社会规范及集体意志。心理咨询则是运用咨询技巧、心理分析等手段寻找心理障碍的症结，予以诊断治疗。心理医生持客观、中立的态度，而不是对心理咨询者进行批评、教育。这需要医患双方共同努力去战胜疾病。还有一些心理疾病是在脑内一些生化物质改变的基础上发病，单纯心理疏导是很难达到治疗效果的，需要结合药物治疗，如治疗内源性抑郁症，绝不是思想工作能取代的。

二、心理状态的分类

心理状态从健康状态到心理疾病状态一般可以分为四个等级：健康状态、不良状态、心理障碍、心理疾病。

（一）健康状态

从自我评价、他人评价和社会功能状况三方面分析，心理健康状态表现为：本人不觉得痛苦，即在一个时间段中（如一周、一月、一季或一年）快乐的感觉大于痛苦的感觉；他人感觉不到异常，即心理活动与周围环境相协调，不出现与周围环境格格不入的现象；社会功能良好，能够胜任家庭和社会角色，能在一般社会环境中充分发挥自身能力，利用现有条件（或者创造条件）实现自我价值。

（二）不良状态

不良状态又称第三状态，是介于健康状态与疾病状态之间的状态，是正常人群中常见的一种亚健康状态，它是由于个人心理素质、生活事件、身体不良状况等因素而引起的。它的特点是：时间短暂，一般在一周左右就能得到缓解；损害轻微，该状态对当事人社会功能影响较小，处于此类状态的人一般都能处理日常工作、学习和生活，只是感觉到的愉快感小于痛苦感，“累”“没劲”“不高兴”“应付”是他们常说的词汇；能够自我调整，处于此状态者大部分能够通过自我调整如休息、聊天、运动、钓鱼、旅游、娱乐等放松方式使自己的心理状态得到改善。

（三）心理障碍

心理障碍是因为个人及外界因素造成心理状态的某些方面发展超前、停滞、延迟、退缩或异常。特点如下：

1. 不协调性

处于此类状态的人,其心理活动的外在表现与其生理年龄不相称或反应方式与常人不同。例如,成人表现出幼稚状态(停滞、延迟、退缩)、儿童出现成人行为(不均衡的超前发展)、对外界刺激的反应方式异常等。

2. 针对性

处于此类状态的人往往对敏感的事、物及环境等有强烈的心理反应(包括思维、情绪及动作行为),而面对其他对象可能表现很正常。

3. 损害较大

此状态对当事人的社会功能影响较大。可能使当事人不能按常人的标准完成某项(或几项)社会功能。例如,社交焦虑(又名社交恐惧)者不能完成社交活动,锐器恐怖者不敢使用刀、剪,性心理障碍者难以与异性正常交往等。

4. 需求助于心理医生

处于此状态者大部分不能通过自我调整和非专业人员的帮助而解决根本问题,心理医生的指导是必需的。

(四)心理疾病

心理疾病是由于个人及外界因素引起个体强烈的心理反应(思维、情感、动作行为、意志)并伴有明显的躯体不适感,是大脑功能失调的外在表现。它的特点如下:

1. 强烈的心理反应

这类患者出现思维判断上的失误,思维敏捷性下降,记忆力下降,头脑黏滞感、空白感,强烈的自卑感及痛苦感,缺乏精力,情绪低落成忧郁,紧张焦虑,行为失常(重复动作、动作减少、退缩行为等),意志减退等。

2. 明显的躯体不适感

由于中枢控制系统功能失调,引起所控制人体各个系统功能的失调,如影响消化系统则可出现食欲不振、腹部胀满、便秘或腹泻(或便秘与腹泻交替)等症状,影响心血管系统则可出现心慌、胸闷、头晕等症状,影响到内分泌系统则可出现女性月经周期改变、男性性功能障碍等。

3. 损害大

这类患者不能或者勉强能完成其社会功能,缺乏轻松、愉快的体验,痛苦感极为强烈,“哪里都不舒服”“活着不如死了好”是他们真实的内心体验。

4. 需要心理医生的治疗

这类患者一般不能通过自我调节康复,而必须接受心理医生的治疗。对此类患者的治疗一般采用心理治疗和药物治疗相结合的综合治疗手段。在治疗早期，通过药物快速调整情绪，中后期结合心理治疗解除心理障碍，并通过心理训练达到社会功能的恢复和心理健康水平提高的效果。

三、小故事大道理

活着不是为了生气

有一位金代禅师非常喜欢种兰花，在平日弘法讲经之余，花费了许多的时间栽种兰花。有一天，他要外出讲学，于是就交代身边的小和尚要照顾好寺院里的兰花。

禅师走了以后，小和尚总是悉心地照顾兰花，但有一天在浇水时不小心摔了一跤，把花架撞倒了，所有的花盆都摔碎了，兰花散落了满地，很多都被摔坏了。

小和尚把禅师的兰花摔坏了，心里非常不安，每天都吃不下饭、睡不着觉。过了几天，禅师回来了，小和尚心惊胆战地向禅师赔罪。

禅师看着泪流满面的小和尚，不但没有责怪，反而和蔼地安慰他。“那么，师父您真的不生我的气吗?”小和尚以为禅师可怜他年纪小才饶了他。

禅师笑着说道:“我种兰花，是用来供佛的，我又不是为了生气才种花的。”

禅师种花不是因为爱花，而是为了供佛，这就是禅师最初的愿望。当一整架的兰花被摔坏以后，他并没有生气，因为他没有忘记自己原本的愿望。没有了种养的兰花，采些野花来一样可以供佛，所以才会说“我又不是为了生气才种花”这样的话。

道理:

没有谁喜欢有事没事生气玩儿的，很多人却有事没事就生气。其实，不是生活中的不顺心事太多，而是因为我们忘了自己活着是为了什么。在日常生活中，我们常常会有很多的烦恼，时不时地还搞一些脾气出来。回过头想想，那些惹得我们大发脾气的事情其实没什么大不了，不过是一些小事、一段小插曲而已，只是当时太认真了。或许，有些人高高在上，有些人蛮不讲理，有些人不值一提，当他们或霸道或蛮横或不可理喻时，请不要生气，那是对你人生的一次历练，是让你境界提高的一把梯子，要感谢那些给你磨难的人。当我们遇到这样或那样的不痛快的时候，不妨想一想:我们做这些事究竟是为了什么？当我们找回自己最初的愿望的时候，就会发现眼下的不快其实根本算不了什么。当你这样做了之后，你就会发现，你的生活一下子变得阳光灿烂了。

附　　录

好书推荐：

1.《心宽一寸　病退一丈》

作者简介：西瓦妮·古德曼，享誉美国电视台和电台脱口秀节目的健康专家。她是哥伦比亚大学家庭和社区教育博士、国际大学健康心理研究专家，是拥有27年以上经验的心理专家和自我治愈疗法顾问；她用“5分钟自我治愈疗法”抵抗了乳腺癌的第三次复发，获得痊愈；她举办的“自我治愈疗法”研讨会面向全世界的公众、专家、名人和皇室家族。

内容简介：为什么说你的意识导致了你的疾病？为什么说负面的意识和态度比疾病本身更可怕？为什么说只要你快乐，身体就可以自动产生你所需要的一切药物？

《心宽一寸　病退一丈》告诉我们：负面的意识和精神就像毒药，它会通过情绪直接影响下丘脑活动，不断削弱我们的免疫系统，最终诱发疾病。如果建立起健康的思维模式，把心理上的自我破坏态度转变为自我治愈态度，就可以启动身体的自动恢复机制，逐渐康复。美国著名健康专家西瓦妮·古德曼博士用亲身经历不仅说明了“百病由心生”的道理，还总结出了一套简单实用的身心治疗方法，令成千上万人受益。

2.《每天懂一点好玩心理学》

作者简介：原田玲仁，喜欢标新立异，擅长灵活运用色彩学和色彩心理学，为多家企业进行色彩搭配策划和Logo(标识)设计，深受好评。

内容简介：这是一本超级实用的好玩心理学。一见钟情的秘密、恋爱达人的秘诀、没有长性的心理原因、做梦的男女差别、为什么偏有人喜欢排队、拍马屁的高明方法、识破对方谎言的高招、为什么英雄多是孤胆英雄、为何乘电梯时大家都喜欢往上看、价格尾数的促销作用、星期四是事故多发日……希望这些新颖有趣的案例能带给你与其他心理学读物不一样的新鲜感！

项目二

善于适应　悦纳自我

——适应大学新生活解读

编者寄语

党的二十大报告指出，“青年强，则国家强。当代中国青年生逢其时，施展才干的舞台无比广阔，实现梦想的前景无比光明”。作为当代大学生，我们必须要认识到：生逢盛世，责任在肩，青年永远是社会力量中最积极、最有生机的力量。

每一名步入大学校园的学生，或许都曾有过关于大学生活的美好憧憬：幽雅安静的林荫小道，鸟语花香的小桥亭台，汗牛充栋的图书馆……然而，大学新生活不仅仅是幻想、新鲜和好奇，对于涉世未深的新生来说，它更充满了困惑、不适与迷茫，需要我们面对新环境，学会去适应、生存和发展。如果不能改变环境，那么我们可以主动改变自己去适应，只要自我肯定和悦纳，哪怕是一颗很小的石子，也会有发光的时候。

案例导入

案例一：钢铁究竟是怎样炼成的

《钢铁是怎样炼成的》是苏联作家奥斯特洛夫斯基用自己的鲜血、汗水和生命写出的一本书。这本书里的英雄——保尔·柯察金，原型就是奥斯特洛夫斯基自己。

奥斯特洛夫斯基 14 岁就参加了红军。在一次激烈的战斗中，他受了重伤，刚满 16 岁就退了伍。伤愈后不久，他参加了青年突击队，负责抢修铁路。

当时粮食供应严重不足，大家常常吃不饱饭，生活十分艰苦。铁路快要修好的时候，奥斯特洛夫斯基得了严重的风湿病，腿关节肿起，身体只能勉强站直，可他仍然每天最早起床和大家一起上班，直到染上伤寒，才被迫离开工地。

病还没有养好，奥斯特洛夫斯基就跳到冰冷的河水里去捞国家的木材，结果木材被捞上来了，他的病却加剧了。他的双腿再也站不起来了，脊椎、关节、手臂等处时常剧烈疼痛。更可怕的是：他的双眼也逐渐看不见东西了。

彼时，他才 18 岁，可是他已经领到了残疾证书。生活对他的打击是巨大的，他反复问自己："我该怎么办？怎么办？"

精神上和肉体上的双重痛苦整天折磨着他，奥斯特洛夫斯基面临着人生最大的挑战。他痛苦彷徨，差一点儿掉入了绝望和愤怒的深渊，但最终他挺过来了。他常常紧握拳头，咬紧牙关，命令自己：

"我的人生道路才刚刚开始，我要坚强！"

"把念头转到严肃的问题上去！不准去理睬肉体上的痛苦。"

"对病情的屈服，意志的消沉，是一种可耻的懦弱！全无丈夫气概！"

在病床上，他开始阅读大量的书籍，还参加函授大学学习。有一天，他突然想到自己可以干一件事情，那就是写作。他想：

"我的脑子还是百分之百健全的。我要为自己描绘一条出路——写作小说，把青年们怎样在战斗中锻炼成长的过程都写出来。"

"我要证明生命本身是有价值的！要用行动来充实生命！"

"我要取得进入生活的入场券！"

1930 年 10 月，奥斯特洛夫斯基开始创作小说《钢铁是怎样炼成的》。这是一段艰苦的日子。清晨，妻子上班前为他准备好一天所需的纸、笔等物品，好让他安静地写作。夜里，家家灯火熄灭，他仍在工作。这时他写字已经十分困难，手臂只有到肘关节这一段能够活动。手臂一动，关节就一阵剧痛，有时他为了熬住疼痛就用嘴巴咬住铅笔，好几次把铅笔都咬断了，把嘴唇都咬出了血。后来，有个热情的青年利用业余时间主动来帮他做记录，由他口述，进行写作。

1934 年，长篇小说《钢铁是怎样炼成的》上、下卷终于出版了，后来还被译成多种文字，在世界各地广为流传。青年们争相抢购这本书，高声背诵书中的名言：

"人最宝贵的东西是生命，生命只有一次。一个人的生命是应当这样度过的：当他回首往事的时候，他不因虚度年华而悔恨，也不因碌碌无为而羞耻……"

有位哲人曾说：容易走的路都是下坡路。人生之路并非一帆风顺、一马平川，需要我们去适应这充满变幻而又复杂的环境，正因为如此，生活不仅有荆棘，更充满了色彩和乐趣，我们在适应，在奔跑，在成长，这就是人生。

案例二：大学生适应性障碍

来访者：张某，女，19 岁，大学文化，在校学生，未婚，汉族。

主诉：生活上，从小父母对她宠爱有加，在学习和行为上却格外严格要求。到了中学，父母更是不让她做任何家务事，她养成了衣来伸手、饭来张口的习惯，整天除了看书就是学习。2020 年，张某考入大学，并由父母陪同入学，在安排好宿舍父母要走的时候，她不想让父母离开，后经父母再三安慰劝说她才同意他们离开。大学生活初始，张某表现正常，只是生活自理能力差。临近期中考试，由于忙于学习，经常吃不上饭，衣服也不洗，有时不梳头就去上课，生活一团糟，结果考试成绩也不理想。父母得知后，对她进行了严厉的批评。张某逐渐出现情绪低落、不愿与同学交往等问题，经常独自一人在宿舍里唉声叹气、哭泣，觉得自己没有能力，甚至对父母说不想读书，想退学，同时出现失眠、入睡困难等问题，整天在床上辗转反侧久久不能入睡，每天感觉头昏脑涨，上课注意力不集中，食欲差，食量明显减少。

此案例为适应性障碍，多见于新生刚入校期间。案例中的张某由于父母家庭教育问题，自幼形成了内向、胆小、顺从的性格特点，除了学习，她的一切均由家人包办，生活自理能力差。进入大学校园以后，环境发生改变，她却不能及时转换角色、不能正确定位，离开了父母无法独立生活，后续产生了上课注意力不集中、期中考试成绩不理想、受到父母的严厉批评、不愿与同学交往、常独自在宿舍唉声叹气、晚上睡眠差、入睡困难、食欲差等一系列现实问题及抑郁、烦恼、哭泣等情绪障碍。解决此类不适问题，要从根本上转变认知，重新审视新环境，找出自己的问题所在，合理进行自我定位，同时改变不良的生活习惯，多角度地适应大学生活。

案例三：盲目地“自我悦纳”

某女大学生，因用卑鄙的手段盗取同学卡上的钱而进了监狱。可这位女生声称她并不难过，因为她是有意这样做的，目的是让自己对未来彻底绝望。她一直认为自己是一个非常不错的人，不论外表还是能力，她都认为自己是人群中的佼佼者，心存宏伟的抱负。可进入大学后，面对众多的竞争对手，她不切实际的梦想一次次被击碎，干部竞选中受挫，各类比赛失利，人际关系紧张，她不想“大材小用”，小事不想做，大事做不了，抱怨自己运气不好，怀疑身边那些“远不如她”的人是用了卑劣的手段取得了暂时的成功。她没有采取任何积极的方法去缩小“理想我”与“现实我”的差距，相反却是自我放弃，经常逃课，最后，竟成了全系最差的学生，甚至无法正常毕业。后来出现的盗窃事件，是因为她痛恨一个她认为各方面都不如她却比她“混”得好的同学，同时，她想要自我毁灭，结束痛苦的挣扎。

该生的做法看似荒谬可笑，实则发人深省。自信使人充满魅力，而盲目地“自我悦纳”，易造成自负的心理状态，无法找准自己的努力方向，更无法切合实际地制定自己的人生目标，对实现目标过程中的困难与挫折估计不足，缺乏充分的心理准备。正如中国心理卫生协会王建中教授所指出的，现今大学生普遍存在的心理问题在于自我定位不准，挫折承受力较差，一旦遇到较大的压力，容易产生过激行为。

案例四：如何化自卑为自信

狄摩西尼是世界历史上公认的著名演说家之一。他演讲时眉飞色舞、口若悬河，听众无不被他打动。谁会想到他小时候居然口吃呢？

狄摩西尼出身富家，幼年多病，两肩不平，又瘦又矮。贪婪的叔父霸占了他的家产，当法院审问时，他因口吃无法答辩而败诉。失去家产的他处处受人嘲笑和欺负，终日过着悲哀绝望的生活。

他想到自己的苦难都是由口吃造成的，于是下定决心，立志矫正自己的口吃，开始锻炼说话和辩论能力。相传他曾将石子含在口中练习说话，每天在家对着镜子练习说话，或者跑到海边，把大海当听众，用自己雄辩式的演说与海潮澎湃的声音相对抗。就这样，经过相当长时间持之以恒的苦心锻炼，狄摩西尼终于成为一个了不起的雄辩家。

不到三十岁的他成为一个极有名望的律师。为了反抗祖国的敌人，他凭借三寸不烂之舌，游说各国，订立军事同盟，又唤起本国人民的觉醒，痛击强敌。当时企图吞并希腊诸邦的马其顿王腓力曾叹曰："希腊诸邦虽有强大的海陆军，实不足一顾，所惧者，唯狄摩西尼三寸之舌耳。"

狄摩西尼的案例告诉我们，当厄运快要扼住命运喉咙的时候，选择自卑和屈服，就等于百分之百的失败。只有选择自信和奋斗，不屈服于环境，积极创造条件适应环境甚至改变环境，才能获得成功。

心理解读

一、适应与悦纳自我概述

（一）适应的概述

1. 适应的含义

关于适应的概念，朱智贤在《心理学大辞典》中有比较权威的解释：适应是来源于生物学的一个名词，用来表示能增加有机体生存机会的那些身体上和行为上的改变。心理学中用来表示对环境变化做出的反应，如对光的变化的适应和人的社会行为的变化等。

皮亚杰认为，智慧的本质从生物学上来说是一种适应，它既可以是一个过程，也可以是一种状态。有机体是在不断运动变化中与环境取得平衡的，它可以概括为两种相辅相成的作用：同化和顺应。适应状态则是这两种作用之间取得相对平衡的结果。这种平衡不是绝对静止的，某一个水平的平衡会成为另一个水平的平衡运动的开始。如果肌体与环境失去平衡，就需要改变行为以重建平衡。这种平衡—不平衡—平衡的动态变化过程就是适应，也是儿童智慧发展的实质和原因。

2. 适应的类型

关于适应的类型，可以根据不同的标准将其分为不同的类型。比如，孔维民指出，根据适应的对象，可以将其分为对自然环境的适应和对社会环境的适应；根据适应的基础，可以分为生理适应和心理适应；根据适应的程度，可以分为浅层适应和深层适应；根据适应过程中是否有意识的参与，可以分为有意识的适应和无意识的适应；等等。

以上不论哪种适应，都有主动和被动之分。主动适应是一种积极适应，也是一种高级的适应方式,它需要主体充分发挥自身的主观能动性,尽力创造条件改变环境,使之适合自己发展的需要。主动适应对于个体的生存与发展有着重要作用。被动适应是人适应环境的一种不自觉行为,虽然对人的生存也有意义,但是从个体的长远发展来说,积极的主动适应无疑是我们所应学会的一项技能。

3. 适应的心理机制

按照皮亚杰的观点,适应的心理机制就是同化与顺应的平衡。从这一角度出发,可以认为心理适应是个体对外部环境变化所做出的一系列自我调节的过程,其最终目的是适应外部新环境的变化。结合认知心理学和社会心理学的有关理论来看,从出现不适应到重新适应,中间一般经历三个环节,即认知调节、态度转变和行为选择。

其中,认知调节是"适应"的起始环节,它包括外部评估和内部评估两部分。外部评估指主体对外部变化了的环境及其对自身发展所具有的影响作用进行全面了解并做出新的判断的过程,主要任务是确定外部环境中出现了哪些新的变化和要求、它们对个体自身发展所具有的影响,在此基础上对发展中遇到的困难做出准确的判断,对新的角色期待形成正确的理解与把握;内部评估指主体在对外部变化做出正确判断的基础上,对自身内部状态做进一步了解与判断,主要任务是对因外部变化引起的内部不平衡状态的估计、对不适应现象的归因分析、对已有经验的检索与比较、对原有行为方式应对效果的审视与判断等。

态度转变是对动力系统和反应倾向的调节,是适应外部环境变化、恢复内部心理平衡的背景条件。当认知、情感和行为意向都发生变化时,就会引起态度的改变。同时,态度转变亦能导致行为意向的转变。

行为选择的核心是对个体原有行为方式的调节,它受个体思维、态度、情感等因素制约,以个体认知调节、态度改变为基础。如果思维方式与态度倾向是积极的,那么个体的行为选择将会是积极的;反之,如果思维方式与态度倾向是消极的,那么个体的行为选择将会是消极的。

(二)自我意识与悦纳自我

自我意识是对自己身心活动的觉察,即自己对自己的认识,具体包括认识自己的生理状况(如身高、体重、体态等)、心理特征(如兴趣、能力、气质、性格等)以及自己与他人的关系(如自己与周围人们相处的关系、自己在集体中的位置与作用等)。

1. 自我意识的分类

从内容上可将自我意识划分为生理自我、社会自我和心理自我。其中,生理自我指对自身生理状态的认识和评价,比如对体重、身高、身材、容貌等体相和性别方面的认识，对身体的痛苦、饥饿、疲倦等的感觉；社会自我指对自己与周围关系的认识和评价，比如自己在朋友、同学、家庭、社会中所处的地位，自己与他人的关系；心理自我指对自身心理状态的认识和评价，比如能力、知识、情绪、气质、性格、理想、信念、兴趣、爱好等。

从形式上可将自我意识划分为自我认识、自我体验和自我调控。三者之间的和谐程度以及与客观现实的吻合程度，决定了个体自我意识的健康状况。自我认识包括自我感觉、自我观察、自我分析、自我评价等，其中自我评价是关键；自我体验包括自尊、自信、自豪、自卑、自怜、自责等，其中自尊感是关键；自我调控包括自我控制、自律自强、自我监督等，其中自我控制是关键。

内容和形式的结合构成了对自我不同部分的认知，具体见表 2 –1。

表 2 –1　自我意识的分类

	自我认知	自我评价	自我控制
生理自我	对自己的性别、身体、外貌、衣着、风度、家属、所有物等的认识	英俊、漂亮、有吸引力、迷人、自我悦纳	追求身体的外表、物质欲望的满足，维持家庭的利益等
社会自我	对自己的名望、地位、角色、义务、责任、力量的认识	自尊、自信、自爱、自豪、自卑、自怜、自恋	追求名誉地位，与他人竞争，争取得到他人的好感等
心理自我	对自己的智力、性格、气质、兴趣、能力、记忆、思维等特点的认识	有能力、聪明、优雅、敏感、迟钝、感情丰富、细腻	追求信仰，注意行为符合社会规范，要求智慧与能力的发展

美国心理学家约瑟夫·勒夫特和哈林顿·英格拉姆提出了关于人自我认识的窗口理论，被称为“乔韩窗口理论”。他们认为，人对自己的认识是一个不断探索的过程，每个人的自我由四部分构成：公开的自我，也就是透明真实的自我，这部分自己很了解，别人也很了解；盲目的自我，是别人看得很清楚但自己不了解的部分；秘密的自我，是自己了解但别人不了解的部分；未知的自我，是别人和自己都不了解的潜在部分，通过一些契机可以激发出来。

通过与他人分享秘密的自我，通过他人的反馈减少盲目的自我，人对自己的了解就会更多、更客观。

2. 自我意识的结构

自我意识的结构可以划分为三个部分：现实自我、镜中自我和理想自我。现实自我指个体从自己的立场出发，对自己当前总体实际状况的基本看法；镜中自我又称他人自我，指个体想象的自己在他人心目中的形象或他人对自己的基本看法；理想自我指个体想要达到的比较完美的形象。

3. 大学生自我意识的特点

大学阶段是大学生自我意识的转折时期，也是自我意识和自我矛盾表现最突出的阶段，对个体的人生观、价值观、世界观形成有着重要的意义。其自我意识的特点表现为以下几个方面：

(1) 自我意识开始分化，并且迅速发展，自我矛盾开始出现

随着大学学习、生活方式以及心理发展特点的改变，大学生的自我意识有了鲜明的变化，表现为“理想我”和“现实我”的分化及迅速发展，出现了理想与现实的矛盾冲突。这种矛盾分化，经过个体的自我体验和自我调控，表现为烦恼、焦虑、郁闷、不安或者喜悦等情绪。当“理想我”占据上风时，不少大学生会产生较强的自卑感，甚至放弃努力，自暴自弃；当“现实我”处于优势时，很多大学生往往表现出较强的虚荣心和自我陶醉，在乎别人对自己的评价，担心缺点的暴露，有傲慢、虚伪的表现。

(2) 自我意识矛盾日益突出，但调控能力相对较弱

随着大学生自我意识的进一步发展，各种矛盾越来越突出，他们对自我的评价常常是矛盾的，有时能客观地评价自己，有时又高估或低估自己；有时认为自己很成熟，有时又感到自己很天真；有时对自己充满信心，有时又对自己很不满意。而此阶段的自我调控能力相对较弱，处于不自觉、不果断的状态，他们对自己的关注多于他人，过于看重自己，而对集体、社会方面考虑较少。

面对自我意识中的种种矛盾，大学生常常会问自己“我比别人优秀吗”“我的性格如何”“我有什么能力和特长”“大家喜欢我吗”等问题，在经过一段时间的矛盾冲突和自我探究后，他们的自我意识会趋于一致，达到暂时的自我统一，而当新矛盾出现后，又会重复之前的心理过程。

(3) 自我意识的矛盾不断激化，甚至出现混乱

大学生自我意识的混乱通常表现为两种类型：一种是过高的自我评价，另一种则是过低的自我评价。过高或过低的自我评价往往导致个体自我意识确立过程中的自负或自卑问题。过高的自我评价使个体扩大“现实我”，形成不切实际的“理想我”，此种类型的大学生往往盲目乐观、自以为是，不易融于集体中，常常被周围环境和他人所排斥，由此遭受挫败，导致苦闷、自卑或自暴自弃等问题，严重的甚至会引发过激行为和反社会行为；自我评价过低的大学生，对“理想我”的期望较高，又无法达到，对“现实我”不满意，又无法改进，他们往往会有否定自我、拒绝接纳自我的心理倾向，此类学生的心理体验常伴随较多的自卑感、盲目性和情绪消沉、意志薄弱、孤僻、抑郁等问题，他们对自

我过分怀疑，压抑自我的积极性，尤其是面对新的环境、挫折和重大生活事件时，常常会产生过激行为，酿成悲剧。

(4)自我意识的矛盾转化不断进行，且渐趋稳定

在自我意识由“矛盾到统一到新矛盾到新统一”的转化过程中，大学生的自我意识不断发生重大变化，由刚进校的“依赖性”和“盲目性”，渐渐转变为“想入非非”，直至毕业前的沉稳干练。基于这种矛盾的转化，大学生自我意识发生了质的飞跃，个体之间出现差异，自我意识也趋于成熟。

4.悦纳自我

判断个体心理健康与否的一个重要指标就是其能否接受自我，亦即“悦纳自我”。当个体快乐地接受自己，心胸会变得开阔，同时会发现更加容易接受他人。悦纳自我包括三方面：一是接受自己的全部，无论优点还是缺点，无论成功还是失败；二是无条件地接受自己，程度不以自己是否做错事而有所改变；三是喜欢自己，肯定自己的价值，有愉快感和满足感。唯有如此，才能真正地认识自我、悦纳自我。

悦纳自我与自我不接纳的对比表现，见表2－2。

表2－2　悦纳自我与自我不接纳的表现

悦纳自我	自我不接纳
充满信心和毅力	为了讨好别人，掩饰自己的感情
行为表现一向都自然而诚恳	同时从事多种活动，但没有一件完成
了解自己的能力，也知道自己的目标	内心不安时外表仍若无其事或惊慌失措
对自己的个性及人生引以为豪	常常敷衍了事，无法专注

二、大学生适应与悦纳自我常见的心理问题

经过高考洗礼的莘莘学子，带着理想、希望进入大学校园后，当面对全新的生活环境、学习环境和陌生的面孔时，许多新生都会出现不适应问题。这些问题是在普遍范围内存在的，是正常的心理反应，但如果无视这种反应而任其蔓延，将影响大学生的正常生活。一般来说，新生入学后主要存在的心理“脆弱点”有以下几个方面：

(一)现实的大学和理想中的不一致从而产生心理落差

新生入学前如果将大学过度理想化，把大学生活想象得过于浪漫和多姿，当真正进入现实的大学后，可能会发现现实与理想相差甚远，由此带来心理上的不平衡，产生心理落差。心理落差是一种对自己某种行为后果或境遇与预期相差甚远而感到失望的消极心态，会导致出现一些问题，比如经常想家，厌倦学习和生活，出现失落情绪，经受不

了挫折和轻微的打击，甚至焦虑、抑郁等。理想与现实的差距容易使新生迷失方向和丧失动力。对于高职的学生来说，心理落差感会比普通本科院校的学生更为明显，他们有的接受不了自己所上大学不是本科的现实，因无法就读理想中的大学而内心受挫，严重的会自暴自弃；有的因录取专业不满意而感到沮丧、遗憾和无奈，内心出现抵触和失望情绪，抱着“过一天算一天”的想法。

（二）面临新生活无法适应从而导致心理失调，甚至出现挫败感

当代大学新生很多是从小在父母呵护和照顾下长大的，除了学习，生活方面往往缺乏自理能力，甚至过着“饭来张口、衣来伸手”的生活。这样的学生进入大学后，远离家乡和父母的照顾，面对的是陌生的环境和面孔，在短期内难以适应新生活，由此导致心理失调，甚至出现挫败感。特别是高职的学生，很多都抱着“没办法，有书读就不错了”的想法，在进入高职的很长时间内，没有目标，无心向学，消极适应，这种状况有的持续两三个月，有的甚至持续一学期或一学年。

（三）人际交往出现障碍

与原有的生活环境相比，大学环境里更需要个体进一步学会如何与人相处和交往。但是很多大学新生由于缺乏人际交往经验，进入大学后，人际关系基本处于“中断状态”，他们需要扩大人际交往范围，需要与来自天南海北的同学共同学习和生活，却因彼此间价值观、思想观念、兴趣爱好、生活习惯的各不相同，出现了诸多不适和抗拒，产生了恐惧、冷漠、孤僻、自我封闭等社交恐惧心理和人际交往障碍。

（四）对自己失去信心，盲目否定自身的一切

许多新生未进入大学之前可能是班上的佼佼者，备受青睐，当带着这种优越感甚至自负感来到大学以后，发现一切都不一样了。“山外青山楼外楼”，在人才济济的新环境中，看到周围同学在人际交往、组织能力、文艺特长等方面都比自己强，而自己原有的优势不复存在，自我评价指标偏离正常轨道，就会对自我全盘否定。在此情况下，如果大学生缺乏足够的心理承受力，会导致自信心的瓦解，出现烦恼、焦虑，甚至厌学、退学等问题。

三、大学生适应与悦纳自我的策略

（一）心理适应

1. 放下心中的顽石，积极面对新环境

思想中的顽石往往让人在判断一个事物时总按照自己固有的思维模式去思考，左右个体的行动，这种思维是收缩的、消极的，而不是探索的、积极的。从小处说，它可以影响个人的生活和发展，从大处来说，它甚至会阻碍整个社会的前进。如果在爬一座大山的时候，人一直抱着下坡的想法去爬山，那么将永远无法爬到山顶。当个体面对新事物和障碍、困难的时候，不要不假思索地就在心里和自己说“不行”，而是应放下内心的思想顽石，轻松上阵，当把它扔掉的时候，可能很快发现原来一切是那么简单。

对于新入校的大学生来说，初来乍到，面对校园新环境难免会有心理不适应的问题产生，这种情况下先不要急于否定这个环境，也不要轻易否定自己的心理适应能力，应放下内心的所有顾虑，放下心中沉闷的大石头，轻松地面对新环境，之后的收获可能超出你的想象。每个人所处的环境并非一成不变，环境的流动性决定了每个人必须学会适应，要积极主动地去适应新环境，而不是等着被环境淘汰，这需要充分发挥个人的主观能动性，积极地改变自己，积极地适应。正因为如此，远古人类为了适应环境，手脚功能分化，才由四肢行走演变到现在的双脚直立行走；由最初怕火，到摆脱心理恐惧感，去接受它，到最后用火来烤食物、驱赶猛兽。新生在进入大学校园后，应及时回归到现实中，为自己制定一个切实可行的目标，以减少理想大学与现实大学间的落差而导致的心理冲突和失衡。

2. 掌握心理平衡要诀

美国心理卫生协会提出 11 条心理平衡要诀，可以帮助我们在日常生活中更好地适应环境与生活。

（1）对自己不过分苛求

人应该有自己的抱负，但有些人的抱负不切实际，根本非能力所及，一旦欲求不得，便会认为自己倒霉而终日忧郁；有些人做事要求十全十美，对自己的要求近乎吹毛求疵，结果受害者还是自己。应把抱负和目标定在自己力所能及的范围内，要学会欣赏自己已取得的成果。

（2）不要强求别人

很多人把希望寄托在他人身上，尤其是对亲人和朋友的期望，假如对方达不到自己的要求，便会大感失望。其实每个人都有自己的思想和优缺点，所以没有必要要求别人完全迎合自己的要求。

（3）疏导自己的愤怒情绪

当我们勃然大怒时，可能会做出很多错事或失态的事，与其事后后悔，不如事前加以自制，采取合理的分散转移，把愤怒发泄于另一方面，如打球、唱歌等，必要时不妨来点“阿 Q 精神”，抱着笑骂由人的态度，愤怒情绪自可被抛至九霄云外。

(4)偶尔也可屈服

一个做大事的人,处事要从大处看;只有一些无见识的人才会向小处钻。因此,只要大前提不受影响,在小处有时也不必过分坚持,这样可以减少自己的烦恼。

(5)暂时逃避

生活中受到挫折或打击时,应该暂时将烦恼放下,去做自己喜欢做的事,如运动、旅游或看电视等,待到心情平静时,再重新面对自己的难题。

(6)找人倾诉烦恼

把所有的不快埋藏在心里只会让自己郁郁寡欢,如果把内心的烦恼告诉自己的知己或好友,会顿感心情舒畅。

(7)为别人做些事

助人为乐为快乐之本,帮助别人不仅能使自己忘却烦恼,而且可以重新确定自己存在的价值,并获得珍贵的友谊,何乐而不为呢?

(8)在一段时间内只做一件事

要减少自己的精神负担,不应同时进行一件以上的事情,以免弄得身心交瘁。当面临难题时,可以先解决一个,而且从最容易解决的问题下手。有了成功就会有信心,成功越多、越大,信心就会更足、更强。

(9)不要处处与人竞争

人之相处应以和为贵,处处把他人作为竞争对象,将会使自己时刻处于紧张状态中,让自己活得很累。其实,只要我们不总是把别人看成对手,别人也不会时刻与我们为敌。

(10)对人表示善意

我们经常被人排斥,是因为别人对我们有戒心。如果在适当的时候表现自己的善意,多交朋友,少树敌人,心境自然会变得平静。

(11)娱乐

适当的娱乐是消除心理压力的有效方法,它可以改善情绪,调节身心,增加生活乐趣。娱乐的方式并不重要,重要的是能让我们变得心情舒畅。

(二)人际适应

1. 人与人之间需要了解

以读书为例,当我们读完一本书后,可能只是一知半解,然后第二遍读它,体会会更深,终于有一天我们就读懂了。了解他人也是如此,可以称之为“读人”。读人,是要真正读懂他人的内心世界,了解他人的想法,我们可以用自己的价值观去评判,但是绝不要强加给他人。对于新生来说，新面孔之间需要了解和认识，需要像读书一样去读人，直到最后的读懂，这需要时间，需要思考，也需要人的理解力，同时也是人际交往的需要。

2. 人与人之间需要分辨

“有些人很会装扮，但内心空无一物，你不会觉得他美丽；有些人长着一张精致的脸，却有着一颗自私的心，你也不会觉得他美丽；有些人外表很朴素，但知道如何关心别人，你觉得诚恳的眼睛很迷人；有些人其实并不好看，却很爱护小孩与小动物，你觉得他善良的心地很动人。美丽，是发自内心的光华，不会随着岁月的流逝而流失，只会随着智慧的增长而增长。美丽很简单，就是让自己舒服，也让别人舒服。”人与人之间也需要分辨，这个分辨不是单单用眼睛去看，也不是仅仅由看到的外表下结论，而是真正需要用心去分辨不同人的内心。

3. 不要一味地在乎他人的评价

在这个世界上，我们会遇到自己不喜欢的人，也会遇到不喜欢自己的人，然而只要我们心灵健康，别人怎么想、怎么说、怎么做都不会影响我们，如果我们一味地在乎别人的想法或说法，就会失去自主权。但丁说：“走自己的路，让别人说去吧。”只要我们心灵站得足够高，就有冲破一切的力量，而不会在乎暂时的障碍和眼前人的嘲讽。世界上能登上金字塔的只有两种动物——鹰和蜗牛。鹰靠的是翱翔天空的翅膀，而蜗牛靠的是仰望天空的目光。先让自己的目光和心灵站在高峻的金字塔上，然后才能登上塔顶。

4. 学会付出和帮助

有时候我们的付出可能是微弱的，甚至是渺小的，却在必要的时候对他人来说是莫大的帮助。不要吝啬自己的付出，哪怕只有一点点，可能换来他人一辈子的感激。

5. 敞开心灵，不要自我封闭

人不是刺猬，不一定要把自己包裹得严严实实，只露出锋利的长刺，让别人无法接近，表面来看好像是在自我保护，但仅仅只是肉体而已，心灵其实已经受到了伤害。以自我的孤立换来对身体的保护，得到的只会是心灵上的孤独。这种伤害不是别人给的，而是自己造成的，是自我封闭的后果。

人的本质属性是社会性，这注定需要与他人交往，没有人能够孤独地过一辈子，这样的人很大程度上是不快乐的。所以，面对他人，尽可能要敞开心灵，不要自我封闭，能够勇敢地和他人交往，不要只生活在自己的小圈子里。

人际交往的黄金法则是想别人怎样对我们，我们就怎么对人；白金法则是明白别人的需要，适当给予所需。不要总以自己的标准去评判他人，不要总以自己的生活习惯去要求他人，“换位思考”是处理人际关系的重要法宝。在集体生活中要学会关心，学会宽容，了解他人，尊重他人。如果同学之间有了芥蒂，就要积极主动地沟通、化解，如果有了开心的事情，就和大家共同分享，快乐会比独享时翻倍；生活是一面镜子，我们对它微笑，它也会对我们微笑，我们对别人的微笑定会换来别人更灿烂的笑容。

（三）学习适应

英国著名的哲学家怀特海先生说过：“在中学阶段，学生伏案学习；在大学里，他需要站起来，四面观望。”学生在大学里的学习不仅仅是对书本知识的学习，而应拓展为更广义的学习。实际上应学四种东西，一是学怎样读书；二是学怎样做事；三是学怎样与人相处；最后是学怎样做人。大学是人生中最为关键的阶段之一，从入学的第一天起，大学生就应该对大学学习有正确的认识和规划。

1. 制定新的学习目标、学习计划，适应新的学习方式

基于大学的学习特点，制定适合自己的学习目标和合理的学习计划，在学习生活中是很有必要的。大学新生更多的是要“学会学习”，不要虚度光阴。

2. 不要忽视潜能

心理学家将一只跳蚤放进没有盖子的杯子内，结果跳蚤轻而易举地跳出了杯子。紧接着，心理学家用一块玻璃盖住杯子，于是跳蚤每次往上跳时，都因撞到这块玻璃而跳不出去。不久，心理学家把这块玻璃拿掉，结果，跳蚤再也不愿意跳了。

很多情况下人也和跳蚤一样，经过一段时间的努力学习而没有达到预定目标时，便灰心丧气，认为自己永远实现不了目标，进而忽略了自己的潜能。其实，就在我们觉得没有希望时，成功可能仅一步之遥，如果这个时候能继续努力，奇迹往往就会出现。

3. 学会独立思考

既然脑袋长在自己的肩膀上，就要学会独立地思考问题，不要人云亦云、随波逐流，大家都在做的不见得就是正确的。要学会独立思考，用自己的心去走自己的路。但是独立思考并不意味着不听他人意见，而应对他人的意见有所参考和借鉴，同时不轻易否定自己的想法。

4. 换角度思考

如果以地为始丈量身高，你可能比别人矮，但是如果以天为始丈量身高，你可能就会比别人高了。学习中不可忽视的是发散思维，也就是要学会换角度看问题。创意无处不在，关键在于怎么看。

（四）自我内省

1. 认识自我，悦纳自我

“什么动物早晨四条腿走路，中午两条腿走路，晚上三条腿走路，腿最多时最无能?”答案是“人”。这是著名的斯芬克斯之谜，也是古希腊哲学家普遍认识人类的最高智慧，它意味着人必须反思和认识自己。人最熟悉的是自己，最陌生的也莫过于自己，最亲近的是自己，最疏远的也莫过于自己。认识自我并且悦纳自我是一件困难却重要的事情。

我们可将悦纳自我理解为：悦——喜悦、愉快，纳——接纳，自我——自己，悦纳自我，就是要喜悦、愉快地接纳自己。首先是接受自己与生俱来的容貌与形体，接受自己不够英俊或美丽、不够高大或娇小，但仍能欣赏自己的可爱之处。

有一个女大学生，自小脸上就有手掌大的一块青印，别人初见她时都会被吓一跳，甚至尴尬于和她正视，因为从心理学上分析，有缺陷的人一般很忌讳他人的注目。可是，这个女生并非常人所想的那样自卑自怜、不与人交往。她在任何场合都能与周围的同学谈笑风生、行若无事、从容不迫，可能期间她也经历过拒绝、憎恶、接受直至悦纳自我的磨砺，过程是艰辛的，但她做到了悦纳自我，让人并不会因她的相貌而轻视她，相反会因她的自信而钦佩她。

美国管理学家彼得曾提出“短板理论”，也称为“木桶原理”“水桶效应”，该理论认为盛水的木桶是由许多块木板箍成的，盛水量也是由这些木板共同决定的。若其中一块木板很短，则此木桶的盛水量就被短板所限制，这块短板就成了这个木桶盛水量的“限制因素”（或称“短板效应”）。若要使此木桶盛水量增加，只有换掉短板或将短板加长才可以。这一理论被广泛应用，但是并不适应于有认知能力的人，因为人毕竟不像组装的木桶那样由短板决定盛水多少，并不能由身体外表构造来决定他/她的优劣，更强大的是人的内心世界，只要能充分发挥自己的优势，尽可以瑕不掩瑜。

有许多学生，特别是一些新生常常抱怨：为什么自己的家境不如他人，为什么自己的长相不如他人，为什么自己不能像他/她那样……诸多的为什么来源于和他人的比较，这种盲目的比较完全抹杀了自己身上的可贵之处而使自己陷入自卑的深渊。他们总觉得别人的东西是好的，自己拥有的是不好的，总觉得命运对自己不公，总觉得生活对自己残忍，于是怨天尤人，甚至停止前进、自暴自弃。

可能生活会给人一些不平等。比如站在同一台阶上的人，有的是自己费力爬上去的，有的是一出生就站在上面，有的是摔下台阶后继续爬上去的。但是，不管是用什么方法到达这一台阶，对于站在这同一台阶上的人来说，只有他们自己才知道这是一种什么感觉。世界上没有完人,你眼中完美的人也许有不为人知的痛苦,而你看到的可能只是他/她光鲜的一面。

即使你是长相平庸的大众脸,你一样可以拥有善良的心地、美好的愿望;即使你出身贫困的家庭,你一样可以拥有自信的目光、坦然的笑容;即使你总是处处碰壁,你一样可以拥有不屈不挠的精神和永不放弃的信念……对于初来乍到的新生来说,不要人云亦云、趋之若鹜,也不要别人说什么就是什么,将视线放长远一点儿,会发现自己也拥有别人所没有的宝贵的东西。

认识自我,悦纳自我,是不再以己之长,骄人所短;也不妄自菲薄,顾影自怜。认识自我,悦纳自我,是知道这世间没有完美,于是快乐地做好不完美的自己。每个学生都应在大学校园里快乐地生活,这也是大学教育最原始的目标。

2. 充满自信

爱尔兰戏剧家萧伯纳说:"有自信心的人,可以化渺小为伟大,化平庸为神奇。"一个人的成就之大小,永远不会超出他/她自信心的大小。如果人缺少了自信心,将难以在人生的大舞台上施展才华、展现风采。自信,是通往成功的阳光大道。

如何才能充满自信?可能你所在的空间很渺小,也可能你是一个微不足道的人,但是可以肯定的是,不管你是怎样的人,不管你拥有怎样的空间,你一定有一个属于你的舞台。这个舞台或大或小,但是在这个舞台上你可以尽情舞蹈,绽放生命的光彩。心有多大,舞台就有多大,所以不要小觑自己的舞台,不论什么时候都要充满自信地展现自己的舞姿。

美国著名教育学专家戴尔·卡耐基说:"世界上没有一点儿都不胆怯、害羞和脸红的人,包括我自己。人人都有,只是程度不同、持续的时间长短而已。"自信是一个自己对自己的问题,个体首先能坦然面对自己、接受自己、认可自己、信任自己,别人才能够对你表示肯定,一个连自己都不能肯定的人,又如何能让他人肯定?从心理学上分析,不自信的人都过于在意别人对自己的看法,不敢当众表达自己的感受,缺少对自己应有的信心。

下面介绍几个树立自信心的小方法。

(1)挑前面的位子坐。很多同学在上课、听讲座、参加报告会的时候喜欢坐在后排,这是希望自己不会"太显眼"的人,而且是大多数人。怕受人注目的原因就是缺乏信心。挑前面的位子坐,其实是建立自信心的好方法,把它当作一个规则试试看,从现在开始就尽量往前坐,让自己的自信更进一步。

(2)练习正视别人。与别人面对面时,如果自己不敢正视对方,就意味着自卑,甚至是害怕。躲避别人的眼神可能意味着："我做了或想到了什么不希望你知道的事，我怕一接触你的眼神，你就会看穿我。"只有正视别人，才能告诉对方："我很诚实，而且光明正大，我相信我告诉你的话是真的，毫不心虚。"

（3）把走路的速度加快25%。缺乏自信的人，走路往往拖拖拉拉，办事也毫无效率；而充满自信的人，走起路来比一般人更快，仿佛是在告诉别人："我要到一个重要的地方，去做很重要的事，更重要的是，我会在很短的时间内成功。"

心理学的研究表明，肢体动作是心理活动的结果，借助改变姿势与速度，可以改变心理状态。使用"把走路的速度加快25%"的技术，抬头挺胸走快一点儿，你会感到自信心在滋长。

（4）练习当众发言。拿破仑·希尔指出，有很多思维敏锐、天资聪颖的人，却无法发挥他们的长处参与讨论，不是他们不想参与，只是因为他们缺少信心。

对于大学生来说，无论上什么样的课程，每次都要主动发言，也许是评论，也许是建议或提问题，但不要最后发言，要敢于第一个打破沉默。即使你的见解不一定有人认可，但发言本身比发言内容更有价值。

（5）坦白说出自己的胆怯。将自己不安的情绪清楚地用语言表达出来，可将内心的紧张驱除殆尽，让自己变得放松起来。有个全美第五名的推销员，当他还不熟悉推销员工作时，竟独自约到了美国的"汽车大王"，对方的身份和地位令他无比胆怯，但他见面时老实地说了出来："很惭愧，我刚看见您时，我害怕得连话也说不出来。"这样的坦白反而驱除了恐惧感，让他赢得了"汽车大王"的肯定。

（6）用自信培养自信。如果一个人缺乏自信时，总做些没有自信的举动，就会越来越没有自信，因此，缺乏自信时更应该做些充满自信的事情，因为自信会培养自信。比如，觉得自己演讲不够好，但唱歌唱得很好，就不妨多参加一些歌唱比赛，如此不断积累自信，让自己有一天演讲时也会变得充满自信。

（五）有关问题解析

1. 如果你对父母依赖性太强，离开父母总觉得不习惯，怎么办？

摆脱对父母的依赖，学会独立思考和独立生活，是适应社会的第一步，也是青春期人格发展的一项重要任务。在刚离开父母或暂时还未学会独立时，仍然对父母有较强的依赖性，这很正常，但是，如果长时间学不会独立，甚至到成年都对父母有强烈的依赖性，那就需要矫正了。

办法一：主动断乳法。造成依赖心理过强的主要原因是过分留恋未成年时期在父母呵护下的生活状态和心理状态。摆脱依赖心理的根本途径是要认识到脱离父母、独立生活是人生的必然规律,不以人的意志为转移,从而必须增强早日独立、做一个自主自强的成年人的自信心和自豪感。

办法二:父母自居法。遇到困难或烦恼时,不要急着询问父母,先想想“假如换成父母,他们会怎么办”,站在父母的角度考虑问题,但是自己能想出解决办法。

办法三:朋辈替代法。寻找一些思想比较独立且成熟的朋友,以他们为榜样进行生活和思考,即让榜样的作用代替父母的作用。

2. 如果你的生活总是没有规律,怎么办?

大学生因为要兼顾的层面和范围比中学生多,所以要想在学习、社交、生活各方面保持均衡,又不至于无端陷入“学业进度欠佳”的危机,必须学会严格地控制自我,妥善安排有限的时间。以下为常用的时间管理法。

办法一:学期大事记。在学期开始,整体记录本学期要做的重要事情,比如查看所选各科目的课程大纲,用符号标记每科要交的作业、考试时间等。这样可以了解自己什么时间比较忙碌,也可以预先分配好自己的时间,在自己不是特别忙碌的时候适当地发展自己其他方面的能力。

办法二:一周时间表。将自己所有上课时间、兼职、会议、休息、看书、经常出席的聚会等填写在一周时间表上,并进行合理规划安排。

办法三:每日清单。写下当天要安排的活动以及要做的各项事情,然后排列先后次序,重要的排前先做,这样有助于高效率地完成各项烦琐的事务。

3. 当你为家庭经济状况不如别人而感到自卑时,怎么办?

人人都喜欢富裕而不喜欢贫穷。当我们发现自己的家庭经济状况和他人差距较大时,会感到一些不平衡和不快乐,这是一种很正常的心理。但是如果这种心理超出一定的限度,就会让我们产生自卑心理,形成一种心理偏差,必须想办法进行矫正。

办法一:认知调节法。要纠正“金钱决定身份”的错误观念,认识到贫穷并不可耻,为贫穷而自卑,事实上是软弱和有失尊严的表现。要坦然地接受这个现实,进而树立“人穷志不穷”的自信心,把目光放远点,把精力放在自强不息、努力奋斗上。

办法二:目标转移法。你可能经济不富裕,但是在其他方面,比如人品、才华、能力等,一定有自己比别人富足的地方,找到这些地方,并力争在这些方面表现得更加优秀。

办法三:参加勤工助学活动。一方面,解决经济困难;另一方面,通过自己的辛勤劳动,证明自己有创造财富的能力,从而进一步增强自信。

4. 如果你太爱面子,对别人的任何批评都接受不了,怎么办?

一般人都有爱面子的心理,这是自尊心的作用。自尊心是自我意识和健康人格的基础，人人都需要自尊。但是，如果对自尊的需求过了头，时时处处都需要别人尊敬你，只爱听夸奖不愿听批评，对伤害自己面子的任何一点儿小事都斤斤计较，就成了一种心理偏差。从另一个角度说，这样的“自尊”过分依赖“他尊”来维持，实质上是自卑的表现。

办法一：事实标准法。要养成一切以事实为依据的思维习惯。无论听到别人骂你还是夸你，首先要想一想那是否符合实际。如果不符合实际，夸你的话再好听也不必太得意；如果符合实际，骂你的话再难听也要虚心接受。

办法二：自嘲法。对于没必要计较的批评或攻击，说一句“我就是这样的，不也挺好吗”，对此一笑置之。有时，阿 Q 的精神胜利法也是可借鉴一用的。

心理体验

活动一：接纳自己是个有缺点的人

活动目的：帮助成员更好地认识自我，对自我进行剖析，看清自己的优缺点，并能正确对待。

活动时间：约 25 分钟。

具体操作：

1. 由成员写下 A、B 格中的自我特质，A、B 格对折，不让他人看到。
2. 访问其他成员对自己的看法，填满 C、D 格。
3. 两相对照：通过对自己认为的“优缺点”和他人认为的“优缺点”进行对照分析，进一步认识自我，并在团体中分享自己的看法、疑惑，了解他人的看法。

	优点	缺点
自己认为	A：	B：
别人认为	C：	D：

活动二：小小动物园——让我们彼此欣赏

活动目的：

1. 充分发挥成员的想象力，在设计自我、阐述自我的过程中全面了解自己。

2. 发现自己与别人的不同，学会欣赏他人的优点，并取长补短。

活动时间：约15分钟。

具体操作：

1. 请成员闭上眼睛，充分展开想象："现在你就是动物园里的一员，那你觉得自己会是什么动物？"

2. 成员分享选择某个动物代表自己的三个理由，每位成员分享完后，其他成员说出他/她的一个优点并加以赞美。

活动三：心有千千结

活动目的：让成员从游戏中体会到团结协作的重要性，增强团队成员的归属感，激发成员的奋斗精神，认识到合作与奉献对整个团队成功的重要作用。

活动时间：约20分钟。

具体操作：

1. 各组牵手围成一圈，一定要记住自己左右手牵的同学。

2. 各组重新打乱顺序，再次牵手围成一圈。注意要牵第一次围成一圈时与你牵手同学的手，左右手不要混淆。

3. 每组同学想办法解开这个结，恢复圆圈状，但手始终不可以断开。

讨论：

1. 生活中是不是会碰到很多结？你有哪些心结？

2. 大家是通过什么方式解开这个结的？有什么体验？

3. 这个游戏体现了什么？你有什么收获？

心理评估

大学生社会适应能力测量

指导语：下面的问题能帮助你进行社会适应能力的自我评定。请认真阅读，并确定与自己实际情况的符合程度，然后从每个题目后面所附的三个备选答案中选出一个。

问卷：

1. 我最怕转学或转班级，每到一个新环境，我总要经过很长一段时间才能适应。

A. 是　　B. 无法肯定　　C. 不是

2. 每到一个新的地方，我很容易同别人接近。

A. 是　　B. 无法肯定　　C. 不是

3. 在陌生人面前，我常无话可说，以至于感到非常尴尬。

A. 是　　B. 无法肯定　　C. 不是

4. 我最喜欢学习新知识或新学科，它给我一种新鲜感，能调动我的积极性。

A. 是　　B. 无法肯定　　C. 不是

5. 每到一个新地方，我第一天总是睡不好，就是在家里，只要换一张床，有时也会失眠。

A. 是　　B. 无法肯定　　C. 不是

6. 不管生活条件有多大变化，我也能很快习惯。

A. 是　　B. 无法肯定　　C. 不是

7. 越是人多的地方，我越感到紧张。

A. 是　　B. 无法肯定　　C. 不是

8. 我的成绩多半不会比别人差。

A. 是　　B. 无法肯定　　C. 不是

9. 全班同学都看着我，我的心都快跳出来了。

A. 是　　B. 无法肯定　　C. 不是

10. 即使对某人有看法，我仍能同他/她交往。

A. 是　　B. 无法肯定　　C. 不是

11. 我做事情总有些不自在。

A. 是　　B. 无法肯定　　C. 不是

12. 我很少固执己见，乐于采纳别人的看法。

A. 是　　B. 无法肯定　　C. 不是

13. 同别人争论时，我常常感到语塞，事后才想起怎样反驳对方，可惜已经太迟了。

A. 是　　B. 无法肯定　　C. 不是

14. 我对生活条件要求不高，即使生活条件艰苦，我也能过得很愉快。

A. 是　　B. 无法肯定　　C. 不是

15. 有时自己明明把课文背得滚瓜烂熟，可在课堂上背的时候，还是会有差错。

A. 是　　B. 无法肯定　　C. 不是

16. 在决定胜负成败的关键时刻，我虽然很紧张，但总能很快地使自己镇定下来。

A. 是　　B. 无法肯定　　C. 不是

17. 我不喜欢的东西，不管怎么学也学不会。

A. 是　　B. 无法肯定　　C. 不是

18. 在嘈杂混乱的环境里，我仍然能集中精力学习，并且效率较高。

A. 是　　B. 无法肯定　　C. 不是

19. 我不喜欢陌生人来家里做客，每逢这种情况，我就有意回避。

A. 是　　B. 无法肯定　　C. 不是

20. 我很喜欢参加社交活动，我感到这是交朋友的好机会。

A. 是　　B. 无法肯定　　C. 不是

评分与解释：

1. 凡是单数号题（1、3、5、7……），选“是”得 -2 分，选“无法肯定”得 0 分，选“不是”得 2 分。

2. 凡是双数号题（2、4、6、8……），选“是”得 2 分，选“无法肯定”得 0 分，选“不是”得 -2 分。

将各题的得分相加，即得总分，具体解释：

35—40 分：社会适应能力很强，能很快地适应新的学习和生活环境，与人交往轻松、大方，给人的印象极好，无论进入什么样的环境，都能应付自如、左右逢源。

29—34 分：社会适应能力良好。

17—28 分：社会适应能力一般，当进入一个新的环境，经过一段时间的努力，基本上能适应。

6—16 分：社会适应能力较差，依赖于较好的学习和生活环境，一旦遇到困难则容易怨天尤人，甚至消沉。

5 分以下：社会适应能力极差，在各种新的环境中，即使经过一段相当长时间的努力也不一定能够适应。在与他人的交往中，总是显得很拘谨、羞怯或手足无措。

如果你在这个测试中得分较高，说明你的社会适应能力较强。但是，如果你得分较低，也不必忧心忡忡，因为一个人的社会适应能力是随着年龄的增长、知识经验的丰富而不断增强的。只要你充满信心、刻苦学习、虚心求教、加强锻炼，你一定会成为适应社会的成功者。

大学生自卑心理测试

指导语：自卑感是一种激励因素，对个人和社会均有利，但是，沉重的自卑感会使人垮掉，让人变得心灰意冷、无所事事。我们应设法找到产生自卑感的原因，并具体分析，努力克服。下面这份测试量表有助于你了解自己是否存在明显的自卑感以及造成自卑的主要根源。本测验共15个问题，每个问题有A、B、C三种选择答案，请你在与自己情况较符合的答案上打“√”。

1. 你的身高与周围的人相比如何？

A. 较矮　　B. 差不多　　C. 较高

2. 早晨，照镜子后的第一个念头是什么？

A. 再漂亮一点儿就好了　　B. 想精心打扮一下　　C. 别无他想，毫不在意

3. 看到最近拍的照片你有何想法？

A. 不称心　　B. 拍得很好　　C. 还算可以

4. 如果有来世，下面三种选择中你会选择哪种？

A. 做女人受够了，做男人好

B. 做男人太苦了，做女人好

C. 什么都行，男女一样

5. 你是否想过5年或10年后会有什么使自己极为不安的事？

A. 多次想过　　B. 不曾想过　　C. 偶尔想过

6. 你受周围人们的欢迎和爱戴吗？

A. 常有　　B. 没有过　　C. 偶尔有

7. 你被别人起过绰号、挖苦过吗？

A. 常有　　B. 没有　　C. 偶尔有

8. 老师批过的考卷发下来了，同学要看怎么办？

A. 把分数折起来让他们看不到

B. 让他们看

C. 将考卷全部藏起来

9. 体育运动后，有过自己“反正不行”的想法吗？

A. 常有　　B. 没有　　C. 偶尔有

10. 你有过在某件事上绝不次于他人的自信吗？

A. 有一两次　　B. 从来没有过

C. 在某些方面自己有这种自信,但对不特殊的事情并不介意

11. 如果你喜欢的异性同学与其他人更亲近,你怎么办?

A. 灰心丧气,以后尽力避开那位异性

B. 跟那位同学公开或暗地里展开竞争

C. 毫不在乎,一如往常

12. 碰到寂寞或讨厌之事怎么办?

A. 陷入深深的烦恼中

B. 吃喝玩乐时就忘记了

C. 向朋友诉说

13. 当被别人称做"不知趣的人"或者"蠢东西"时,怎么办?

A. 我回敬他:"你真没教养!"

B. 心中感到不好受而流泪

C. 不在乎

14. 如果碰巧听到有人正说与你要好的同学的坏话,你怎么办?

A. 断然反驳:"根本没有那种事!"

B. 担心会不会真有那回事

C. 不管闲事,认为别人是别人,我是我

15. 不管怎样努力学习,如果你的主要功课都输给竞争对手,你怎么办?

A. 尽管如此还是继续挑战,今后加劲干

B. 感到不行,只好认输

C. 从其他学科上竞争取胜

评分与解释:把 15 题的得分加起来计算出总分,与下面的总体评价标准对照,看看自己属于哪个类型,再阅读有关四种自卑类型的说明。

计分规则参照表

题号	答案		
	A	B	C
1	5	3	1
2	5	3	1
3	5	1	3
4	5	1	3
5	5	1	3
6	1	5	3

续表

题号	答案		
	A	B	C
7	5	1	3
8	3	1	5
9	5	1	3
10	1	5	3
11	5	1	3
12	5	3	1
13	3	5	1
14	1	5	3
15	3	5	1

类型与得分对照表

类型	Ⅰ	Ⅱ	Ⅲ	Ⅳ
得分	15—29	30—44	45—60	61—75

类型Ⅰ:环境变化造成自卑

你平时没有自卑感,是个乐天派,并且往往很自信。你对自己的才能、外表、风度等充满自信和骄傲,极少有自卑感。如果你抱有自卑感的话,那是环境起了变化的缘故,比如当原本出类拔萃的你进入人才济济的学校或其他场所而未能充分体现个人价值时,将会引起自卑。

类型Ⅱ:动机期望过高引起自卑

你有追求过高、动机过强、期望值过高的缺点。你不满足于现状,想出人头地,以至于去追求不切实际的目标。也可以说,你过分地计较得失胜负,追求虚荣,当无法实现目标时,往往陷入自卑,难以自拔。

类型Ⅲ:过早断定不行造成自卑

你在干事情前就贸然断定自己不行,自认为不如别人。这主要是你不了解周围人们的真实情况,不清楚使你焦虑的事情的本来面目。当你搞清楚后,会恍然大悟竟是这么回事,随之坦然自如。你的自卑感主要是你的无知造成的,症结在于自认为不行就心灰意冷。

类型Ⅳ:性格怯懦造成自卑

用消极悲观的眼光看待事物,也与你的自卑有关。症结在于对自己缺乏自信,光是看到不足与不利之处,因而遇事退缩胆怯。不管与人交往还是学习功课,怯弱导致你自酿苦酒。

知识拓展

一、镜子技巧

镜子技巧是由美国心理学家布里斯托总结而成的，这一方法简单、有效，可以使你增加信心、强化激情。具体做法如下：

站在镜子前，看到身体的上半部分。笔直站立，脚后跟靠拢，收腹，挺胸，昂首，再做三四次深呼吸，直到对自己的能力和决心有了一种感受。然后凝视眼睛深处，告诉自己会得到所要的东西，大声说出它的名字。每天至少早晚做两次，还可以用肥皂将喜欢的口号、精彩的格言写在镜面上，只要它们确实代表你曾设想并希望实现的某些事情即可。

当你在镜子前站好，就反复对自己说：你会获得巨大成功，世界上没有任何东西能够阻止。这样做并不可笑，因为，任何渗入潜意识的设想，都可能在生活中成为现实。

眼睛作为心灵的窗户，它们不仅泄露你内心的思想活动，而且比想象的更能表达你的内心世界。一旦开始实践镜子技巧，眼睛就会产生一种你从未想到的你所具备的力量，你会获得一种锐利的目光，使别人以为你正在注视着他们的内心世界。眼睛迟早会把信念的强度真切地表露出来，以赢得人们的赞赏。眼神能反映出一个人在现实生活中所属的阶层、所处的位置。所以要训练你的眼睛，使之充满信心，而镜子则能帮助你。

二、“酸葡萄心理”和“甜柠檬心理”

“酸葡萄心理”是指自己努力去做而得不到的东西就说是“酸”的，是不好的，这种方法可以缓解我们的一些压力。比如别人有一样好东西，我没有，我很想要，但实际上我不可能得到，这时不妨利用“酸葡萄心理”，在心中努力找到那样东西不好的地方，说那样东西的“坏话”，克服自己不合理的需求。

“甜柠檬心理”就是认为自己的柠檬就是甜的，认为自己所拥有而摆脱不掉的东西就是好的，要学会接纳自己。每个人都有自己的优点，都有自己的优势，每个人也都有自己的特点，千万不要轻易说自己这不好、那不如人，不妨试试“甜柠檬心理”，学会接纳自己，逐渐增强自信。

三、瓦拉赫效应与巴纳姆效应

1. 瓦拉赫效应

奥托·瓦拉赫是诺贝尔化学奖获得者，他的成功过程极富传奇色彩。瓦拉赫在开始读中学时，父母为他选择了一条文学之路，不料一学期下来，老师为他写下了这样的评语："瓦拉赫很用功。但过分拘泥，难成文学之才。"此后，父母又让他改学油画，可瓦拉赫既不善于构图，又不会润色，成绩全班倒数第一。面对如此"笨拙"的学生，绝大部分老师认为他成才无望，只有化学老师认为他做事一丝不苟，具备做好化学实验的素质，建议他学化学。这下瓦拉赫智慧的火花一下子被点燃了，终于获得了成功。瓦拉赫的成功说明了这样一个道理：每个人的智能发展是不均衡的，都有智慧的强点和弱点，他一旦找到了发挥自己智慧的最佳点，使智能得到充分发挥，便可取得惊人的成绩。后人称这种现象为瓦拉赫效应。

2. 巴纳姆效应

一位名叫肖曼·巴纳姆的著名杂技师在评价自己的表演时说，他之所以很受欢迎是因为节目中包含了每个人都喜欢的成分，所以他使得"每一分钟都有人上当受骗"。人们常常认为一种笼统的、一般性的人格描述十分准确地揭示了自己的特点，心理学上将这种倾向称为巴纳姆效应。有位心理学家给一群人做完明尼苏达多相人格检查表（MMPI）后，拿出两份结果让参加者判断哪一份是自己的结果。事实上，一份是参加者自己的结果，另一份是多数人的回答平均起来的结果。参加者竟然认为后者更准确地表达了自己的人格特征。心理学的研究揭示，人很容易相信一个笼统的、一般性的人格描述特别适合他。即使这种描述十分空洞，他仍然认为反映了自己的人格面貌。曾经有心理学家用一段笼统的、几乎适用于任何人的话让大学生判断是否适合自己，结果绝大多数大学生认为这段话将自己刻画得细致入微、准确至极。下面一段话是心理学家使用的材料："你很需要别人喜欢并尊重你；你有自我批判的倾向；你有许多可以成为你优势的能力没有发挥出来，同时你也有一些缺点，不过你一般可以克服它们；你与异性交往有些困难，尽管外表上显得很从容，其实你内心焦急不安；你有时怀疑自己所做的决定或所做的事是否正确；你喜欢生活有些变化，厌恶被人限制；你以自己能独立思考而自豪，别人的建议如果没有充分的证据你不会接受；你认为在别人面前过于坦率地表露自己是不明智的；你有时外向、亲切、好交际，而有时则内向、谨慎、沉默；你的有些抱负往往很不现实。"这其实是一顶套在谁头上都合适的帽子！

巴纳姆效应在生活中十分普遍。比如，很多人请教过算命先生后都认为算命先生说得

“很准”。其实,那些求助算命的人本身就有易受暗示的特点。当人的情绪处于低落、失意的时候,对生活失去控制感,于是,安全感也受到影响。一个缺乏安全感的人,心理的依赖性也大大增强,受暗示性就比平时更强了。加上算命先生善于揣摩人的内心感受,稍微能够理解求助者的感受,求助者立刻会感到一种精神安慰。算命先生接下来再说一段一般的、无关痛痒的话便会使求助者深信不疑。再比如,在公共汽车上,你会发现这样一种现象:一个人张大嘴打了个哈欠,他/她周围会有几个人也忍不住打起了哈欠。有些人不打哈欠是因为他们受暗示性不强。哪些人受暗示性强呢?可以通过一个简单的测试检查出来。

让一个人水平伸出双手,掌心朝上,闭上双眼。告诉他/她现在他的左手上系了一个氢气球,并且不断向上飘;他的右手上绑了一块大石头,向下坠。三分钟以后,看他/她双手之间的差距,距离越大,则受暗示性越强。

四、小故事大道理

你很特别

微美克人是一群小木头人,他们都是由木匠伊莱雕刻成的。伊莱的工作室坐落在一个山丘上,从那儿可以俯瞰整个微美克村。每一个微美克人都长得不一样,有的大鼻子,有的大眼睛,有的个子高,有的个子矮,有人带帽子,有人穿外套,但是他们全都是同一个人刻出来的,也都住在同一个村子里。

微美克人整天只做一件事,而且每天都一样:他们互相贴贴纸。每一个微美克人都有一盒金星贴纸和一盒灰点贴纸。他们每天在大街小巷里,给遇到的人贴贴纸。木质光滑、漆色好的漂亮木头人总是被贴上星星,木质粗糙或油漆脱落的就会被贴灰点点,有才能的人当然也会被贴星星。例如,有些人可以把大木棍举过头顶,或是可以跳过堆高的箱子,另外,有些人学问好,还有些人很会唱歌,大家都会给这些人贴星星贴纸。有些微美克人全身都被贴满了星星,每得到一个星星,他们就会很高兴,会想要再做点什么,好再多得一个星星。

然而,什么都做不好的人,就只有得灰点点的份了。胖哥就是其中之一。他想要跟别人一样跳得很高,却总是摔得四脚朝天。一旦他摔下来,其他人就会围过来,为他贴上灰点点。有时候,他摔下来时刮伤了自己的身体,别人又为他再贴上灰点贴纸。然后,他为了解释自己为什么会摔倒,讲了一些可笑的理由,别人又会给他再多贴一些灰点。不久之后,他因为灰点太多,就不想出门了。他怕又做出什么傻事,像是忘了帽子或是踩进水里,那样别人就会再给他一个灰点。其实,有些人只因为看到他身上有很多灰点贴纸，就会跑过来再给他多加一个，根本没有其他理由。“他本来就该被贴很多灰点点的。”大家都这么认为，“因为他不是个好木头人。”听多了这样的话，胖哥也这么认为了。他会说：“是啊，我不是个好微美克人了。”他很少出门，每次他出去就会跟有很多灰点点的人在一起，这样他才不会自卑。

有一天，他遇见一个很不一样的微美克人。她的身上既没有灰点点，也没有星星，就只是木头。她的名字叫露西亚。可不是别人不给她贴贴纸，是因为贴纸根本贴不住。有些人很钦佩露西亚没有得到任何灰点，所以他们便想为她贴上星星，但是一贴，贴纸就掉下来了。有些人因为露西亚没有星星，所以瞧不起她，他们想给她贴灰点，但是也贴不住。胖哥心里想：“我就是想这样，我不想要任何记号。”所以，他问那个身上没有贴纸的微美克人怎么做可以跟她一样。“很简单啊！”露西亚说，“我每天去找伊莱。”“伊莱？”“对呀！就是木匠伊莱。我会跟他一起坐在他的工作室里。”“为什么？”“你自己去看看不就知道了嘛？去吧！他就在山丘上。”那个没有贴纸的微美克人一说完，就转身踏着轻快的步伐离开了。“但是，他肯见我吗？”胖哥大喊。不过露西亚没有听到，所以胖哥还是回家了。

他坐在窗边，看着外面的微美克人彼此追逐，争相为别人贴贴纸。“这是不对的。”他对自己说。他决定去见伊莱。他走上通往山顶的小路，然后走进那间大大的工作室。这里的东西都好大，让他不禁张大了他的木头眼睛，连凳子都跟他一样高，他得踮起脚才看得见工作台的台面，而铁锤跟他的手臂一样长。胖哥惊讶得咽了咽口水。

“我不要待在这里。”他转身想走。这时他听到“胖哥”的呼叫，那个声音低沉却有力。胖哥停下脚步。“胖哥！真高兴看到你。过来让我瞧瞧。”胖哥慢慢转过身，看着那位高大、满脸胡子的木匠。他问木匠：“你知道我的名字？”“当然啰。你是我造的啊。”伊莱弯下腰，把胖哥抱到工作台上。“嗯？”这位创造者看见他身上的灰点，若有所思地说，“看来，别人给了你一些不好的记号。”“我不是故意的，伊莱。我真的很努力了。”“哦，孩子，你不用在我面前为自己辩护。我不在乎别的微美克人怎么想。”“你不在乎？”“我不在乎，你也不应该在乎。给你星星或点点的是谁？他们和你一样，都只是微美克人。他们怎么想并不重要，胖哥。重要的是我怎么想。我觉得你很特别。”胖哥笑了：“我？很特别？为什么？我走不快、跳不高，我的漆也开始剥落。你为什么在乎我？”伊莱看着胖哥，他把手放在胖哥的小木头肩膀上，缓缓地说：“因为你是我的，所以我在乎你。”胖哥从来没有被人这样盯着看，更不要说是他的创造者。他不知道该说什么才好。“我天天都盼着你来。”伊莱说。“我来是因为我碰到一个没有被贴贴纸的人。”胖哥说。“我知道，她提起过你。”“为什么贴纸在她的身上都贴不住呢？”创造者温柔地说：“因为她决定把我的想法看得比别人的想法更重要。只有当你让贴纸贴到你身上的时候，贴纸才会贴得住。”“什么?”“当你在乎贴纸的时候,贴纸才会贴得住。你越相信我的爱,就越不会在乎他们的贴纸了。”“我不太懂。”伊莱微笑地说:“你会懂得,不过得花点时间,因为你有很多贴纸。现在开始,你只要每天来见我,让我来提醒你我有多爱你。”

伊莱把胖哥从工作台上举起,放到地上。当胖哥走出门时,伊莱对他说:“记着,你很特别,因为我创造了你。我从不失误的。”胖哥并没有停下脚步,但他在心里想:我想他说的是真的。就在他这么想的时候,一个灰点掉下来了。

道理:

人的价值在于能够正确看待自己,而非别人如何看你。“这世界上你是独一无二的一个,你生下来是什么,这是别人给你的礼物,你将成为什么,这是你给别人的礼物。”其实每个人初来到这个世界时就是一个全新的个体,身上没有任何的记号,所以当你真的觉得自己是很特别的时候,你就是特别的,这是别人无法抹杀的,而当你真的这么想时,身上也就不用再背负任何的星星或灰点。要做,就做真正的自己。

附 录

好书推荐:

1.《蛤蟆先生去看心理医生》

作者简介:罗伯特·戴博德(RobertdeBoard,1932—2020),毕业于剑桥大学赛尔文学院,曾任教于英国亨利商学院,是一位经验丰富的心理学研究者和临床实践者。他的两本专业著作《咨询技巧》和《组织的心理分析》都是英国颇具知名度的心理学类教科书。《蛤蟆先生去看心理医生》是他写给大众读者的心理学入门书。

内容简介:蛤蟆先生一向爱笑爱闹,如今却一反常态地郁郁寡欢。他一个人躲在屋里,连起床梳洗的力气都没有。朋友们非常担心他,建议他去做心理咨询。在10次心理咨询中,蛤蟆在咨询师苍鹭的带领下,勇敢地探索了自己的内心世界,也逐渐找回了信心与希望……

为了向大众读者普及心理学知识,告诉大家心理咨询是怎么一回事,作者借用了英国文学经典《柳林风声》的故事主角，让蛤蟆先生和他的朋友们再次登场，演绎了这个关于心理咨询的故事。读者犹如亲临现场，体验心理咨询的每一个细节，见证疗愈和改变的发生。

在这本书里，作者借由蛤蟆和心理咨询师苍鹭的互动，探索了蛤蟆自卑、软弱、爱炫耀的个性与抑郁的情绪究竟来源于何处，让读者看到童年经历的深刻影响，以及如何才能在心理上真正长大成人，独立、自信、充满希望地生活。将心理学知识巧妙融入故事情节，用心理学的专业视角引导读者重新审视自我和人生，认识情绪、探索自我、提升情商、自助助人。

2.《生命的重建》

作者简介：露易丝·海，美国最负盛名的心理治疗专家、杰出的心灵导师、著名作家和演讲家。她是全球“整体健康”观念的提倡者和“自助运动”的缔造者。露易丝揭示了疾病背后所隐藏的心理模式，认为每个人都有能力采取积极的思维方式，实现身体、精神和心灵的整体健康。露易丝的个人思想是在她痛苦的成长过程中逐渐形成的。她的童年在飘摇与穷困中度过，自幼父母离异，5 岁时遭强暴，少年时代一直受到凌辱和虐待。她后来逃到纽约，历经坎坷，成为一名时装模特，并和一个富商结婚，但 14 年后她又被丈夫遗弃。

1970 年，露易丝在纽约开始了她一生为之奋斗的事业。1976 年她的处女作《治愈你的身体》出版，奠定了她在这一领域的专家地位。不久，露易丝被确诊患有癌症，她开始在自己身上实践整体康复的思想。6 个月后，她摆脱了癌症，完全康复了。1984 年，露易丝的代表作《生命的重建》出版，截止到 2002 年，英文版已 71 次印刷，销量 2000 万册。至今，《生命的重建》仍在世界各地热销不衰。

内容简介：《生命的重建》是名副其实的心理励志世界畅销书，被全世界的读者誉为人类身心健康的福音之书。露易丝在书中为我们揭示了追求身心和谐的心理模式，从而开辟了重建和谐生命的完美道路。本书出版后，露易丝所倡导的“整体健康”观念旋风般席卷了全世界。本书创造了《纽约时报》畅销书排行榜 50 周第一名的骄人纪录，被译成 25 种文字，在 35 个国家或地区出版。

被媒体称为“圣人”的露易丝将深刻的哲理、科学的精神与博大的爱，结合自己的坎坷经历，以浅显生动的语言娓娓道来，如清泉般滋润每一个读者的心田。正如戴夫·布朗的评价：露易丝的书是上帝送给这个烦恼世界最好的礼物。对我们每一个人来说，这本书都具有你无法想象的价值！

项目三

奏响大学生活的主旋律

——大学生学习心理解读

编者寄语

身处科技飞速发展、知识更新加快的时代，实现人的全面发展，就要终身学习，持续提升知识能力与劳动素养。联合国教科文组织在诸多报告中反复强调："终身学习是21世纪的生存概念。"习近平总书记在党的二十大报告中指出，"建设全民终身学习的学习型社会、学习型大国"。这一战略部署，对提高人民的思想道德素质、科学文化素质和身心健康素质，服务全面建设社会主义现代化国家战略任务，具有重大指导意义。

每个人都需要学习，只有通过学习才能获得自我完善与自我发展的目标，正所谓"玉不琢，不成器；人不学，不知义"。对于大学生来说，学习的意义更加明显，莫要等到"书到用时方恨少"。

案例导入

案例一:学会真正读书——杨振宁的故事

一次,父亲外出,临走前嘱咐杨振宁在家好好读书。杨振宁把一本叫《龙文鞭影》的书读了一遍,觉得都知道了全书的内容,便出去玩了。父亲回来后,得知他读了《龙文鞭影》后很高兴,就问:"读完这本书,你有何收获吗?"杨振宁摇摇头。父亲说:"读书不在于多少,关键要读透读懂,否则不如去玩。"杨振宁惭愧地低下了头。半个月后,杨振宁主动找到父亲,滔滔不绝地讲述《龙文鞭影》里的故事,父亲摆摆手,说:"只会叙述是假读书,真读书要把书消化在头脑中,为思想服务。"杨振宁点点头:"我要做真读书的人。"杨振宁长期坚持真读书,1957年他获得了诺贝尔物理学奖。

案例二:害怕考试的学生——小宁的焦虑

小宁的倾诉:"从小我就是一个听话的孩子,学习认真,从不拖拉。我的优势在文科上,可是父母却让我一直学理科,结果考入大学后学习成绩一直不好,面对新学的课程和以后的就业压力,我感到学习越来越吃力,压力反倒比高中时更大了。我不知道该怎么让自己减压,曾在网上找过一些放松身心的音乐,也十分尽力地尝试去做,可是就是不能使自己放松。因为自己很难放松,每当考试来临,我都会十分害怕,而且越是希望自己考好,结果越是不好,所以我特别害怕考试,每次考试,不论大小,我都会担惊受怕,吃不下饭也睡不着觉,现在我对学习也厌倦了,我不想再过这种日子,太痛苦了。"

该案例中的学生患的是学习、考试焦虑症。对于大多数人来说,面临重要的考试总会有一定的焦虑和心理压力,这是正常的,但是严重的考试焦虑会给个体带来身心危害,影响正常生活。

案例三:目标是学习的动力——兰特的计划

兰特中学毕业时,他的父亲就发现他具有特殊的商业天赋:机敏果敢,敢于创新。但他缺乏社会阅历,尤其重要的是缺乏知识。父亲与他长谈了一次,并和他一起制订了一个能帮助兰特成为商界精英的长期学习计划。这个计划将兰特的学习生涯分为四个阶段。

第一阶段:攻读理工科学士

通过在哈佛大学攻读最基础、最普通的机械制造专业,兰特具备了做商贸必备的专业知识,了解了产品性能、生产制造情况,培养了知识技能,建立了一套严谨的逻辑思维体系,还形成了脚踏实地的工作态度。

在这4年中,兰特还广泛选修了其他专业课程,如化学、建筑、电子等。这些知识为他后来的商业活动创造了难以估量的价值。

第二阶段:攻读经济学硕士

通过在哈佛大学3年经济学硕士的学习,他了解了影响商业活动的众多因素,懂得了商业的社会地位和作用,掌握了经济学的基本知识。在这3年的学习中,他还认真学习了经济法,并将主要精力放在管理知识的学习上。

第三阶段:积累社会阅历

离开哈佛后,兰特并没有急着去经商,而是先做了5年的政府公务员。5年的时间,使兰特从一个稚嫩的青年成长为一个深谙世故的公务员,在环境的压迫下,他树立起强烈的自我保护意识,并广泛结交各界人士,建立起一套关系网络。他非常善于利用这些网络来获得丰富的信息和便利条件。

第四阶段:掌握商情,熟悉业务

兰特辞去公务员的工作,应聘到了一家国际性的大公司。通过在这里两年的锻炼,他掌握了丰富的商情与商务技巧。他谢绝了公司的高薪挽留,自己开办了一家商贸公司,开始了梦寐以求的经商生涯。

兰特的这四个学习阶段共用了14年的时间,每个阶段目标明确,任务具体。由于他在制订计划之前,对自己将来的发展目标定位准确,每个阶段的学习,都是以总的目标所需要具备的素质作为出发点,科学规划,合理安排。因而,当计划完成后,兰特已经具备了成功商人所应具备的所有条件。他的公司经营得非常出色。

从兰特的长期学习计划中,我们可以了解到,制订长期的学习计划,能使自己每年、每月甚至每天都有可以遵循的行动轨道,这条轨道会激发我们更加主动地去学习。

案例四:学习改变人生——小丁的困惑

刚上大学时,小丁和其他人一样,对大学充满了憧憬和新鲜感。上了几天课以后,小丁发现,比起高中繁重的学业来说,大学实在是太“清闲”了。不仅课程安排得不那么紧,老师讲完课也不布置作业,更没有人管你去不去自习。很多同学上课时用手机上网,有的同学还经常逃课,考试成绩也不再那么重要,比起光会学习的男生,女生更喜欢能说会道、有“业务能力”的男生。自己在教室里认真学习，却被同学嘲笑为“傻子”。他忽然感到心中茫然，自尊心受挫，学习不再有动力，生活也没了目标，便随着同学们一起，时常流连于网吧来麻痹自己。但想到年迈的父母，小丁又会无比自责，他很苦恼，却不知道如何才能摆脱这种状态。他找到了学校的心理咨询中心，希望得到帮助。

在心理咨询中心老师的帮助下，小丁认识到，大学学习和高中的学习有显著的不同，学习内容和学习方法都发生了很大变化。大学的学业不是轻松了，而是需要自己主动学习的时间多了。在大学期间，自己要学会做规划，根据自己的兴趣关注点、能力特长、个人理想、优势与不足等合理制定学习目标，调整学习方法，在自主规划的时间里，要明确到底要做什么。高中和大学学习的变化会使很多学生产生不适，从而出现迷茫、焦虑等问题，在这种情况下，就需要学生认识到这种变化，改变学习观念，掌握一些有效的学习方法，积极投入到大学学习生活中。同时，在学习的过程中要有毅力和意志力，不能因为对专业课不感兴趣或者听不懂课就放弃自己的学习和追求，更不能因为周围同学的状态而影响自己、随波逐流。

一个学期后，小丁又来到了心理咨询中心，他高兴地告诉老师，经过一个学期的调适，自己又找回了学习的目标和动力，期末考试也取得了优秀的成绩。

心理解读

一、大学生学习心理概述

（一）学习的内涵

学习，有广义和狭义之分。广义的学习指人和动物在生活过程中，通过获得经验而产生的行为或行为潜能的相对持久的适应性变化，即“学习是人和动物在特别情境下，由于练习或反复经验而产生的行为、能力或倾向上的比较持久的变化及其过程”。狭义的学习，专指学生的学习，即在各类学校环境中，在教师的指导下，有目的、有计划、有组织地掌握人类知识、技能，发展智力和能力，培养个性，最终形成符合社会期望的道德品质的过程。《中国大百科全书》（简明版）中认为：学习是获取知识和掌握技能的过程，既包括通过正规的教育和训练获得知识技能，也包括在日常生活和实践活动中积累知识经验。

(二)学习的意义

1. 促进个体成熟

瑞士儿童心理学家皮亚杰认为,必须通过技能的练习来促进儿童的成熟。他认为,“儿童年龄渐长,自然及社会环境影响的重要性将随之增加”。

美国心理学家克雷奇曾做过一个实验:他将幼鼠分成三组,对第一组给予丰富刺激,使它们的反应越来越复杂;让第二组在笼中过着平常的生活;第三组与环境刺激完全隔离。80 天之后对三组幼鼠进行解剖比较分析。结果发现,在大脑皮层的重量和密度方面,第一组最优,第三组最差;在与神经冲动的传递密切相关的乙酰胆碱酯酶方面,三个组也呈现重大差异,第一组含量最丰富,第二组次之,第三组含量最少。

罗森茨韦格也发现,接受丰富多变的环境刺激和适当学习训练的一组幼鼠与另一组在环境单调贫乏而又缺乏学习训练的幼鼠相比,在 4—10 周中,前者大脑皮层的重量与厚度增加,神经胶质细胞数量增多,神经突触增大或增多,乙酰胆碱酯酶含量更丰富且活动增强,核糖核酸和脱氧核糖核酸的比率也有所改善。这些实验表明了学习和训练对神经系统的完善与成熟有重要意义。

怀特在关于对初生婴儿眼手协调的动作训练实验中发现,经过训练的婴儿,平均在三个半月时便能举手抓取到面前的物体,其手眼协调的程度相当于未经训练的五个月的婴儿的水平。这说明人类的学习和训练对个体成熟的促进、潜能的挖掘以及能力的提高有重要影响。

2. 提高个体文化修养

学习可以提高人的文化修养。文化修养的提升需要在不断地学习实践中得到锤炼,特别是精神文化,如文学、艺术、教育、科学等方面的成果,尤其需要通过学习获得。文化修养不是生来就有的,也不是一两个月可以实现的,而是在个体认识、改造自然和社会的过程中通过学习逐步形成的。例如,有的学生读完大学回家以后,很长时间没见他/她的人都会说他/她变了一个样,其实就是大学里的学习和熏陶的结果。个体通过有意识的学习和储备知识,能够提高自身的文化修养,而现代社会所需的新型人才必须首先是具有较高文化素养的人。

3. 优化个体心理资源

当今社会所需的人才应具备多方面的良好心理素质,如高尚的品德、卓越的气质、敬业负责的工作态度、坚忍不拔的毅力等。对于大学生来说,优良心理素质的养成离不开大学学习。个体通过学习,能够取长补短,完善自我,优化心理资源,提升心理素质。正如英国作家萨克雷所言:“读书能够开导灵魂,提高和强化人格,激发人们的美好志向，读书能够增长才智和陶冶心灵。”

4.促进文明的延续和发展

美国社会历史学家摩尔根认为，人类社会的历史过程即是不断学习的过程。蒙昧时代，人类世代相沿地生活在热带或亚热带的森林中，以野生果实、植物根茎为食，还有少部分栖居在树上，他们必须学习适应所在的环境方能生存；随着地壳的运动、气候的改变，人类不得不从树上移居到地面，环境的改变促使人类学会了食用鱼类，使用火、打制石器，使用弓箭、磨制石器等生存的本领并世代相袭；到了野蛮时代，人类又根据实际情况学会了制陶术、动物的驯养繁殖和植物的种植等技术，后期还学会了铁矿的冶炼，并发明了文字，从而使人类历史过渡到文明时代。由此可见，人类的学习促成了整个社会的前进和人类文明的发展，没有学习，就没有当今的文明社会。

（三）学习的类型

1.加涅的学习结果分类

加涅是一个受过严格行为主义训练的心理学家，他几乎终身从事学习分类的研究工作。他根据学习活动的复杂性程度把学习由低级到高级分为八类。

（1）信号学习。即巴甫洛夫的经典条件反射，它是有机体学会对某个信号刺激的概括性反应。

（2）刺激反应学习。即桑代克的刺激与反应的联结学习，它是学习者学会对某个刺激获得准确反应的过程。

（3）连锁学习。即运动联想学习，它是一系列刺激反动作的联合。

（4）言语联想学习。即语言单位的连接。

（5）辨别学习。即学会对许多貌似但不同的刺激做出识别反应。

（6）概念学习。即在对刺激进行分类时对事物抽象特征的反应。

（7）原理学习。即概念的连锁学习，它使个人能用一类行动对一类刺激作出反应。

（8）问题解决学习。即它是原理学习的自然扩展，发生在学习者的内部。

根据学生学习的结果，加涅提出五类学习结果的分类。

（1）言语信息。即能陈述用语言文字表达的知识。其知识用来回答世界是什么，其能力要求主要是记忆。

（2）智慧技能。即运用符号办事的能力。这里知识是用来回答怎么办的，对学生的能力要求主要是理解和运用概念与规则，进行逻辑推理。

（3）认知策略。即个体对自身的认知加工过程进行内部调节与控制的能力，它是学生学会如何学习的核心部分。

(4)动作技能。即习得的用来协调自身肌肉活动的能力。

(5)态度。即习得的并能决定个人行为选择的内部状态。

这五种学习又分为三个领域,前三种学习结果属于认知领域,第四种学习结果属于动作技能领域,第五种学习结果属于情感领域。

此种分类对揭示不同类型学习的特点和规律有一定的积极作用,对教师指导学生学习也有较强的实用性,但是其学习理论也带有明显的行为主义观点和机械论的色彩。

2. 布卢姆的教育目标学习分类

布卢姆认为,教育目标也是学习的结果,因此他把学习分为认知学习、情感学习和技能学习三大领域。认知学习由低级到高级分为认知、领会、运用、分析、综合和评价六个水平不同的目标。

(1)认知指对先前学习过材料的记忆。

(2)领会指对材料意义的把握。

(3)运用指能将习得的材料应用于新的具体情境。

(4)分析指能将整体材料分解成它的构成成分并理解组织结构。

(5)综合指将部分组成新的整体,包括把一些思想重新组合成一种新的完整的思想,产生新的结构。

(6)评价指对材料进行价值判断的能力。

此种分类有较强的适用性,在一些国家被广泛地应用于各级学校的教学中,并被编制为成就测验或作为命题的指导。此种分类也有一定的片面性,它过分强调学生的智力活动而忽视非智力方面的内容。

3. 奥苏伯尔的意义学习分类

根据学习内容和认知过程的复杂程度,奥苏伯尔把意义学习分为三大类。

(1)符号学习

符号学习也称代表性的学习,是指学习单个符号或一组符号所代表的事物和意义。

(2)概念学习

一是概念学习,即用某种符号概括同类事物的共同本质特征的过程。概念就是掌握区别于他类事物的关键本质特征;二是概念同化,即以定义的方式直接向学习者呈现同类事物的本质特征。

(3)命题学习

命题学习是学习若干概念组成的句子的意义,通过句子来理解各个概念的含义及其结构关系。新命题与原有观念之间存在三种关系,即下位关系、上位关系、并列结合关系。

4. 潘菽的内容学习分类

我国著名心理学家潘菽在其主编的《教育心理学》中，依据内容将学习划分为：

(1) 知识的学习。

(2) 动作技能的学习。

(3) 智慧技能的学习。

(4) 道德品质和行为规范的学习。

此种分类在我国心理学界有一定的代表性。其优点是比较符合教育实际，便于教师根据不同类型学习的特点和规律，组织教学和指导学生学习；缺点是容易把相互联系、相互渗透的学习内容割裂开来，不利于从总体上把握学习的特点和规律。

5. 李镜流的智力活动特点分类

李镜流在其所著的《教育心理学新论》中，从学生不同的智力活动特点出发，将学习分为三类：

(1) 知识学习。通过知识的学习可以把前人的经验转变为个人的精神财富。

(2) 技能学习。这种学习是将一连串的动作经练习而形成熟练的、自动化的反应过程，技能学习的方式是通过传授与练习进行的。

(3) 问题解决学习。问题解决学习不是指“学些什么东西”，而是指“如何去学习”，即如何利用所学到的知识去解决新问题。解决问题离不开思维，解决问题学习就是思维学习。

此种学习分类便于在教学中考虑学生的不同智力活动特点，具有一定的实用性。不过这种分类也有缺点，它过分强调学生在学习过程中智力活动的方面，而忽略了态度和品德学习。尽管知识的学习和技能的学习均含有态度和品德学习的成分，但态度和品德学习并不都是智力活动的问题。

（四）大学生学习的主要特点

大学时期的学习与以往阶段的学习有着质的区别，了解大学生的学习特点有助于在学习中扬长避短，提高学习效率。

1. 学习的自主性

自主学习是指学习者在确定学习目标、选择学习方法、监控学习过程、评价学习结果等方面进行自我设计、自我管理、自我调节、自我监控、自我判断、自我评价和自我转化的主动学习过程。大学生的学习主要依靠自主自觉性进行，个体在学习活动中承担主要角色，由自己安排学习内容和时间，自行选择学习方式，教师的督导成为辅助手段。其中，大学生选择的学习内容主要考虑学科内容与职业的契合性、学科的实用性、自己的兴趣及职业生涯规划等方面。此外,学习的自主性更包含了个体对学习方法的探索和对学习的定位,大学生要确定自己的学习目标,给自己制订学习的计划,学会合理安排时间,真正成为学习的主人。

对于高职高专的学生来说,他们有更多自由支配学习的时间,自主性在很大程度上与个体的学习兴趣相联系。他们的学习情绪化较强,对感兴趣的学习内容、学习方式等有较高积极性,而对于自己不感兴趣的则效率较低,因此增强学生对学习课程的兴趣,是提高高职高专学生学习效率的重要方法。

2. 学习的多元化

大学学习的课程纷繁复杂,既有基础课、专业课等主干课程,也有丰富多彩的选修课;既有自然科学方向的课程,也有人文科学方向的课程;既有课堂学习,也有课外学习和实践。

对于高职高专的学生来说,课堂学习和书本学习仅仅是学习的一部分,更重要的在于实践能力的培养,因此,实习和实训成为高职高专学生学习的重要内容,是高职高专学生学习的一大特色,它具有较高层次的职业定向性,重在操作能力、创新能力的培养,旨在帮助学生围绕自己未来的工作岗位进行学习,掌握适合未来工作岗位要求的操作技能。

大学生学习的多元化特征带动了学习方式的多元化,比如网络成为大学生学习的新途径。除学校正常教学途径外,大学生更多地借助于网络进行学习资源的共享、传播和接受。

3. 学习的合作性

俗话说"独学而无友,则孤陋而寡闻"。斯坦福大学一位校长说过:同学之间的相互学习往往比老师的教导更珍贵。许多同学也认为:大学就是大家一起自学。相较于以往阶段的学习,大学的学习除竞争外,更多的是一种合作性学习。彼此分享学习心得和收获,共享学习资源,能够帮助大学生取长补短,把对方好的学习方法运用到自己的学习中来。此外,大学的很多学习任务需要团队共同协作完成,尤其是一些复杂的多学科性质的学习任务,更需要具有不同学习专长的学生分工合作才能完成。

对于高职高专的学生来说,实习和实训学习本就是其学习的一大特色,而实习实训更需要个体与其他同学的相互合作来实现。比如一些复杂的精细化操作管理项目,仅靠一个人的力量很难圆满完成,但借助团队合作的形式,在项目中集思广益,扬长避短,能取得意想不到的成绩。

4. 学习的探索性

大学生的学习具有一定的探索性,即注重对课本之外的新观点、新理论进行深入的钻研与探索，因此，大学学习尤其重视对学生探索未知领域能力的培养。大学生的学习，不能仅满足于接受现有知识的灌输，要养成探究的意识，不仅仅重视知识的掌握，更要重视探究知识的形成过程与科学的研究方法，搞清楚所学知识的来龙去脉，了解学科发展前沿、存在的问题及解决的办法，明白相关理论产生的背景、过程、适用范围和局限性等。

目前，各高校都普遍重视对大学生探索创新能力的培养，特别是高职院校加大了课堂外实践课程的比例，注重对学生实践环节的培养，并且在课程设置、安排等方面强调学生的主体地位，挖掘学生在实践中的潜力，旨在提高学生的探索和创新能力。

二、大学生常见的学习心理问题及调适

（一）学习动机不当

1. 学习动机的内涵

学习动机，又称为“学习的动力”，是推动学生进行学习活动的内在原因，是激励、指引学生学习的强大动力。它并不是某种单一的结构，学生的学习活动是由各种不同的动力因素组成的整个系统所引起的。其心理因素包括：学习的需要，对学习的必要性的认识及信念；学习兴趣、爱好或习惯等。从事学习活动，除要有学习的需要外，还要有满足这种需要的学习目标。由于学习目标指引着学习的方向，可把它称为学习的诱因。学习目标同学习的需要一起，成为学习动机的重要构成因素。

学习动机对学习活动起着发动、推进、维持的作用，但并不意味着学习动机的强度越大，学习效果就越好。学习动机作用于学习活动，有一个最佳水平的控制问题。缺乏动机，大学生不能专注于学习，学习行为不能发生，即使发生也不能维持；而动机过强，不论是内部的抱负和期望过高，还是外部的奖惩诱因过强，都反而会使大学生专注于自己的抱负和外部的奖惩，而不会专注于学习，从而阻碍了学习。

大学生常见的学习动机问题有两类：学习动机过强、学习动机缺乏。其中，高职高专学生学习动机缺乏者居多。

2. 学习动机缺乏

（1）学习动机缺乏的具体表现

学习无目标。一些学生在考入大学以后，就陷入了生活的迷茫状态，失去了人生的奋斗目标。如果说中学时期的目标是考大学，那么考入大学能够毕业就是大部分学生的人生目标。有的同学因为考的大学不理想，对自己失去了信心，不再树立继续深造考本科、考研究生的学习目标，所以不少学生衡量自己学习好坏的标准就是考试能否及格

而已。

学习无计划。大学的学习，学校和老师管得相对少，因此很多学生不知道该如何计划自己的学习时间，要学什么、怎么学、学多少、学到什么程度都不会做计划或者不想做计划。

学习无兴趣。与学习比较，游戏和娱乐更能够吸引大学生，很多学生对专业不感兴趣，厌倦学习，甚至逃避学习，把大量上课时间用在手机上网、睡觉、聊天上面，把课下时间用在逛街、谈恋爱、网络游戏上面。

（2）学习动机缺乏的原因

缺乏学习兴趣。一些学生在中学时就缺乏职业生涯规划，不了解自己的职业兴趣和目标，因此填报志愿时非常盲目，对自己报考的专业不了解，一味听从老师和家长的建议。还有的学生只能无奈选择父母指定的专业，不能选择自己喜欢的专业。这些学生在进入大学后，如果发现所学专业和自己的想象相差甚远，就提不起继续学习的兴趣。

缺乏学习压力。中学时，学生的学习压力很大，学校、老师和家长对学生的学习要求很高，管得很严，因此很多学生都想到了大学松口气。一旦考入大学，学生远离家长，不用再受家长管束，大学注重学生综合素质的培养，老师对学生的学习要求也不高，大部分学生就出现了安于现状、及格万岁的心态。

缺乏成就感。中学时期，学习好坏是评价一个学生最主要的标准。而大学注重综合能力的评价，学习成绩仅是对学生考核的一个方面，一个学生的人际交往能力、组织表达能力等人文素养能力的高低也是考核的重要方面，那些学生干部、有才艺的学生更受同学关注，因此，学习成绩好带给学生的成就感就降低了。

（3）学习动机缺乏的自我调适

一个人成功与否主要是靠内因的作用，仅靠老师和家长督促，是无法真正激发自己的学习动机的。下面介绍一些自我调适的办法，供大学生参考。

端正认识。明确学习的重要性，是激发大学生学习动机的直接途径。当今是知识经济时代，知识就是力量，世界的竞争是知识和人才的竞争。大学生要充分认识到未来社会的发展对知识的需求会越来越强烈，知识的价值将越来越得到强烈的体现，人与人之间的竞争就是知识和技能的竞争。大学时期不努力掌握丰富的知识，那么在毕业的时候很难在社会上找到合适的工作。

树立目标。一个没有目标的人，便没有动力和压力去努力。学习动机作为促使学生达到学习目的的动因，总是以某种学习目标为出发点，只有树立明确的学习目标，才能产生强烈的学习动机，保持高度的学习自觉性。因此大学生要学会树立短期、中期和长期的学习目标，这样就不会觉得在校无事可干、虚度时间。

培养兴趣。在学习过程中，学习兴趣与学习效果之间有着密切的关系。浓厚的学习兴趣，可以使学生对学习充满热情，能主动地克服各种困难，全力以赴地实现自己的学习愿望，但如果对学习不感兴趣，仅仅因为别人的强制而学习，那学生将苦不堪言。劳动是人谋生的手段，大学生将来走向社会，总要找一份工作来维持生存。如果没有办法重新选择自己喜欢的专业，那么只能培养自己对目前所学专业的兴趣。学习兴趣不是天生的，是可以通过后天培养的。比如，全方位了解自己所学专业的就业前景和目前发展趋势，搜集以往毕业生成功的案例。在不想学习时，进行积极地自我暗示，告诉自己：其实这门专业挺不错的，我可以学好！当自己学习进步时，适当地奖励自己，也可以培养起自己的学习兴趣。

3. 学习动机过强

（1）学习动机过强的表现

容易自责。这类学生往往学习非常自觉和刻苦，自尊心极强，把学习成绩好坏看作评价自己成功与否的唯一标准，对自己要求严格，考试只许成功，不许失败。一旦在学习中处于劣势，就会产生紧张、焦虑、抑郁的情绪。

学习强度过大。这类学生对未来充满期望，希望通过学习实现自己的人生价值和目标，因此把自己的绝大部分时间都用于学习，忽视学习效率，强调学习时间的投入。他们没有时间参与其他的课外活动，不注重人际交往，忽视娱乐和放松，长此以往，可能会影响到他们的人际关系和身心健康。

情绪紧张。学习动机过强的学生，由于长时间超负荷学习，压力巨大，没有时间放松和调节，情绪保持高度紧张。一旦有学不会的内容，急切想解决学习困难，常伴有学习焦虑，考前伴有考试焦虑。

（2）学习动机过强的原因

成就动机过强。有的大学生对自己的能力缺乏正确的认识，树立的目标远远超出自己的实际能力。要完成自己树立的目标，就必须超负荷地学习。

具有一定的补偿心理。有的大学生在外貌、家庭、交际能力、人文素养能力方面并不出众，而且有的条件是客观的，无法通过人为来改变的，大学生只能接受现实。但学习成绩是可以通过自己的努力来改变的，因此一些大学生希望通过在学习上的出类拔萃得到别人的认可。

他人不恰当的强化。我国社会文化所认定的“勤能补拙是良训”“学海无涯苦作舟”这类思想，一直影响着一些大学生。他们认为只有用功学习，才能有出息，因此对自己的学习要求非常严格。

个体性格原因。学习动机过强,与一个人的性格特征有一定关系,那些追求完美、好强、固执、好胜心极强的大学生容易形成过强的学习动机。此外,个体的成长经历和家庭环境也影响着学生的学习动机,父母对孩子期望过高的家庭,孩子的学习动机也容易过强。

(3)学习动机过强的调适

保持适度的学习动机。耶基斯—多德森定律认为,动机强度与工作效率之间有一种倒"U"字形的函数关系,各种活动都存在一个最佳的动机水平,动机不足或过分强烈,都会使工作效率下降,如图 3-1 所示。动机的最佳水平随任务性质的不同而不同。在比较容易的任务中,工作效率随动机的提高而上升;随着任务难度的增加,动机的最佳水平有逐渐下降的趋势。也就是说,在难度较大的任务中,较低的动机水平有利于任务的完成。因此,在学习的过程中要将学习动机的强度与学习任务的难度相匹配,学习效率才会提高。在学习任务难度较小时,可适当提高学习动机;学习任务难度较大时,应适当降低学习动机。要想实现自己的学习目标,需遵循此规律调整自己的学习动机。

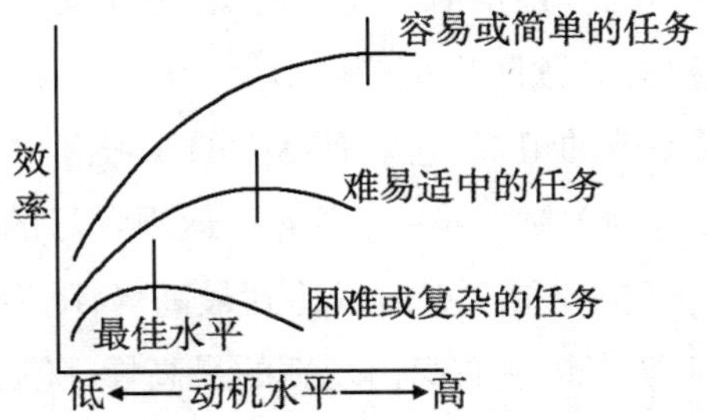

图 3-1 耶基斯—多德森定律图

建立正确的认知模式。认识和调整不现实的学习目标;进行恰当的自我评价,对自己的能力要有充分的正确认识;使自己的抱负和期望切合自己的能力发展水平;以宽容的心态对待自己,降低对学习成败的敏感度。

(二)学习疲劳

1. 学习疲劳的含义

学习疲劳,是指长时间连续紧张学习后由于身心过度疲劳所导致的学习效率下降的现象。它包括生理疲劳和心理疲劳,前者指肌肉与神经系统的疲劳,后者指的是情绪烦躁、注意力涣散、思维迟钝、反应缓慢等现象。

2. 大学生学习疲劳产生的原因

学习疲劳产生的生理原因是脑神经兴奋和抑制失衡。在学习过程中，大脑皮层兴奋区域的代谢逐步加强，血流量和耗氧量增加，以保障大脑工作的需要。如果紧张的学习活动持续时间过长，大脑皮层的能量消耗过大，消耗过程超过恢复过程，大脑所需能量不能得到及时恢复与补充，工作效率就会下降。若个人长期过度紧张疲劳，在生理上就会出现头晕、瞌睡、失眠、乏力、视力减退、食欲不振、大脑供血不足等现象。在心理上会出现心情压抑、烦躁、记忆力减退、缺乏信心等症状。

3. 学习疲劳的预防和自我调适

（1）培养恰当的学习动机，预防心理疲劳

大学生的学习疲劳与中学生不同，中学生学习疲劳主要是学习过于勤奋、过度用脑所致。而一部分大学生学习疲劳的原因是对学习不感兴趣，缺乏学习动机，学习态度不端正，一接触学习就感觉疲劳，提不起精神，更多的是心理疲劳，而非生理疲劳。因此要避免学习疲劳，就要求大学生认识到学习的重要性，积极地将学习的外部强制力转变为内在动力。当然，也有一部分大学生是由于学习动机过强造成的学习疲劳，这部分大学生应该调整对学习的认识，扩大自己的兴趣范围，多参加课外活动，丰富自己的生活。在有效的课业学习和丰富的业余生活中陶冶情操，全面发展自己的能力。

（2）科学用脑，注意休息，预防生理疲劳

大脑是人体最容易疲劳的组织，它既有巨大的学习潜力，也十分容易受到损伤。科学用脑是大学生防治疲劳的关键。第一，要善于运用学习的黄金时间。以清晨 6 点为 0 计算，早晨，能力逐渐上升；上午 9 点前后达到最高峰，随后逐渐下降，下午 2—3 点钟降至白天的最低点，晚上 8 点钟左右又出现新的最高峰，随后又开始下降，夜里 3—4 点为最低点，之后，又开始回升。因此大学生要善于利用精神状态和学习能力的时间变化规律，把握自己的学习时间，调整自己的学习状态。第二，要学会将积极休息和消极休息相结合。通过睡眠或闭目养神来补偿体力和脑力的消耗是消极休息，每个人每天必须保持充足睡眠，因此消极休息是不可少的。改换不同工作消除疲劳是积极休息，在保证充足睡眠的前提下，进行积极休息能较快消除疲劳。因此大学生要在保证充足睡眠的基础上，多参加户外运动强身健体，消除疲劳。第三，注意营养。大量用脑的人群需要充足的营养来补充大脑的需要，大学生可以多吃含有脂肪、钙、蛋白质、维生素的食物。

（三）注意力不集中

注意是心理活动对一定对象的指向，具有指向性、选择性和集中性。注意是人类学习的前提,没有注意,就没有大学生的学习。注意在大学生学习中具有极其重要的意义。如果大学生学习时注意力不集中,那么就难以保障学习的效果。据调查发现,大学生在上课时能集中注意力的比例比中学生低将近 17 个百分点;无论是上课还是自习,女生均比男生更能集中注意力;无论中学生还是大学生,自习时比上课时能集中精力的时间都更长。

1. 注意力不集中的表现

一是上课不能专心听讲,大脑常常开小差,盯着黑板却心猿意马,自己不能控制自己的走神状态;二是易受环境的干扰,教室外的小小动静都能引起注意力的转移,而且长时间不能静心;三是参加活动如体育运动或看一场电影后,久久沉浸在情节的回忆之中。

2. 大学生注意力不集中的原因

一是由于青年时期发展任务多,因而导致压力与心理冲突加剧,特别是由于恋爱、性幻想等更容易引发注意力问题;二是生活事件导致心理应激,如重要丧失、考试失败、家庭生活发生重大变故、经济困难、评优失败、失恋、宿舍关系失和等造成的思想负担重,精力分散;三是学习动机不足,学习焦虑过低,缺少压力与紧迫感。

3. 注意力不集中的自我调节

一是学会注意力转移,遇到生活应激事件与挫折时,能够尽快从中解脱出来;二是适当强化学习动机,保持适当的学习压力与学习焦虑,并进行积极的自我激励与自我暗示;三是养成良好的学习习惯与生活习惯,保持旺盛的精力;四是选择理想的学习环境,减少与学习无关的活动,并进行适当的自我监控。

(四)考试焦虑

1. 考试焦虑的含义

考试焦虑,是指在应试情境刺激下,受个人的认知、评价、个性、特点等影响而产生的以对考试成败的担忧和情绪紧张为主要特征的心理反应状态。

心理学认为,心理紧张水平与活动效果呈倒“U ”字形曲线关系。紧张水平过低和过高,都会影响成绩。适度的心理紧张,可以使人对考试有种激励作用,产生良好的活动效果。但过度的考试紧张则导致考试焦虑,影响考场表现,并波及身心健康。大学生中考试焦虑的产生往往与大学生对考试成绩的期望以及与平日学习知识准备是否充足有关,那些期待考高分的学生总担心达不到目标,心理压力过大,导致考试焦虑;而那些平日不好好学习、复习也不用功的学生,则担心考试不及格,因此出现考前焦虑。

2. 考试焦虑的具体表现

一是情绪上表现出担忧、焦虑、烦躁不安；二是认知上表现为注意力不集中，记忆力下降，复习看书效率低，思维僵化；三是行为上表现为坐立不安、手足无措；四是身体上表现为头痛、食欲下降、恶心、心慌、睡眠不好等。严重考试焦虑的学生在考前出现明显的生理心理反应，如过分担忧、恐惧、失眠健忘、食欲减退、腹泻等症状。大学的考试与中学不同，大学生产生的考试焦虑程度明显低于中学生。

3. 考试焦虑的自我调节

（1）充分的复习准备。80% 的人出现考试焦虑是由复习准备不充分引起的，因此牢固掌握知识是克服考试焦虑的根本途径。很多大学生平时不听课，考前发现自己什么也不会，复习时不懂的知识点太多，因此无法静下心来复习。想取得好的成绩，功夫要用在平时，平时认真听讲，把不懂的知识弄明白，考试复习自然就轻松，对自己充满信心，心情就不会那么紧张。

（2）正确评价自我，确立恰当的学业期望。要正确对待考试结果，不能以一次考试成绩论成败；过于担心、焦虑不仅于事无补，而且还会影响水平的正常发挥。一次考试仅是对前期学习水平的一个检验，如果考不好，反而能让自己知道哪里学得还不够扎实，有助于进一步深化学习。

（3）学会放松。放松训练就是通过一定的方法，如呼吸法、暗示法、表象法和音乐法等，使人体的肌肉一步步放松，使大脑逐渐入静，从而调节中枢神经系统的兴奋水平，缓解紧张情绪，增强大脑对全身进行控制支配能力的训练方法。放松训练的原理，即肌肉和大脑之间是双向传导的，大脑可以支配肌肉放松，而肌肉的放松，又可以反馈给大脑。

（4）学会寻求社会支持。当考试特别焦虑自己又无法调整时，可以找同学、朋友倾诉，或者找专业老师、心理老师谈心。倾诉，可以让我们正确认识自我，正确看待考试，减轻心理压力。

三、大学生学习技巧的培养

（一）制订学习计划的技巧

1. 计划要考虑全面

学习计划不能仅有学习，休息、娱乐、锻炼及处理日常生活事务等都要考虑到计划中。计划要兼顾多个方面，学习时不能废寝忘食。

2. 计划要留有余地

制订计划不要太满、太紧，要留出机动时间，使计划有一定的机动性。毕竟现实不会完美地跟着计划走，要给计划留有一定的余地，这样完成计划的可能性就增加了。

3. 计划要从实际情况出发

制订计划要根据自己的实际情况，符合自己的学习压力和水平。“实际”，可以分成三个方面：知识能力的实际、时间的实际、教学进度的实际。

4. 安排好常规学习时间和自由学习时间

常规学习时间指学校规定的学习时间，如课堂的时间。自由学习时间指除常规学习时间外的归自己支配的时间，即自由学习时间。学生成绩的好坏很大程度上取决于对自由学习时间的利用效率。制订一个切实可行的学习计划就是把自由学习时间充分利用起来，合理安排好每天的学习时间。

5. 长远计划和短期安排相结合

在一段比较长的时间内，应当有个大致计划，即长远计划，该计划不需要很具体，只要对必须做的事情心中有数即可。而短期的学习安排就应该尽量具体些，把较重要而庞大的任务分配到每周、每天去完成，使长远计划中的任务逐步得到解决。

6. 注意效果，及时调整

计划执行结束或执行到一个阶段，就应当回顾一下效果如何。如果效果不好，就应该找找原因，进行必要的调整。

（二）时间管理的技巧

1. 充分利用自己的最佳工作时区

在最佳时间做最重要的事，把握人生和每天的黄金时间。从生理学角度来说，人的25—50岁是最佳工作年龄时区。另外，根据人的生物钟学说，应掌握自己每天身体机能的周期性，例如何时精力最充沛，何时处于低潮，充分利用精力最佳的时间做最重要的工作，例行工作和次要工作在其他时间处理。

2. 消耗时间计划化、标准化、定量化

大学生对自己的时间使用要有标准，按标准有效控制实际的时间支出。时间管理学家吉利斯指出，要有计划地消耗和利用时间，必须先了解每日的时间消耗情况，以30分钟为一个时间单位，详细记录每日的时间消耗过程。

3. 保持时间利用的相对连续性和弹性

心理学研究证明，当人在集中注意力从事某项活动时，最好不间断地完成该项工作。因此，要学会集中使用时间，保持时间使用的相对连续性，如可集中时间办理琐碎的事，并将其安排在效率周期的低谷阶段。

4. 将要做的事情根据优先程度排序

80% 的事情只需要 20% 的努力。而 20% 的事情是值得做的，应当享有优先权。因此要善于区分这 20% 的有价值的事情，然后根据价值大小分配时间。

5. 学会授权、学会拒绝

有很多事情不可能亲力亲为，通过适当授权他人可增加自己的工作时间；另外，还要学会拒绝干扰自己正常工作的事，以保证履行好自己的工作职责。

6. 善用零碎时间

零碎时间又被称为“角落时间”，不容易被利用，往往被大家所忽视。2 分钟、5 分钟、10 分钟……我们都可以充分利用，积少成多。在等公共汽车或等地铁的时候，会有一些学生在背英语单词。相比之下，他们的英语成绩可能比那些交钱去补习班学一年英语的学生还要好得多，因为这些零碎时间其实就是他们取得进步的有效途径和手段。

（三）预习的技巧

1. 明确预习目的

预习的目的是提前对于要学习的课程有一个初步认识，找出知识困惑，以便在课堂学习时有的放矢，把不明白的问题找出来，写在笔记本或者书上，等到上课时，与老师所讲内容进行对照，从而提高对知识点的印象水平和学习效率。

2. 善用预习方法

由于课程不一，学习内容与要求的不同，教学模式与方法各异，预习的方式方法也必然是多种多样的，如朗读识记式、准备材料式、发现问题式、小组讨论式、图解法、摘录法等。预习时要根据不同的学习内容选择合适的预习方法。

3. 预习时间不要过长

最好将一节课内容的预习时间限制在 15 分钟之内，这样不仅可以提高我们的阅读和学习速度，而且有助于提高我们的概括能力和分析能力。

4. 形成显著的预习效果

预习功夫下得好，大致可以理解课堂上 80%—90% 的内容。复习的功用，只是把剩余的 10%—20% 的知识点补足。相反，如果我们不注意预习，可能课后得花费数倍的时间才能产生相同的效果。

（四）识记的技巧

1. 明确识记的目的

据统计，提出识记的明确任务后，80% 的人能记住记忆的内容；不提出明确目的，只有3%的人能记住内容。

2. 识记内容意义化

心理学实验证明,以理解为基础的意义识记比机械识记全面、迅速、精确和牢固。理解记忆的效能比机械记忆高20倍。机械记忆是储存信号,理解记忆是储存信息。在识记时,尽量理解材料的意义或将材料意义化能增强识记的效果。

3. 形象记忆

形象记忆,是以感知过的事物形象为内容的记忆。在学习中,形象记忆包括强烈印象记忆法、发掘特征记忆法、列表记忆法、轮廓骨架记忆法、联想记忆法。

4. 协同记忆

协同记忆,是把视觉、听觉、动作等结合起来,同时用于记忆某些内容。有人做过实验,同一时间里记同一材料,甲组靠视觉记忆能记住25%,乙组靠听觉记忆能记住15%,而丙组靠视觉和听觉结合记忆能记住65%。

5. 外储的方法

知识是无穷的,人的记忆能力是有限的。为了减轻大脑的记忆负担,还可进行知识外储。外储的形式包括多种,如做笔记、积卡片、做摘录、编索引、剪辑资料、将藏书有序地排列存储等。

(五)复习的技巧

1. 及时复习

根据艾宾浩斯遗忘曲线规律,识记后的最初阶段遗忘速度最快,以后逐渐变慢,因此复习应安排在大量遗忘产生之前。心理学的实验也有力地证实了这个问题。斯皮泽让两组被试者学习一段课文,甲组学生在学习后不久进行一次复习,乙组没有复习,一天后甲组保持98%,乙组保持56%,一周后甲组保持83%,乙组只保持33%。

2. 合理分配复习时间

复习时间分配有两种方式:一是集中复习,二是分散复习。一次复习较长的时间,叫集中复习,将较长的时间分几次使用,叫分散复习。一般说来,分散复习优于集中复习的效果,但分散复习的时间间隔不宜过长或过短。一般视材料的性质、数量、难度以及记忆已经达到的水平而定,总的来说,是先密后疏为宜,即开始时间隔短一些,随着所学的知识不断巩固,可逐渐增加间隔的时间。

3. 重现和反复识记相结合

在材料还没有记住前,就积极地试图重现,重现不起来的再识记,这种复习方法比起简单的一遍又一遍地阅读直至记熟为止的方法要好得多。

4. 复习方法多样化

单调机械的重复，使人觉得枯燥乏味，容易使大脑皮层产生抑制，不利于巩固知识。在复习过程中，应动员多种感官参与，使复习过程成为融合看、听、说、做多个程序的活动，如既看课文又看实物，既读又写，既讲给别人听又听别人讲等。

（六）应试的技巧

1. 培养良好的考试心态

考试时保持良好的心态对于所学知识的发挥也是很重要的。良好的考试心态表现为积极自信、豁达正向。

2. 难度不同，考试关注点不同

俗话说“难题考能力”“易题考规范”，不同难度的考试考查的重心是不一样的。难题关注的是“懂不懂”“会不会”的问题，容易题关注的是“实不实”“细不细”的问题。因而，考试过程中应针对不同的难度采取不同的答题技巧。

3. 把握良好的考试节奏

好的节奏有利于稳定大学生的考试心态。建立和把握良好的考试节奏，主要从以下几个方面入手。

（1）总体浏览。拿到试卷后不要急于答题，先从总体上浏览一下，大致看看试题的量与难易度，由此决定题目的时间分配。

（2）看分答题。除根据试卷总题量和总时间分配每一题所需时间外，还要根据每一题的分数来分配答题时间，分数少则花时间少，分数多则花时间多。

（3）先易后难。即考试时先做会做的题目，其次是中等难度的题目，最后做难题。所谓难题，就是你思考了好几分钟仍然无法回答的题目。这样做的好处是先用容易题目的顺利解决来平缓考试刚开始时的紧张心情，并完成考试初始阶段的“热身”运动，将自己的“身心”调整到最佳状态。

（4）不要和自己较劲。题目有了思路就赶紧做，不要犹豫，遇到不会做的题目也不要在一道题目上耽误过多时间，该放弃的就放弃。

4. 解决难题的技巧

解决难题的技巧是综合性的，首先要有“放松”的心情，要知道，考试遇到难题是正常的，遇不到难题才是反常的。其次，难题所涉及的往往是平时学习中最主要、最重要，也是教师强调最多的那部分知识、技能，所以解难题时需要从自己最熟悉的地方或类似的题目入手，找到解题思路；若还不行就猜测一下题目可能涉及的知识点，然后进行作答。

5. 尽快投入下一场考试

考试结束后,对于考完的科目和内容不要再做过多的讨论和回顾,投入到下一场考试的准备工作中是最重要的。

心理体验

活动一:花样翻新

活动目的:训练个体的形象思维能力、空间想象能力和动手能力。

活动时间:约 15 分钟。

具体操作:

拿一根 80 厘米长的线绳,把绳子的两端连接在一起,结为环形,用手指来挑、勾、穿成几何图形,看看谁能编出更多的花样。

讨论:

1. 在这个简单的游戏中,你能编出哪些花样?

2. 你邻近的同学能编出哪些和你不一样的花样?对你的启示是什么?

活动二:张贴“我的成功”

活动目的:提升大学生的学习能力,帮助他们更好地适应大学生活,在学习中得以成长。

具体操作:

1. 将学生分成四组,每组学生分别写出自己在学习中最成功的事,组内互动,了解、学习其他人的成功经验。

2. 各组学生将自己的“成功”张贴在黑板上,每组选派一个或两个同学讲述他们在学习中的成功故事。

3. 讨论:

(1)你认为你在学习上取得成功的最主要原因是什么?

(2)通过了解其他人学习上的成功,你有什么体会?

活动三：卖梳子

活动目的：

1. 培养学生敢于挑战“不可能”的勇气和解决问题的智慧。

2. 培养学生的发散性思维，学会创新。

活动时间：约 20 分钟。

具体操作：

1. 分组，每个小组六人左右。

2. 主持人讲清楚游戏情境及规则。

游戏情境：

有一家效益相当好的大公司，为扩大经营规模，决定高薪招聘营销主管。广告一打出来，报名者云集。面对众多应聘者，招聘工作的负责人说：“相马不如赛马，为了选拔出高素质的人才，我们出一道实践性的试题，就是想办法把木梳尽量多地卖给和尚。”绝大多数应聘者对此感到困惑不解，甚至愤怒：出家人要木梳何用？这不明摆着拿人开涮吗？于是纷纷拂袖而去，最后只剩下三个应聘者：甲、乙和丙。负责人交代：“以 10 日为限，届时向我汇报销售成果。”假定你是那三个幸运的应聘者之一，请在规定的时间里，每个小组的同学讨论“如何把梳子卖给和尚”，看哪个小组提出的方案能卖给和尚更多的梳子，并在实际生活中具有一定的可操作性。

3. 推销梳子成果汇报。

4. 推销梳子的感受分享。

注意事项：

1. 一定要把梳子卖给和尚。

2. 梳子的形状、样式、颜色等不要事先规定。

3. 主持人可采取“头脑风暴”的做法，要引导学生大胆说出一切可能的方法，然后在这些方法的基础上挑出一些在实际生活中可操作的比较好的方案。

活动四：遵从指导

活动目的：

1. 让学生懂得要打破思维定式，养成良好的阅读习惯。

2. 让学生养成做事统观全局的思维习惯。

活动时间：约 15 分钟。

具体操作：

1. 分发材料，提示学生要注意阅读指导语。

2. 主持人提示本次活动需要计时，活动计时开始。

3. 活动体验分享。

指导语：这是一个需要速度的游戏。总共30道题，请你先看一遍题目，然后在右边的空白纸上按题目的要求做，速度越快越好。做完后请你看看自己花了多少时间。

1. 在纸的正中写上你的姓名。

2. 在姓名旁边写三个“好”字。

3. 把你的性别和生日写在纸的右上角。

4. 在纸的最上方写上今天的日期。

5. 在纸的左下角画三个正方形。

6. 在这三个正方形外各画一个圆。

7. 再在这三个正方形里各画一个三角形。

8. 在你的姓名上方写上你父母的姓名。

9. 把你们三人的生肖属相分别写在姓名的旁边。

10. 把你的生日数字单个相加，把答案写在生日的下面。

11. 在纸的左上角写出你所读过的一所学校的名称。

12. 把你最喜欢的一样东西写在纸的左边。

13. 把你最讨厌的一样东西写在纸的右边。

14. 在纸的右下角画五个五角星。

15. 在你的姓名下面画一条波浪线。

16. 在父母的姓名旁边写上他们的生日。

17. 算算你父亲比你大多少岁。

18. 算算你比你母亲小多少岁。

19. 再看看你父母相差多少岁。

20. 在你最讨厌的东西上打一个“×”。

21. 在你最喜欢的东西旁边画一个图形。

22. 接下去的三题你不用做。

23. 将题目前面的单数题号圈出来。

24. 在题目前面的双数题号上打“√”。

25. 在纸的下端写出28乘以82的答案。

26. 把第七题中你所画的三角形全部涂黑。

27. 看完后你只需要做第一题和最后两题。

28. 数一数当你“幡然省悟”时已做了多少题。

29. 在你的姓名下面写上“遵从指导我第一”。

心理评估

学习方法自测问卷

指导语：下面有 10 个问题，请你根据自己平时的实际情况作答，平时怎么做的、怎么想的就怎么回答。每个问题有三个可供选择的答案：A. 是，B. 不一定，C. 否。请在每一题后选择相应的答案。

1. 学习除了书本还是书本吗？

2. 你对书本的观点、内容从来不加怀疑和批评吗？

3. 除了小说等一些有趣的书本外，你对其他理论书根本不看吗？

4. 你读书从来不做任何笔记吗？

5. 你认为课堂上的基础知识没啥好学的，只有看高深的大部头著作才过瘾吗？

6. 除了学会运用公式定理，你还知道它们是如何推导出来的吗？

7. 你能够经常使用各种工具书吗？

8. 你能够见缝插针、利用点滴时间学习吗？

9. 上课或自学时，你都能聚精会神吗？

10. 你常找同学争论学习上的问题吗？

答案与说明：

第 1—5 题回答“C”的每题记 10 分，回答“B”的每题记 5 分，回答“A”的不计分；第 6—10 题回答“C”的不计分，回答“B”的每题记 5 分，回答“A”的每题记 10 分。最后计算总分。

总分在 85 分以上的，学习方法很好；

总分在 65—84 分之间的，学习方法较好；

总分在 45—64 分之间的，学习方法一般；

总分在 44 分以下的，学习方法较差。

学习动机测量表

指导语：本问卷用于了解学生在学习动机、学习兴趣、学习目标的制订上是否存在行为困扰，共由20个题目构成。测验时，请仔细阅读问卷中的每一个题目，并与自己的实际情况相对照。若觉得相符，请在题目后打个"√"号，若觉得不相符，则打个"×"号。

1. 如果别人不督促你，你极少主动地学习。
2. 当你读书时，需要很长的时间才能提起精神来。
3. 你一读书就觉得疲劳与厌倦，只想睡觉。
4. 除了老师指定的作业外，你不想再多看书。
5. 如有不懂的，你根本不想设法弄懂它。
6. 你常想自己不用花太多的时间成绩也会超过别人。
7. 你迫切希望自己在短时间内就大幅度提高自己的学习成绩。
8. 你常为短时间内成绩没能提高而烦恼不已。
9. 为了及时完成某项作业，你宁愿废寝忘食、通宵达旦。
10. 为了把功课学好，你放弃了许多感兴趣的活动，如体育锻炼、看电影与郊游等。
11. 你觉得读书没意思，想去找个工作做。
12. 你常认为课本的基础知识没啥好学，只有看高深的理论、读大部头作品才带劲。
13. 只在你喜欢的科目上狠下功夫，而对不喜欢的科目放任自流。
14. 你花在课外读物上的时间比花在教科书上的时间要多得多。
15. 你把自己的时间平均分配在各科上。
16. 你给自己定下的学习目标，多数因做不到而不得不放弃。
17. 你几乎毫不费劲就实现了你的学习目标。
18. 你总是同时为实现几个学习目标而忙得焦头烂额。
19. 为了对付每天的学习任务，你已经感到力不从心。
20. 为了实现一个大目标，你不再给自己制定循序渐进的小目标。

记分规则与结果解释：

若打"√"记1分，若打"×"记0分。上述20个题目可分成4组，它们分别测量学生在学习欲望四个方面的困扰程度：1—5题测量学生动机是不是太弱，6—10题测量学生动机是不是太强，11—15题测量学习兴趣是否存在困扰，16—20题测量学习目标是否存在困扰。假如被试者在某组（每组5题）中的得分在3分以上，则可认定他们在相应的学习欲望上存在一些不够正确的认识，或存在一定程度的困扰。

威廉斯创造力倾向测验量表

指导语：这是一份帮助你了解自己创造力的练习。回答下列各问题对自己是“完全符合”“部分符合”，还是“完全不符”，并在题后的表中相应选项中打“√”。要求每题必做，不要去想，凭第一印象回答，越快越好。

1. 我喜欢试着对事情或问题进行猜测，即使不一定猜对也无所谓。
2. 我喜欢仔细观察我没有见过的东西，以了解详细的情形。
3. 我喜欢变化多端和富有想象力的故事。
4. 画图时我喜欢临摹别人的作品。
5. 我喜欢利用废旧物品（如旧报纸、瓶子、盒子等）做些好玩的东西。
6. 我喜欢幻想一些我想知道或想做的事。
7. 如果事情不能一次完成，我会继续尝试，直到完成为止。
8. 做事情喜欢参考各种不同的材料以便得到多方面的了解。
9. 我喜欢用相同的或老的方法做事情，不喜欢另找新方法。
10. 对问题我喜欢刨根问底。
11. 我喜欢做许多新鲜的事。
12. 我不容易结交新朋友。
13. 我喜欢想一些不会在我身上发生的事。
14. 我喜欢想象有一天能成为艺术家、音乐家或诗人。
15. 我会因为一些令人兴奋的念头而忘了其他的事。
16. 我真想生活在太空站，不想生活在地球上。
17. 我认为所有问题都有固定的答案。
18. 我喜欢与众不同的事情。
19. 我常常想知道别人正在想什么。
20. 我喜欢故事或电视节目所描述的事。
21. 我喜欢和朋友在一起，跟他们分享我的想法。
22. 如果一本故事书的最后一页被撕掉了，我就自己编造一个故事把结果补上去。
23. 我长大后，想做一些别人从没想过的事。
24. 尝试新的游戏和活动是一件有趣的事。
25. 我不喜欢受太多规则的限制。

26. 我喜欢解决问题,即使没有正确答案也没关系。
27. 有很多事情我都很想亲自去尝试。
28. 我喜欢唱没有人知道的新歌。
29. 我不喜欢在班上同学的面前发表意见。
30. 当我读小说或看电视时,我喜欢把自己想象成故事中的人物。
31. 我喜欢幻想古代人类生活的情形。
32. 我常想自己编一首新歌。
33. 我喜欢翻箱倒柜,看看有些什么东西在里面。
34. 画图时,我很喜欢改变各种东西的颜色和形状。
35. 我不敢确定我对事情的看法都是对的。
36. 对于一件事情先猜猜看,然后再看是不是猜对了,这种方法很有趣。
37. 玩猜谜之类的游戏很有趣,因为我想知道结果如何。
38. 我对机器感兴趣,也很想知道它里面是什么样子,以及它是怎样转动的。
39. 我喜欢可以拆开来的玩具。
40. 我喜欢想一些新点子,即使用不着也无所谓。
41. 一篇好的文章应该包含许多不同的意见和观点。
42. 为将来可能发生的问题找答案,是一件令人兴奋的事。
43. 我喜欢尝试新的事情,只是为了想知道会有什么结果。
44. 玩游戏时,我通常是重在参与,而不在乎输赢。
45. 我喜欢想一些别人常常谈过的事情。
46. 当我看到一张陌生人的照片时,我喜欢去猜测他/她是一个什么样的人。
47. 我喜欢翻阅书籍及杂志,但只想大致了解一下。
48. 我不喜欢探寻事情发生的各种原因。
49. 我喜欢问一些别人没有想到的问题。
50. 无论是在家里还是在学校,我总喜欢做很多有趣的事。

评分:

题目	完全符合	部分符合	完全不符	题目	完全符合	部分符合	完全不符
1				4			
2				5			
3				6			

续表

题目	完全符合	部分符合	完全不符	题目	完全符合	部分符合	完全不符
7				29			
8				30			
9				31			
10				32			
11				33			
12				34			
13				35			
14				36			
15				37			
16				38			
17				39			
18				40			
19				41			
20				42			
21				43			
22				44			
23				45			
24				46			
25				47			
26				48			
27				49			
28				50			

说明：本量表共50题，其中：

冒险性共11题（1、5、21、24、25、28、29、35、36、43、44），其中29和35题为反面题目。

好奇性共14题(2、8、11、12、19、27、33、34、37、38、39、47、48、49)，其中12和34题为反面题目。

想象力共13题(6、13、14、16、20、22、23、30、31、32、40、45、46)，其中45题为反面题目。

挑战性共 12 题(3、4、7、9、10、15、17、18、26、41、42、50),其中 4、9、17 题为反面题目。

评分标准:正面题目“完全符合”3 分,“部分符合”2 分,“完全不符”1 分;“反面题目”完全不符 3 分,“部分符合”2 分,“完全符合”1 分。计算自己的得分,得分高说明自己的创造力强,得分低说明创造力有待于提高。

知识拓展

一、睡眠学习法

心理学家发现,人在处于半睡眠状态(又称为假寐状态)时,大脑某些点上的“小窗口”依然开着,能够接受由听觉器官发来的信息。如果这时有人不断地反复向假寐中的人讲话或播放一段录音(这叫“暗示”),那么假寐中的人就能在不知不觉中将讲话或录音内容记住,这是一种基于暗示性亢进原理的学习方法。由于假寐时的大脑不受外界干扰,因而对暗示作用非常敏感。睡眠学习法最适宜用来记忆需死记硬背性质的内容,诸如外语单词。而潜意识学习法的基本原理也就是让潜意识接受暗示,从而达到学习的效果。可以说,睡眠学习法是潜意识学习法的一种比较方便的方式。

外语单词、古典文学、故事成语、历史年号与事件、地理知识、乐谱歌曲、剧本脚本、音程音阶、符号公式、发言稿等内容都能用这种方法来记住。而使用最多、效果最为显著的是用在外语学习方面,这种学习方法可以使人不费劲地、大量地、迅速有效地记住大量外语单词。

睡眠学习法有如此神奇的功效,那么,怎样进行睡眠学习呢?我们使用录音机可以完成睡眠学习。可以使用袖珍录音机(随身听),将我们要记忆的内容,比如外语单词录制在磁带上,睡觉前,轻松地躺在床上,闭上双眼,戴上耳机听录音,音量不要太大,调节到窃窃私语的程度最好。听录音时,不需保持高度的注意力,在半睡眠状态下,无意识地接受录音的暗示。录音的暗示会触发记忆,能使你在不知不觉中限量地将记忆潜能挖掘出来,记住大量材料。

利用睡眠学习法能否成功,关键在于我们能否使大脑和身体放松进入缓慢活动状态,所以,在睡前听录音时,必须先调整好身心,使自己入静、放松,处于最佳心理状态。如何保持入静、放松呢?请参考如下建议:

1. 你可以先听一段轻音乐。柔美、舒缓、恬静、幽雅的轻音乐有利于平缓情绪、调节身心，使呼吸、心跳减缓，达到心平气和的放松状态。

2. 做呼吸放松。如果你劳累了一天，脑子里乱糟糟的，无法入静，你可以试着做呼吸放松。可以平静地躺在床上，闭上双眼，缓缓地吸气，再缓缓地呼出。呼吸时要“数息”，即默数呼吸的次数，呼时、吸时都要数。“数息”的目的是排除杂念，解除紧张与疲劳，帮助你尽快入静，达到放松状态。

3. 养成定时睡觉、定时起床的好习惯。良好的睡眠习惯，有利于保证睡眠质量，而高质量的睡眠是有效睡眠学习的保证。通常我们应在晚上 11 点左右入睡，过了零点，大脑处于高度兴奋状态，即使你想睡也无法抑制兴奋，难以入睡。所以，可以在睡前听录音，由大脑放松，逐渐转入半睡眠状态，直至大睡。可能你会听着听着就睡着了，这很正常，睡眠学习有利于记忆，又能帮助你睡眠，可谓一举两得。

4. 听录音时，每天应先听前一天所学内容，如昨天学过的单词，重复记忆有利于巩固所学内容。你可以快速重复内容，不需要花很长时间，然后再听新内容。如此循环往复、循序渐进，既增加了学习兴趣，又能及时有效地检查学习结果。

5. 要持之以恒。尽管睡眠学习法可以让你在不知不觉中轻松地学习，但这种学习方法是否有效，很大程度上取决于能否坚持。开始学习时，你可能不习惯。也许，你对这种学习法能否有效持怀疑态度，当坚持一段时间的学习后，你会愉快地发现，这的确是一种行之有效而又神奇的学习法。

二、SQ3R 法

SQ3R 代表了英语“Survey、Question、Read、Recite、Review”五个单词的第一个字母，分别代表“浏览、发问、阅读、复述、复习”五个学习阶段。这种读书方法是由美国爱荷华大学的罗宾森提出的。该方法创建后，极受推崇。五步读书法过程如下：

浏览：这是读书的第一步，当拿到一本书后，首先应概要地读一读该书的提要、目录，以便对该书有个大体的了解。

发问：这一阶段，要读书中各章节的标题以及章节承上启下的内容，一边粗读一边提问。这样可以激发学习兴趣，促进自己的钻研。

阅读：如果说浏览、发问敲开了书本知识的大门，阅读则是登堂入室。阅读就是从头到尾细读，对重要、难解部分反复读。在阅读过程中，要做到眼到、口到、心到、手到，也就是边读、边思考、边圈点、边画杠杠。要尽可能将自己原有的知识和新知识结合起来，写眉批，写心得，做读书笔记，以保存“知识印象”。

复述：即“回忆印象”，如俗话说的“过电影”。离开书本，回忆书中的内容，看自己发问的题目是否获得了正确的理解。这是自我检查学习效果的方法，也是巩固记忆的手段。

复习：一般在复述后一两天内进行，隔一段时间再重复一次，可以巩固已有的知识，又能温故而知新，从中获得新的体会。

SQ3R 读书方法，使有关学习和记忆的一些心理原则得到综合性的最佳应用，特别适合于精读教科书及经典著作。

三、遗忘与遗忘规律

（一）遗忘曲线与遗忘规律

艾宾浩斯首先对遗忘现象进行了比较系统的研究。为了使记忆尽量避免受旧经验的影响，他用无意义音节作为记忆的材料，把识记材料学到恰能背诵的程度，经过一定时间间隔再重新学习，以重学时节省的朗读时间或次数作为记忆的指标。从实验结果得知记忆内容的保持将随时间的延长呈减少的趋势。艾宾浩斯依据实验的数据画出遗忘曲线，人们称之为艾宾浩斯遗忘曲线，如图 3－2 所示。

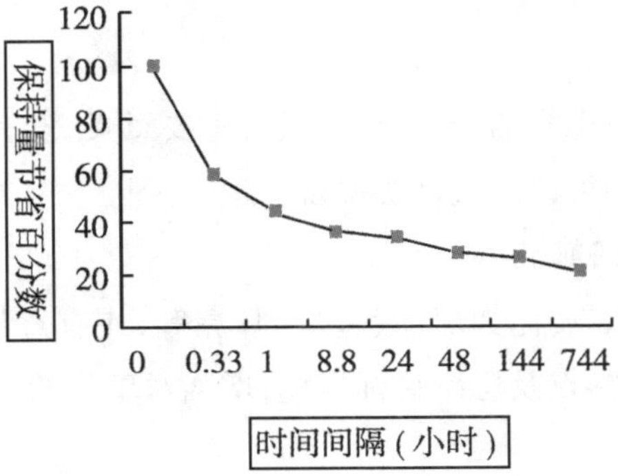

图 3－2　艾宾浩斯曲线图

艾宾浩斯遗忘曲线揭示了遗忘在数量上受时间因素制约的规律：遗忘量随时间递增；增加的速度是先快后慢，在识记后的短时间内遗忘特别迅速，然后逐渐缓慢。也就是说，遗忘的进程是先快后慢。因此，大学生在学习完某项内容后应及时复习，在未等记忆的内容遗忘掉之前就再次复习。这样只需要花费很少的时间就能复习巩固一次。如果待所学的内容全忘了之后才去复习，就等于重新学习一次，此时所花费的时间就比较多，学习的效率就比较低。

（二）遗忘的系列位置效应

艾宾浩斯的遗忘研究证明的是时间导致的记忆减退，但学习之后所经历的时间不是唯一的决定性遗忘因素。实际上遗忘还受许多其他因素的影响，比如识记材料的性质与数量，学习的程度，材料的系列位置以及识记者的态度、年龄、疾病等都影响遗忘。其中对学习启发较大的就是学习材料的系列位置效应。遗忘可以由记忆内容的相互干扰引起，材料的位置不同，对遗忘的影响不同，并呈现出一定的规律。

一系列学习材料在系列中的位置对记忆效果有重要影响，称为系列位置效应。实验研究表明，记忆时，先摄入大脑的内容会对后来的信息产生干扰，使大脑对后接触的信息印象不深，容易遗忘，叫前摄抑制（先摄入的抑制后摄入的）；后摄抑制（后摄入的干扰、抑制先前摄入的）正好与前摄抑制相反，由于接受了新内容而把前面看过的忘了，使新信息干扰旧信息。一般先学的和后学的容易回忆，中间的较难回忆。在回忆的正确率上，最后呈现的词遗忘得最少，这叫近因效应；最先呈现的字词较易回忆，遗忘较少，这叫首因效应。

进一步研究发现，前后干扰跟学习材料的相似程度有关。前后学习的材料越是相似，干扰越大，学习的效果越差。学习材料差异越大，干扰越小，学习的效果越好。

四、创新思维训练

（一）注意力训练

注意力训练对于创新思维的产生、运用具有重要意义，没有注意力的集中就没有清晰的思维。注意力的集中可以通过训练实现：

1. 练习注意观察周围事物

有意识地去观察静态物，比如房屋、星星、月亮等，或有意识地去观察动态物，比如飞鸟、游鱼、行人等，使观察点及思维目标聚拢，增强对事物的注意力。

2. 学会意念放松

纽曼宁丽·肖纳丽亚曾说："你要学习去聆听心里的答案。为了能听得到心里的声音，你必须先让自己的思想静下来，而不是在脑海中装满了各种你觉得需要去了解的信息。"意念放松可通过静坐的方式进行，从头部到脚底逐一放松，给大脑一个安静休息的空间。意念放松并不等于意念涣散，放松的过程中，人脑处于安静状态，可利于去除杂念，从而实现注意力的集中。意念放松可以帮助人们的思想从各自的理智思考和分析中解放出来，去聆听潜意识发出的声音。

3. 感受有节奏感的声音

聆听有规律、有节奏的声音，比如钟表滴答声、小溪潺潺声、海浪拍击声等，能让人的注意力集中于声音中，增强注意转移和集中能力。声音感应的训练也可借助专业的声音光盘、录音带等进行。

（二）想象力训练

想象力训练是思维创新训练必不可少的关键环节，以下介绍几种简单实用的方法。

1. 看看天花板的污渍或云朵的形状，然后在脑海中描绘出它的形象。不光只是做一次或两次，多做几次后，就会出现效果。

2. 在公共汽车车厢，看见某杂志周刊的广告，或是看了某本书的题目，便想象其中的内容，然后，与实际的内容做一比较检查，如此一来，就可以充分地把握自己的想象力。

3. 看书时，采用跳读方式，跳过的地方，运用想象力想象它的内容。

4. 看过电视转播的运动比赛以后，想象第二天报纸的标题，以及报道内容。

5. 以琐碎的小事和资料为基础，创造出一个故事。

6. 和人见面以前，事先预想会面对的状况，并且设想问题。

7. 对于尚未去过的地方，想象它周围的风景、建筑的样式以及室内的建设。

8. 边看推理小说边推测犯人。

9. 从设计图、地图、照片想象实际的情况、实际的地方和事物。

10. 重视联想，如果开始联想，中途绝不要打断，要一直想到极限。这种飞跃性的联想是个好办法。

五、小故事大道理

守住自己的“沉香”

有一位富翁，垂垂老矣，他把儿子叫到跟前，向儿子讲述了自己如何白手起家的故事，希望儿子也能奋发图强，靠自己的努力打出一番天下来。

儿子听了很感动，决定独自一人去寻找宝物。他跋山涉水历尽艰辛，最后在热带雨林中找到一种树木，这种树能散放一种醉人的香气，放到湖里不是像别的树一样浮在水面，而是沉到水底。他想这一定是价值连城的宝物，于是满怀信心地把香木运到市场去卖，然而并非他想的那样，香木无人问津，为此他深感苦恼。

后来，他看到隔壁摊位上的木炭总是很快就能卖光时，开始还能坚守自己的判断，但时间最终让他改变了自己的想法，他决定将香木变成木炭来卖。第二天，他果然就把香木烧成木炭，结果很快被一抢而空，这个结果令他十分高兴，于是迫不及待地跑回家告诉他的父亲。但父亲听了他的话，却不由得老泪纵横。原来，青年烧成木炭的香木，正是这个世界上最珍贵的树木——沉香，只要切下一块磨成粉屑，价值就超过了一车的木炭。

道理：

这是一个简单的故事，却耐人寻味。

每个人都有属于自己生命的"沉香"，它是宝贵的，甚至是独一无二的，我们可以学习他人身上的优秀品质，但是前提是不要忽略和抹杀自己的"沉香"。当我们在生活中穿梭时，往往经受不住外界纷繁芜杂的诱惑而放弃了自己最初的坚持，它可能是一种优秀的品质，可能是一个坚信的理念，更可能是整个自我。

常听许多学生抱怨为什么自己的家境不如他人，为什么自己的长相不如他人，为什么自己不能像他/她那样……太多太多的为什么来源于将自己和他人的比较中，这种盲目的比较完全抹杀了自己身上的可贵之处而使自己陷入自卑的深渊。他们总觉得别人的东西是好的，自己拥有的是不好的，总觉得命运对自己不公，总觉得生活对自己残忍，于是怨天尤人，甚至停止前进，自暴自弃。

世界上是没有完人的，你眼中完美的人也许有不为人知的痛苦，而你看到的只是他光鲜的一面。即使你是长相平庸的大众脸，但你一样可以拥有善良的心地、美好的愿望；即使你出身贫困的家庭，但你一样可以拥有自信的目光、坦然的笑容；即使你总是处处碰壁，但你一样可以拥有不屈不挠的精神和永不放弃的信念……而这些，就是属于你个人的"沉香"，是经过生活洗礼、生命锤炼的独一无二。

所以，我们应该学会坚持，不要只对"木炭"羡慕不已，而让属于自己生命的"沉香"随波逐流，将视线放长远一点儿，你会发现自己也拥有别人所没有的宝贵的东西。

善待自己的"沉香"，你的生命一样精彩。

附　录

好书推荐：《心理学与生活》

作者：[美]理查德·格里格、菲利普·津巴多

内容简介：本书写作流畅，通俗易懂，更深入生活，将心理学理论和知识与人们的日常生活和工作相联系，使它成为一本大众了解心理学与自己的极好读物。正如作者所

言:“心理学是一门与人类幸福密切相关的科学。”它贴近生活、深入实践的独特风格同样也是一般大众了解心理学、更好地理解人性和提高自身全面素质的好读物。作者形象地将使用本书学习心理学比喻成一次“智慧的旅行”。

影片推荐:《美丽心灵》(*A Beautiful Mind*)

导演:朗·霍华德

编剧:阿齐瓦·高斯曼等

主演:罗素·克劳、詹妮弗·康纳利

影片简介:《美丽心灵》是2001年上映的一部电影,改编自同名传记。影片讲述一位患有精神分裂症却在博弈论和微分几何学领域潜心研究并获得诺贝尔经济学奖的数学家——约翰·福布斯·纳什的故事。影片获得2002年奥斯卡金像奖。它是一部关于一个真实天才的极富人性的剧情片。故事的原型是数学家小约翰·福布斯·纳什(Jr. John Forbes Nash),英俊而又十分古怪的纳什早年就有着惊人的数学发现,开始享有国际声誉。但纳什出众的直觉受到了精神分裂症的困扰,使他向学术上最高层次进军的辉煌历程发生了巨大改变。面对这个曾经击毁了许多人的挑战,纳什在深爱着他的妻子艾丽西亚(Alicia)的帮助下,毫不畏惧,顽强抗争。经过了几十年的艰难努力,他终于战胜了这个不幸,并于1994年获得诺贝尔经济学奖。这是一个源自真人真事的传奇故事,今天纳什仍继续在他的领域中耕耘着。

项目四

主动交往　珍视友情

——大学生人际交往解读

编者寄语

人在成长与发展中，离不开人际交往。人际交往，在一定程度上体现了一个人的心理健康水平，社会适应能力的高低，甚至影响着一个人的生活与事业。美国著名教育家卡耐基先生曾指出：一个人事业的成功，只有15%是由他的专业技术决定，另外的85%，则要靠人际关系。

对于大学生来讲，许多心理问题都与人际交往有关。人际交往的问题得不到解决，直接影响到学生的生活、学习和身心健康，因此，了解人际交往的基本理论及交往中常出现的问题，以及如何进行有效地交往，是大有裨益的。

案例导入

案例一:积极寻求心理咨询,主动学会人际交往

山东济南某大一新生小梦在入学后难以融入集体环境,由于与同宿舍女生之间关系处理不好,出现比较严重的情绪波动甚至心理障碍,表现为厌学、情绪低落、暴饮暴食、拒绝回宿舍,甚至有中度抑郁倾向。该生性格内向,家庭条件一般,父母平时忙于工作,对孩子疏于关心,往往听之任之。进入大学后,该生在日常学习生活中缺乏与舍友及同学的互动交流,后逐渐因生活琐事与舍友发生矛盾,宿舍关系变得敏感,该生情绪也变得容易波动,不愿回宿舍住,从周末请假回家演变为周一至周五也不愿回宿舍,甚至开始暴饮暴食。

经过一段时间后,小梦意识到自己的问题,并想进行改变,于是积极寻求心理老师的帮助。经过持续不断的心理咨询和疏导,小梦慢慢变得开朗了,与舍友相处开始变得和谐,也能长时间在宿舍住宿,改掉了暴饮暴食的不良习惯。毕业前,她顺利地进入济南一家比较有名的装饰公司实习。

由此可见,心理咨询有不可替代的重要意义,学会人际交往是保持健康心态的重要环节。

案例二:休学的小林

小林,男,20 岁,河北某大专院校二年级学生。他性格十分内向、孤僻、不善言谈,很少与人交往。进入大学一年多来,他和班上同学相处不融洽,跟同宿舍同学曾经发生过几次不小的冲突,关系相当紧张,后来搬出宿舍,基本上不与班上同学来往,集体活动也很少参加,与同学的感情淡漠,隔阂加深。他认为自己缺乏知心朋友,常常感到孤独和自卑,情绪烦躁,痛苦郁闷,长期的苦恼和焦虑使他患上了神经衰弱,经常失眠和头痛,精神疲惫,体质下降,学习效率极低,小林开始厌倦学习,厌恶同学和班级,一天也不愿再在学校待下去了。于是,不顾家长反对,坚持要求休学。

人际关系问题是大学生中存在的最常见的问题,受学校、家庭、社会等多方面因素影响,许多大学生都存在着不同程度的人际关系问题和人际交往障碍,甚至影响正常的学习和生活。人的基本属性是社会性,只有学会融入集体,主动交往,享受友情,才能益

人益己。

案例三：人际沟通的重要性——福特汽车厂的重生

美国有名的福特汽车公司新泽西的一家分工厂，过去曾因管理混乱而差点倒闭。后来总公司派去了一位能干的经理，在他到任后的第三天，就发现了问题的症结：偌大的厂房里，一道道流水线如同一道道屏障隔断了工人们之间的直接交流，机器的轰鸣声，试车线上滚动轴发出的噪音更使人们的信息交流难以实现。

由于工厂濒临倒闭，前任经理只追求生产效益，而将大家共同聚餐、交流的时间压缩到了最低线。员工们彼此谈心、交往的机会微乎其微，工厂的凄凉景象很快使他们的工作热情锐减，人际关系的冷漠也令员工糟糕的心情雪上加霜。组织内出现了混乱，人们口角不断，不必要的争议也开始增多，工厂的情势每况愈下。

新任的经理在觉察到问题所在症结之后，果断地决定以后员工的午餐费由厂里负担，希望所有的人都能留下来聚餐，共渡难关。在员工看来，工厂可能到了最后关头，需要大干一番了，所以心甘情愿地努力工作。其实管理者的真正意图就在于给员工们一个互相沟通了解的机会，建立信任空间，改善人际关系。

在每天中午大家就餐时，经理还亲自在食堂的一角架起了烤肉架，免费为每位员工烤肉。一番辛苦没有白费，在那段日子里，员工们餐桌上谈论的话题都是关于工厂未来的走向问题，大家纷纷献计献策，并就工作中的问题主动拿出来讨论，寻求最佳的解决途径。

尽管机器的噪音还是不止，但已经挡不住员工们内心深处的交流了。两个月后，企业业绩回转，5个月后，企业奇迹般的开始赢利了。这个企业至今还保持着这一传统，中午的午餐大家欢聚一堂，由经理亲自派送烤肉。

有人说“成功＝30%知识＋70%人脉”，还有人说“人际关系与交往技能才是真正的第一生产力”。由此看来，人际沟通的重要性不容小觑。

案例四：成功的秘诀——曾宪梓推销领带的故事

香港巨商曾宪梓在发迹前，曾有一次背着领带到一家外国商人的服装店推销。服装店老板打量了一下不修边幅的曾宪梓，就毫不客气地让他离开了店铺。

曾宪梓回家后，认真反思了一夜。第二天早上，他身着笔挺的西装，收拾得干净利落，又到了那家服装店，恭恭敬敬地对老板说：“我昨天着装失礼，冒犯了您，很抱歉，今天能否赏光一起吃早茶？”服装店老板看了看这位衣着讲究、说话礼貌的年轻人，顿生好感,欣然答应。老板问曾宪梓:“领带呢?”曾宪梓真诚地回答:“我今天是专门来登门道歉的,不谈生意。”那位老板终于被他的真诚和谦恭感动了,敌对情绪顿时烟消云散。老板诚恳地说:“明天你把领带拿来,我给你销售。”从此以后,这家服装店老板和曾宪梓居然成了好朋友。两人真诚合作,促进了金利来事业的发展。

曾宪梓的成功告诉我们,良好的人际关系和人脉资源是一种无形的财富,有的人成功不仅在于他的工作能力强,还在于他善于交际。培养人际交往能力是实现人生价值的重要砝码,可以帮助我们更好地融入社会生活。

心理解读

一、人际交往概述

(一)人际交往的内涵

人际交往有两层意思:一是人际交往是一个信息交流与思想情感交流的过程;二是在信息与情感的交流中,交流双方的心理是互动的,一方的行为会引起另一方相应的行为。

人际交往体现的是人的社会关系与人际关系,人际关系是指人们在进行物质交往和精神交往的过程中发生、发展和建立起来的人与人之间的关系。人际的心理、情感关系积淀了人的生理性的、物质性的、文化的和政治的关系。然而应强调的是,我们所讲的人际交往不同于一般意义的社会交往,不局限于言语交际活动,不是单纯的知识信息交流,更不同于物质商品的交换,它更侧重于指全面的心灵对话过程,强调的是尊重个性、理解差异、求得沟通、协调行为。

(二)人际交往的重要意义

亚里士多德说过:能独立生活的人,不是野兽,就是上帝。人际关系在人的发展中,具有不可替代的作用。心理学的大量研究与人们的日常生活都已证明,正常的人际交往与良好的人际关系是心理正常发展、个性保持健康与生活幸福快乐的必要条件。

1. 人际交往促进自我认识的深化

在人际交往的过程中,应该认真思考这样一个问题:我们给他人的印象是怎样的,他人怎样评价我们?由此比较一下他人对自己的评价和自己对自己评价的异同,将有助于我们更好地认识自己。在我们的交往活动中，有时候两方面的评价会有一定的差距，不少人会因此而烦恼。这就需要我们善于调节两方面的评价，正确的自我认识，有助于我们找到自己的社会位置，扮演好自己的社会角色。

2. 人际交往促进社会化进程

人际交往是社会发展的必然产物，也是社会发展的基本前提。没有人际交往过程中所形成的各种各样的网络关系以及人们所担当的各种各样的社会角色，社会就不成其为社会，发展也无从谈起。人际交往是人们生活的一部分，贯穿生命的始终。良好的人际交往能力是青少年社会化的起点，是将来在社会立足的生存需要，也是为社会做贡献的基本要求。

3. 人际交往是实现人生价值的桥梁

人际交往是思想、情感、态度、信息和学习的交往。交流思想，一个头脑就有了多种思想；分享快乐，快乐就会加倍；分担忧愁，忧愁就会减半。每个人都是一个独特的生命个体，必然知道一些别的个体所不知不会的东西，而善于从每一个人身上学习自己所不知不会的东西，我们才能不断地进步。人生的意义在于奉献，人际交往是我们奉献的桥梁。良好的人际交往，能让我们掌握更多的社会信息，知道人民的生活和需要，保持和人民大众的血肉联系，能让我们更好地为人民服务。

（三）大学生人际交往的特点

大学生的人际交往既有人际交往的共性，又有一些特性。一般来说，大学生人际交往具备以下几个特点。

1. 大学生的交往愿望强烈

大学生已自觉意识到良好的人际关系对于学习和生活的重要性，他们不愿意把自己封闭在一个狭小的个人小圈子里，而是迫切希望能够建立良好的人际关系。

2. 大学生的交往目的具有多样化的特征

通过抽样调查发现，大学生对于不同的交往对象，抱有明显不同的目的。男女生以及不同年级的大学生在交往的目的上还表现出一定的差异。如在与同性朋友的交往上，男生的娱乐目的强于女生，女生的互助目的强于男生；在与异性朋友的交往上，男生在助人、安全和自我表现三个方面高于女生，女生的自我中心高于男生；在与老师的交往上，男生在功利、自我中心方面较女生要强，而女生在客观要求方面要高于男生；在与父母的交往中，男生在自我中心方面较女生要强。年级差异主要表现在：在与同性朋友的交往上，一年级的功利性交往目的比二、三年级要弱一些；在与异性朋友的交往上，一、三年级的互助与助人的交往目的比二、四年级要强一些；在与老师的交往上，低年级的互助性交往目的比高年级要强些。

3. 大学生的人际交往具有浓厚的理想色彩，比较纯洁、真诚

大学生正处在求知阶段，思想比较单纯，对美好未来充满向往和自信，因此在日常交往中总是崇尚高雅、鄙视庸俗，崇尚真诚、鄙视虚伪。有关调查表明，大学生对最喜欢与什么样的人相处的选择，各选项的占比从高到低依次为诚实、平等待人、关心别人、谦逊、有才干、其他；反之，对最害怕与什么样的人相处的选择，从高到低依次为虚伪、利用别人、心胸狭窄、傲慢、脾气暴躁等。事实情况也正是如此，在大学里，那些学习认真、成绩优秀、有才能、有智慧，同时为人又正直、坦率、忠厚老实，凡事善于替别人考虑、善于关心别人、帮助别人、谦虚朴实，在荣誉和利益面前能保持良好心态的大学生人缘都特别好，大家都乐于与之交往。反之，那些对集体和他人漠不关心、见利忘义、喜欢斤斤计较、为人虚伪不正派甚至自以为是、自视高明、处处利用别人、心胸狭窄、反复无常的人，有的尽管学习也比较用功，成绩也很优秀，但人缘极差，班集体中其他同学往往都与之对立甚至避而远之。

4. 大学生人际交往相对比较简单、稳定

大学生的活动范围主要是在校园内，其接触的对象主要是同学和教师，交往的目的主要是交流思想、联络感情、切磋学问、关心国事、探索人生、抚慰鼓励以及排遣烦恼等。交往方式主要是接触交谈。因此，大学生的人际关系相对比较简单。而且同一年级、同一专业的大学生要在一起生活、学习好几年，天天吃在一起、住在一起、学习在一起，相知相识，即使有时发生某些不愉快的事，由于彼此之间没有根本的利害冲突，问题也比较容易解决，一般不会有较大的波动，所以大学生的人际关系比较稳定。

5. 认知因素在大学生的人际交往中起着主导作用

研究表明，影响人际关系的认知因素、情感因素和人格因素，在不同层面的学生中有着不同的特点。中小学生交往联谊偏重兴趣、爱好和义气，而大学生交往联谊则偏重理性和认知。明显的表现是，大学生在人际交往中有较强的主见和选择能力，即认知能力强。什么人能交往，什么人不能交往，大学生已能分清良莠，能够择善交往。

二、大学生人际交往常见的心理问题与调适

（一）不良人际关系现状形成的原因

1. 社会不良风气的影响

社会上逐渐滋生的拜金主义、享乐主义观念加重了部分大学生择友时的功利心态。个人主义、利己主义的膨胀导致部分大学生在人际交往中一切以自我为中心。此外，不

断飞速发展的光怪陆离的网络虚拟世界使部分大学生沉迷于此而脱离了实际生活，在处理实际生活问题过程中，存在天真和不成熟的做法。

2. 传统教育模式的影响

应试教育被认为是导致大学生人际关系堪忧的另一个重要原因。通常应试教育导致家长和学校的过度保护，使学生缺乏应对困难及心理承受力等方面的锻炼。为了实现升学的目标，家长们对孩子的态度往往是除了学习以外，其他事都一手包办，这导致许多学生心理发育不健全、素质不全面。有些大学生是大学级智商、小学级情商，这些都直接使他们在处理人际关系和自身的心理问题时处于不利的局面，有了许多不适应和不顺心。

大学生沟通能力的欠缺还与家庭教育方式有关。在家庭教育中，尽管许多父母在生活上对独生子女很娇惯，但是并未真正与孩子平等相处，没有鼓励孩子自由地表达自己的想法，而更多的是以长辈自居进行说教，这使孩子处于一种思想压抑的状态，更谈不上有意识地教育孩子要有自己独立的见解了。

3. 大学生个性特点的影响

如今的大学生基本都是独生子女。家长们对于儿女掌上明珠般的呵护甚至溺爱，使大学生形成了以个人为中心、不善于合作与沟通的性格。这些不良个体性格因素阻碍了大学生建立健康和谐的人际关系。

总之，大学时期是大学生心理趋于成熟的时期，在此阶段，大学生特别需要别人的理解，愿意向别人倾诉自己的思想，希望通过别人的理解与安慰而对压抑的情绪进行调节，使心理压力得以缓和，因此，大学生的人际交往显得尤其重要。

（二）大学生人际交往心理问题与调适

1. 自卑心理与调试

自卑感是一种因个人自认为不如人而产生的一种轻视自己的不良心理，平常的表现是忧郁、悲观、孤僻。社交自卑是指人在社会交往中的自卑心理，它容易使人孤立、离群、丧失信心。通常社交自卑感严重的人，大多性格内向，他们感情脆弱、体验深刻、多愁善感，常常自惭形秽，经受不起刺激，所以，他们处事多采用回避方式。自卑感的形成大致有以下几个原因。

（1）生理存在缺陷容易使人产生自卑感。

（2）家境贫寒、生活拮据容易使人感到卑微不如人。

（3）自我认识不足，过低估计自己。每个人在评价自己时往往以他人为镜，即通过对自身与他人的比较或他人对自己的评价来认识和评价自己。心理学研究表明，性格内向的人往往容易接受别人的低评价而不愿意接受别人的高评价。在和别人比较中，往往容易用自己的短处去比他人的长处，所以越比越感觉不如人，越比越泄气。性格内向的人还普遍喜欢反省自己，容易发现自己的不足，忽视自己的长处，从而加重自卑感。

(4)消极自我暗示。在社会交往中，每当面临新的局面时，每个人都会很自然地衡量一下自己是否有能力应付好。自我认识不足的人，此时就会出现一种“我不行”的消极自我暗示，因而会抑制自己的信心，产生多余的心理负担。

(5)多次的交往挫折也会使心理脆弱的人变得惧怕交往，产生自卑情绪。自卑感严重，会对一个人的生活、学习、工作造成巨大的负面影响。自卑感既然能够形成，自然也可以通过长期正确的调节而转变并克服。

从心理学的角度看，应从以下各方面入手予以调适。

(1)正确认识生理缺陷及家境贫寒。一个人的生理条件与家庭背景是自己无法选择的，所以没有必要过于自卑。大学生要认识到，只有通过自己的奋斗，不断增长知识，才能提高自身的社会地位，减轻生理缺陷的影响。

(2)正确认识自我，提高自我评价。要善于发现自己的长处，肯定自己的成绩，改善自我形象，积极参加社交。

(3)进行积极的自我暗示、自我鼓励。当自己处于不利地位的时候，要暗中鼓励自己“一定行”，竭尽全力争取成功。

(4)积极与人交往。自卑的人往往容易把自己孤立起来，并因此形成恶性循环。实际上自卑的人在社交中比起狂妄自大的人要讨人喜欢得多，因为他们大多谦虚，善于体谅人。所以，积极与人交往、成功的交往，可以开阔自己的胸怀，克服自卑心理。

2. 孤独心理与调适

孤独心理是一种经常独处或受到孤立而很少与人接触后产生的孤单、无依靠的心理。长期的孤独心理会使人心情郁闷、精神抑郁、性格古怪，严重影响人的身心健康。孤独心理产生的原因是多种多样的，既有主观上的成因，也有客观外界的成因，还有多种因素的综合成因。

(1)个人性格的孤僻。这种人喜欢一个人独处，不喜欢与人交往，往往将自己的内心封闭起来。这是心理变态的一种反映。性格孤僻的人大多受过心灵创伤，而且往往具有极强的自卑感。由于不愿与人交往，因而孤僻性格的人会产生孤独感。

(2)性格过于内向，又不愿与人交往的人，由于长期独处一隅，也极易产生孤独感。

(3)在人烟稀少的地方生活、工作的人，由于生活环境的限制，很少见到其他人，会因缺少必要的人际交流而倍感孤独。

(4) 因与众人不和，受人打击，遭到他人有意的孤立而产生孤独的心理。在大学生群体中，失恋也会使人产生孤独心理。

(5) 大学生孤独心理的产生，较多的情况源于个性内向，加之刚进大学不久，远离家乡、父母及亲人，身处陌生的环境，与陌生的同学难以尽快建立友谊等。

孤独心理是一种不良心理，长期得不到有效的解决，会严重影响人的身心健康，因而，大学生应采取积极行动改变自己的孤独心理。具体方法有：

(1) 逐渐改变孤僻的性格。要改变自己不良的性格，首先要认识到不改变会给自己带来痛苦，然后下决心一点一滴地改。要多与周边的同学来往，逐步沟通，多参加社会实践，扩大交往接触的范围。

(2) 性格内向、有自卑感的人，首先要解决认识问题，要区别人格与家境，即不论家境好坏，人格、精神在人与人之间都是平等的。

(3) 当受到别人孤立时，要剖析自我，分析是不是自己做得不对。如果问题在于自己，应积极改正不足，并主动向对方检讨、道歉，如果原因不在自己，则可暂时摆脱这个小圈子，转移或扩大自己交往的方向与范围，从新的人际交往中寻求精神支持，而不要被动地去忍受被孤立。

3. 嫉妒心理与调适

在社会生活中，人总会自觉地在多方面与他人比较。当发现自己的才能、机遇、名誉、地位不如他人时，便会产生一种羞愧、怨恨、愤怒相混合的复杂的心理，这就是所谓嫉妒心理。

嫉妒心理一般在幼年时即可因感觉待遇不平等而萌生。如果我们把嫉妒者看成主体、被嫉妒者看成客体，那么当客体优势明显时，处于劣势的主体就会对客体产生嫉妒心理；但处于劣势的客体明显向优势变化时，也会遭到处于优势的主体的嫉妒。

嫉妒心理具有如下特点：

(1) 潜隐性。嫉妒心理往往潜藏在主体的内心深处，虽然主体有时不经意地将其外显出来，但主体并不愿意承认此种心理的存在。

(2) 对等性。一般来说，被嫉妒的客体大多产生于与主体资历、职务、地位相似而其境遇突然发生变化的人群。

(3) 行为性。嫉妒心理一般会导致具体的行为，比如怨恨、诋毁等。

(4) 变异性。当客体的优势发生变化而转为明显劣势时，原持嫉妒心理的主体可能发生变异，对变化为劣势的客体感到怜悯或幸灾乐祸。

嫉妒是一种十分有害的不良心理，持有这种不良心理会明显妨碍社会交往，并且影响自身的心理健康。对这种不良心理的调适主要从以下几个方面入手。

(1)当你嫉妒某人时,应多看自己比对方具有的长处,即主动把注意力引到自己的优势和对方的劣势上,用转移注意力的方法保持心理平衡,以冲淡嫉妒心理。

(2)当你受到他人的嫉妒时,要主动与嫉妒自己的人进行交往,通过相互的沟通,缓解对方的不满情绪。

(3)提高修养,开阔眼界,坦荡胸怀,正确面对他人的成绩与自己的不足。

4.社交恐惧心理与调适

恐惧心理是指人面临危险而又难以立即摆脱时产生的情绪。社交恐惧心理是人在社交活动中产生的一种带有恐惧色彩的情感反应,比如见到生人时脸红、害羞、说话紧张、怯于人际交往。

社交恐惧心理有多种类型:一种是气质型恐惧。这种人生性孤僻,害怕与人交往,常怀有胆怯心理;另一种是挫折型恐惧,即在某次交往中受到重挫,自尊心受到较大刺激,由此产生社交恐惧心理;还有一种是怕在社交活动中暴露自己的弱点,受人歧视,从而产生一种自我保护性恐惧。

恐惧心理的调适方法主要包括:

(1)要认真学习,深刻认识到在当今和未来的社会里,人际交往是个人在社会生活与职业工作中不可缺少、不可逾越的部分,而且这种交往需求会随着社会文化程度的提高而增强,所以应以积极、主动的心理去面对社会交往。

(2)弄清自己在社交活动中恐惧的对象,认真分析恐惧产生的原因,并在后续的社交活动中提前有所准备。

(3)正确认识、对待自己的缺点与弱点,通过积极努力克服自身弱点,增长才干,增强社交自信心。

三、大学生人际交往能力培养

(一)理解人际关系

大学是人际关系走向社会化的一个重要转折时期。从你踏入大学,就会遇到各方面的人际关系:师生之间、同学之间、同乡之间,以及个人与班级、学校之间的关系等。面对如此众多的人际关系,有的同学因为处理不当,整日郁郁寡欢,心情沮丧;有的同学因为人际关系紧张,精神压力很大,导致程度不同的心理病症;而更多的同学则由于不知如何处理复杂的人际关系,而经常为苦闷、烦恼的情绪所困扰。可见,处理好人际关系,对于几年大学生活和未来事业的成就,有着至关重要的意义。

和谐、友好、积极、亲密的人际关系都属于良好的人际关系，对于一个人的工作、生活和学习是有益的；相反，不和谐、紧张、消极、敌对的人际关系则是不良的人际关系，对一个人的工作、生活和学习是有害的。社会心理学的调查研究表明，良好的人际关系是一个人心理正常发展、个性保持健康和生活具有幸福感的重要条件之一。古语云："天时不如地利，地利不如人和。"对于远离家乡外出求学的大学生来说，无论在什么情况下都应重视"人和"这个重要因素。美国著名成人教育家戴尔·卡耐基经过大量的研究发现："一个人事业上的成功，只有百分之十一是由于他的专业技术，另外的百分之八十多要靠人际关系、处世技巧。"这从另一侧面说明良好的人际关系对成就事业的重要性。大学生学会建立良好的人际关系的方法，对个体成长和发展都大有裨益。

（二）赢得别人的尊重

同学之间难免会有亲有疏，有远有近。有的人威信高，人缘好，往往容易赢得别人的尊重，而有的人威信低，人缘差，往往被人嫌弃。其实，每个人内心都想得到别人的尊重，但要赢得别人的尊重，必须自尊自爱。俗话说，自爱的人才能得到他人的爱，自尊的人才能得到他人的尊重。赢得他人的尊重并非易事，必须掌握一定的技巧。可以从以下几个方面来考虑。

1. 保持良好仪表

仪表堂堂，风度翩翩，谁见了都想多看你一眼。倘若你疲疲沓沓，仪表不整，那么，你在别人心目中的形象就要大打折扣。这也是对自己不自重的表现，弄不好别人会看不起你，更谈不上尊重你了。

2. 保持应有风度，不乱发脾气

同学相处，争论是在所难免的。但是，争论只应对"事"而不应对人，不要为一些鸡毛蒜皮的小事争论不休，得理也应让人，当然更切忌乱发脾气、乱骂人，否则既损心神又伤人际感情。

3. 不自视清高，吹嘘自己

天外有天，人上有人。即使你能力比别人强，才华比别人出众，或者在工作、事业上取得了一定的成绩，记住，也千万不要沾沾自喜、目空一切。如果你看不起别人，别人也会看不起你，当然就谈不上尊重你了。

（三）为人处世要宽以待人

大家都想自己能在为人处世方面做得比较周全，有一个相对轻松和谐的环境，与别人很好地相处。要达到这种效果，宽以待人是不可缺少的。我国古来就有"君子宽以待人，严于责己"的处世方法。

所谓宽以待人，就是指对他人的要求不过分，不强求于人，而是以宽容为怀，能让人时且让人，能容人处且容人。

人们交往贵在与人为善、以诚待人，要尽可能地向他人提供方便，尽量给予他人以帮助。可以说，宽以待人是一个人道德水平较高的表现，《尚书》说："有容，德乃大。"你希望别人善待自己，就要善待别人，要将心比心，多给人一些关怀、尊重和理解；对别人的缺点要善意地指出，不能幸灾乐祸；对别人的困难应尽力相助，不应袖手旁观、落井下石。即使是自己人生得意马蹄疾时，也不能得意忘形、居功自傲，而是应多想想别人对自己的帮助和恩惠，让三分功给别人。人总是喜欢和宽容厚道的人交朋友，正所谓"宽则得众"。

宽以待人，正是以宽广的胸怀、宽容的气度创造宽松的人际环境，大度豁达容得下难容之事，使别人敬重和倾慕你的人品，并使你具有很明显的人格魅力。特别是在竞争激烈的今天，宽以待人会使他人喜欢与你交往，所以，宽以待人是为人处世的一个重要原则。

（四）慎交友，诚待友

要慎交友。无论交什么类型的人当自己的朋友，都要慎重。"近朱者赤，近墨者黑"，这句流传久远的名言，生动地说明了"慎交友"的重要性，是古人的经验之谈。事实确实如此，一个人的朋友如何，对自身的发展往往起很大作用，这是一种看不见的潜移默化、熏陶感染的力量。

最宜交何友？古人云："益者三友，损者三友。友直、友谅、友多闻，益矣；友便僻、友善柔、友便佞，损矣。"就是说，与正直、讲信用、有学问的人交朋友，会获益匪浅；与那种献媚奉承、心术不正、华而不实的人交朋友，会带来坏处。这对今天如何选择、结交朋友仍有启示。

如何待友？以诚相待，就是出于真心，诚心诚意。对朋友最怕虚情假意、虚与周旋。朋友之间允许有各自的隐私，但毫无疑问，是否"无所隐伏"，"隐伏"多少，是衡量友谊的标志。

尽管提倡君子之交淡如水，但并不反对朋友间的礼尚往来和文明馈赠。从某种意义上讲，朋友之间的"雪中送炭"或"千里送鹅毛"等行为能体现朋友间相互关心和友爱的心情，当朋友有困难时鼎力相助、无私支持，这正是真朋友的表现。

（五）有关问题解析

1.如何才能建立和谐的师生关系？

除了学生之间的关系外，师生关系可以说是大学生人际关系的重要方面。和中小学师生关系相比，大学师生间的交往范围要相对较小，而且具有自发性、偶然性且多局限于知识学习方面，因而使不少大学生在对与老师的关系方面表现得拘谨和胆怯，更不知如何去建立和谐良好的师生关系。

师生关系是教育过程中人与人之间最基本的、最重要的关系。和谐良好的师生关系应当是尊师爱生、教学相长的关系，应当是一种民主、平等、互尊、互爱的和谐而亲密的关系。当然，从社会心理学的角度看，教师因在教育过程中处于主导地位，他们与大学生交往的作风、方式往往会对师生关系起重要作用。

对于任何一个人来说，尊师都是做人的一个最起码的起点。人来到世上除了有父母的养育之恩，就是老师的传授之德。人类文明的传承和延续，首推老师之功。老师对学生“传道”“授业”“解惑”，毫无私心和保留。老师在培养造就人才的事业中乐于做“人梯”，让学生踩着自己的肩膀攀登科学高峰，用自己心灵的火花去点燃学生心灵的灯盏，用知识在人的心灵中盖起摩天大厦。

2. 如何理解异性同学间的交往关系？

异性同学之间的交往是大学生关心的问题。我们知道，异性相吸是自然界的一种普遍现象。对于大学生来说，青春期特有的生理、心理特点，使得异性同学之间更易于产生思想、感情上的共鸣。女生喜欢男性的豁达、主见和力量，男生则喜欢女生的协商、温柔和细腻。男女之间的正当交往不仅应被允许，而且是有益的，异性之间的纯真友谊不但可能有，而且在古往今来也出现过许多感人的事例。众所周知，燕妮与海涅、罗曼·罗兰与索菲娅之间都长久地保持了感人的友谊。至于普通人之间，在你、我、他/她之间发生的平凡而感人的友谊故事更是不胜枚举。

3. 如何看待同学间竞争与友谊的关系？

有的同学在处理同学间竞争与友谊的关系时，往往感到很难恰当地处理好，感叹“鱼与熊掌难以兼得也”。确实如此，现代社会无论是在哪一个方面都充满了激烈的竞争，而交朋友、讲友谊又是个人不可或缺的，因而出现这样的困惑也不奇怪。但毕竟同窗几载，竞争与友谊会时常伴随着自己，因而，如何正确对待竞争与友谊也是我们大学生处理人际关系的一个重要课题。

即使竞争有时会显得不近人情，甚至可能要付出巨大的努力和一定的代价，但只要竞争的目的是追求真理，有利于调动人的主动性、创造性，更好地为社会、集体或个人的发展而奋发学习，努力工作，我们就要勇于参与竞争。不难想象，一个缺乏竞争意识、学习成绩平平、工作不积极的人是很难赢得同学的尊重和好感的。

心理体验

活动一:动物本性

活动目的:大家相互认识,帮助学员表达自己、了解自己。

活动时间:约10分钟。

具体操作:

1. 教师讲述一些动物的典型行为。例如:鸵鸟会把头埋在沙子里,直到觉得情况"安全"了;而大猩猩会对敌人大叫,并威胁地拍打自己的胸脯;小猫和羊的性格比较温顺。

2. 让学员想想自己的特点,与哪些动物的行为最像。可以是一种动物,也可以是多种动物的混合动物(例如:半狮半猴)。

3. 按顺序请学员描述他们与选择的动物的相似之处,例如:我像黄鼠狼,因为我平时不招惹别人,可我要和别人发生冲突时,我相信我最终说一句话会让他难受好几天。

讨论:

1. 你对谁的印象最深?为什么?

2. 你对谁有了进一步了解?

活动二:沟通小游戏——撕纸

活动目的:增强沟通能力。

活动时间:约15分钟。

具体操作:

1. 给每位学员发一张纸,20人为一组。

2. 老师发出单项指令:大家闭上眼睛,全过程不许问问题,把纸对折,再对折,再对折,把右上角撕下来,转180度,把左上角也撕下来,睁开眼睛,把纸打开。老师会发现各种结果。

3. 学员睁开眼睛,老师重复上述口令并重新组织进行,学员们同时可以问问题。

讨论:

1. 第一次撕纸活动结束后,讨论为什么会有这么多不同的结果。

2. 第二次撕纸活动结束后,讨论为什么还会有误差。

活动三：谁想听你说

活动目的：增强人际交往能力。

活动时间：约 15 分钟。

具体操作：

1. 每一个人想一件让自己特别高兴的事。

2. 每人发一张写有数字的纸，让他们寻找和自己的数字一样的人，一旦组成对，其中一人向另一人说："我有一件特别好玩（高兴、快乐）的事想告诉你，你一定想听。"讲故事者开始讲，听者"不耐烦"地转身走开，并说："谁想听你胡说八道？"讲故事者必须紧跟听者，继续讲，听者继续说："你真笨，这一点儿意思都没有。"

3. 然后调换角色，同上。

4. 最后 3 分钟结束，搭档握手相互道歉。

讨论：

1. 当听者对你表示不耐烦时，你内心真实的感受如何？

2. 现实情境中，若有人愿意跟你分享一件有趣的事情时，你通常有何表现？

心理评估

交友能力自测

指导语：在现代生活中，交朋友成了一项越来越重要的活动。事实上，善于交朋结友的人不仅生活得快乐自在，而且事业上也容易获得成功。那么，你的交友能力怎样？下面一组自测题可以帮助你了解一下。请实事求是地回答每一个问题，如果你的回答是肯定的，就在题号前打"√"；如果回答是否定的，就不要做任何记号。

1. 除了父母、配偶或兄弟姐妹，你是否还有一个可以互诉衷肠的知心人？

2. 你有两个以上交往多年的老朋友吗？

3. 你有起码一个称得上知己的异性朋友吗？

4. 除了同龄人外，你是否还有一些忘年之交？

5. 当你遇到意外事故时，你是否能轻而易举地找到一个朋友帮你解难？

6. 你是否能每周至少一次去朋友家坐坐？

7. 遇到节假日，你是否常会想念朋友们？

8. 朋友邀你去玩时，在一般情况下，你是否会找点诸如“最近我太忙”之类的借口婉言谢绝？

9. 朋友遇到困难（如生病、搬家等）时，你是否会主动去表示关心？

10. 你是否经常用打电话或写信的方法，同远方朋友保持较为紧密的关系？

11. 每过一段时间，你是否会增加新朋友？

12. 你交友的目的是使自己获得某种“方便”，还是纯粹为了赢得友谊和感情？

13. 你正忙时，恰遇朋友来访，这时，你仍会热情接待吗？

14. 除了赠送礼品，你还有更多增进友谊的办法吗？

15. 当你遇到不幸或感到寂寞时，你会走出家门向朋友诉诉苦或发发牢骚吗？

评分与解释：

一个“√”为 1 分，累计总分。总分如达到 13—15 分，那就说明你有很强的交友能力；9—12 分，说明你有较强的交友能力；6—8 分，意味着你尚能维持与朋友的友谊；5 分以下，那就意味着你的交友能力很差。人的心理是动态的，随着时间、地点、条件而转移，而且受心境的制约，愉快的心境和不愉快的心境都会影响一个人对事物的判断。因此，自测的结果，只能作为参考。人贵有自知之明，自测的目的不是“盖棺定论”，而是帮助你发现自己、发现自己人际交往的长处与短处，并据之发扬优点、克服缺点，逐渐完善自己。

测试你的人缘

指导语：你的人缘如何？会不会交朋友？请你根据自己的实际情况，就下面 15 个测试题如实作答，并按后面的评分标准计算总分，再参照评语，你就可以大体上明白自己的人缘如何，怎么和朋友相处心里也就有数了。

1. 你和朋友过得很愉快，因为：

A. 你既爱玩又会玩

B. 朋友们都挺喜欢你

C. 你认为你不得不这样做

2. 当你休假的时候，你是：

A. 很容易交上新朋友

B. 比较喜欢自己一个人消磨时间

C. 想交朋友，但是发现这不是一件容易的事

3. 当你安排好要会见一位朋友，又感到很疲倦，却不能让朋友知道你的这种处境时，你是：

A. 希望他/她能谅解你，尽管你没有到朋友那儿去

B. 还是尽力去赶约会，并且试图让自己过得愉快

C. 到朋友那儿去了，并问他/她如果你早点回家他/她会有什么想法

4. 你和你的朋友们在一起的时间有多长：

A. 一般情况下是几年

B. 有共同感兴趣的东西时，也可能待上几年

C. 一般都不长，有时是因为迁居他乡

5. 一位朋友向你吐露了一个非常有趣的个人问题，你是：

A. 尽自己最大努力不让别人知道

B. 根本没有想到把它传给别人听

C. 当那位朋友刚离开，你马上找别人来议论这个问题

6. 当你遇到问题的时候，你会：

A. 通常感到自己完全能够对付这个问题

B. 向你所能依靠的朋友请求帮助

C. 只有当问题确实严重时，才找朋友帮忙

7. 当你的朋友有困难时，你会发现：

A. 他们马上来找你帮助

B. 只有那些和你关系密切的朋友来找你

C. 通常朋友们都不会麻烦你

8. 你通常要交朋友的时候会：

A. 通过你已经结识的熟人帮助你

B. 在各种各样的场合下都能这样去做

C. 经过一段较长时间的观察、考虑，甚至可能经历某些困难后才交上朋友

9. 在以下三种品质中，你认为哪一种是你的朋友应当具备的：

A. 使你感到快乐和幸福的能力

B. 为人可靠，值得信赖

C. 对你挺感兴趣

10. 下面哪一种情况对你最合适，或者最接近你的实际：

A. 我通常让朋友们高兴地大笑

B. 我通常让朋友们认真地思考问题

C. 只要有我在场,朋友们都感到很舒服

11. 假如你应邀参加一次活动或者一次比赛,你会:

A. 借口不去参加

B. 饶有兴趣地去参加这些活动

C. 当场就直率地谢绝了邀请

12. 对你来说,下面哪一条是真实的:

A. 我喜欢称赞和夸奖我的朋友

B. 我认为诚实是最重要的品质之一,所以我常常不得不持有与众不同的看法,很讨厌鹦鹉学舌、人云亦云

C. 我不奉承但也不批评我的朋友

13. 你发现:

A. 你只是同那些能够为你分担忧愁和分享欢乐的朋友们相处得很好

B. 一般说来,你和几乎所有的人都能相处得比较融洽

C. 有时候你甚至想与你漠不关心、不负责任的人相处下去

14. 假如朋友们跟你做恶作剧,你会:

A. 跟他们一起哈哈大笑

B. 感到气恼,并且溢于言表

C. 可能和他人一起哈哈大笑,也可能恼怒发火,这都取决于恶作剧发生时自己的精神状态和情绪

15. 假如别人想依赖你,你有什么想法:

A. 在某种程度上,我并不在乎,但是我想和我的朋友们保持一定的距离,有一定的独立性

B. 很不错,我喜欢让朋友依赖,认为我是一个可靠的值得信赖的人

C. 我持谨慎的态度,比较倾向于避开可能要我承担的某些责任

评分与解释:

评分表

题目		1	2	3	4	5	6	7	8	9	10	11	12	13	14	15
得分	A	3	3	1	3	2	1	3	2	3	2	2	3	1	3	2
	B	2	2	3	2	3	2	2	3	2	1	3	1	3	1	3
	C	1	1	2	1	1	3	1	1	1	3	1	2	2	2	1

如果你的总分是36—45分，那么，你对周围的朋友们都比较好，你愿意和他们在一起，他们也都喜欢你，你们相处得不错。而且，你能够从平凡的生活中得到许多乐趣，你的生活是比较充实而且丰富多彩的。一句话，你会交朋友，你的人缘很好。

如果你的总分是26—35分，那么，你的人缘不怎么好。换句话说，你和朋友们的关系并不牢固，时好时坏，经常处于一种波动的状态中。这就表明，一方面你确实想让别人喜欢你，想多交些朋友，尽管你自己也作出了很大的努力，但是，别人不一定喜欢你，朋友跟你在一起时可能不会感到轻松愉快。你只要认真检查自己的言行，虚心听取那些逆耳的忠言，真诚地对待朋友，学会正确地待人接物，你的处境肯定会有所改观的。

如果你的总分是15—25分，那就有点糟糕了。你很可能是一个孤僻的人，思维不活跃，性格不开朗，喜欢独来独往。但是，这一切并不意味着你不会交朋友，更不能武断地说你的人缘很差，人们要想和睦相处，就应当互相帮助、互相尊重、互相关心。其主要原因在于你对社交活动、对人与人的关系不感兴趣。记住，人生活于社会，就是社会的一员。

处世能力自测

指导语：你想检验自己的处世能力吗？那就请实事求是地选择测试题，并对照鉴定，看看结果如何。

1. 当你埋头赶做一件事时，一个朋友上门来找你倾诉苦闷，你怎么办？

A. 放下手中的工作，耐心倾听

B. 显得很不耐烦

C. 似听非听，还在想自己的事

D. 向他/她解释，另约时间

2. 在公共汽车上，你无意踩了别人一脚，别人对你骂个不停，你怎么办？

A. 充耳不闻，任其骂去

B. 同他/她对骂

C. 推说别人先挤你

D. 请他/她原谅，同时提醒骂人不对

3. 在影剧院里，你的邻座旁若无人地讲话，你感到厌烦，怎么办？

A. 希望别人会向这个人提意见

B. 大声指责他们

C. 叫来服务员干涉他们

D. 有礼貌地请对方别讲话

4. 你家有急事,领导不了解情况,要你加班,你怎么办?

A. 人去加班,心中却在埋怨

B. 拒绝加班,言语生硬

C. 推说有病不能加班

D. 同领导商量能否不加班,若的确需要加班,就服从安排

5. 你辛苦了好几天,自以为某项工作做得不错,不料领导很不满意,你怎么办?

A. 满腹委屈,但不作声

B. 拂袖而去,不受委屈

C. 把责任归于客观原因

D. 注意自己做得不够的地方,以后加以改正

解释:

若多选择 A,说明你自制力强,明哲保身,不直爽,欠缺原则性。若多选择 B,说明你自制力很强,虽直爽但不善于待人接物。若多选择 C,说明你说话虽灵活,但为人不够真诚、坦率。若多选择 D,说明你既有较强的自制力、积极向上,又为人真诚、坦率。

知识拓展

一、人际交往的心态

人际交往中的态度是一种心理态势。人与人的心态原本是对等相同的,因为男人与男人,女人与女人,本性相同;男人与女人,异性相吸,本应该平等相处,以人的平常心态交流。可人的心态转移到个体欲念上,有了分别心、企图心,个人生出了私心,心态变异,就有了相处的差距和思想负担。事实上,差距的确存在,都是物质上和精神上的,可人格上应该人人平等,却很少人相信人格,只相信外界事实,心态为外界事实而变动,人性力量也变动不定,没有了适度的心态。适度的心态应把对方视为同等人、视为自己、视为熟人、视为亲人,就能做到轻易自然地以心交往。

二、沟通与人际关系

沟通是人际关系中最重要的一部分,它是人与人之间交流情感、态度、事实、信念和

想法的过程。良好的沟通指的就是一种双向的沟通过程，不是你一个人在发表演说、对牛弹琴，或者是让对方唱独角戏，而是用心去听听对方在说什么，去了解对方在想什么、有什么感受，并且把自己的想法回馈给对方。沟通过程中可能因沟通者本身的特质或沟通的方式而造成曲解，因此传送信息者与接收者间必须借助不断的回馈，去澄清双方接收及了解到的是否一致。除此以外，还有很多轻而易举的事能帮助我们与他人建立良好的人际关系：深度自我认识及接纳、常持诚恳的态度、拥有谦卑温柔的心、适度自我表达、尊重别人并欣赏自己、寻求共同价值观之伙伴、排除人际障碍、服务的人生观、遵守团体规则、积极的人际成长。

三、人际交往的通则

人际关系之外在表现即是伦理。《论语·颜渊》篇中说："齐景公问政于孔子。孔子对曰：'君君，臣臣，父父，子子'。"说明君臣父子应各尽职分。人际关系便是以此为基础，让每个组成分子均能按其角色、职责、位置而有适当的思想、言语、行为模式及价值观，从而营造良好的组织气氛，进而提高组织效能。

增进与他人有效沟通的能力，是进行人际交往的首要条件，以下几项通则供参考。

（1）站在对方立场设想，将心比心，并且用温暖、尊重、了解的方式去沟通；

（2）了解沟通的障碍并且尽可能去突破；

（3）有与人沟通的意愿，以一颗开放的心去倾听，千万不要立即做出判断，而最好从对方的立场和观点去设想；

（4）当一位好听众，用我们的心灵去听听对方的想法与感受，而不只是字面上的意思，然后要坦诚地告诉对方我们听到了什么，有什么样的感受和想法；

（5）善解人意，我们不一定要赞同他人与我们不同的意见，但是如果我们能了解他人，我们自己也会快乐无比；

（6）加强对自己的了解，知道自己会说出什么样的话，也是能与他人维系良好人际关系的技巧之一；

（7）要善于处理自己的情绪，不要让不好的情绪影响了自己与周围人的关系。

四、小故事大道理

积极的行动

有一家老式旅馆，餐厅很窄小，里面只有一张餐桌，所有就餐的客人都坐在一起，彼此陌生,都觉得不知所措。

突然,一位先生拿起放在面前的盐罐,微笑着递给右边的女士:“我觉得青豆有点淡,您或者右边的客人需要盐吗?”女士愣了一下,但马上露出笑容,向他轻声道谢。她给自己的青豆加完盐后,便把盐罐传给了下一位客人。不知什么时候,胡椒罐和糖罐也加入了“公关”行列,餐厅里的气氛渐渐活跃起来,饭还没吃完,全桌人已经像朋友一样谈笑风生了,他们中间的“冰”被一只盐罐轻而易举地打破了。

第二天分手的时候,他们热情地互相道别,这时,有人说:“其实昨天的青豆一点儿也不淡。”大家会心地笑了。

道理:

有人曾感叹人与人之间的隔膜太厚,这隔膜其实很脆弱,问题是敢于先打破它的人太少。只要每人都迈出一小步,你就会发现,一个微笑,一句问候,都会化解这层隔膜,人与人的交往需要点积极的行动。

附　　录

好书推荐:

1.《沟通的艺术》

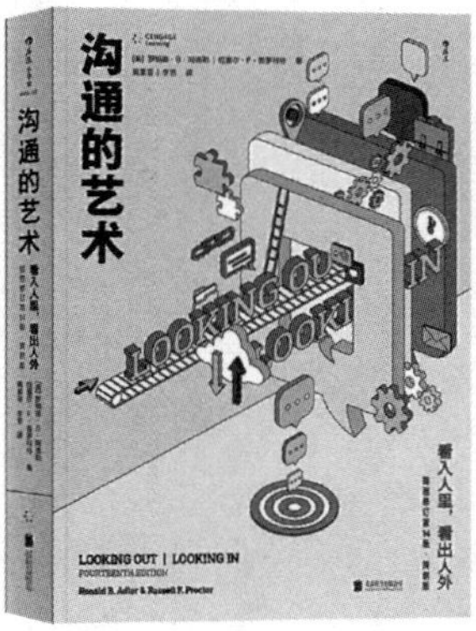

作者简介:罗纳德·阿德勒(Ronald B. Adler),以沟通写作为专业。除了本书外,他还著有六本书,主题涵盖商务沟通、公共演讲、小团体沟通、独断力以及社会技巧。在写作和教学之外,他帮助专业和商务人士改进他们在职场中的人际沟通技巧。拉塞尔·普罗克特(Russell F. Proctor),北肯塔基大学教授。于1990年在一次沟通会议上与阿德勒相遇,两人就使用故事片作为教学用具达成了共识。多年来,他们围绕沟通这个主题广泛地撰写文章、四处演讲,并合作出版了许多教材。

内容简介:《沟通的艺术》一书,分为“看入人里”“看出人外”和“看人之间”三部分。“看入人里”聚焦于探讨与自己有关的沟通因素,简要介绍人际关系的本质,强调自我在沟通中的角色,并分析知觉与情绪在沟通中的重要性;“看出人外”聚焦于探讨与沟通对象有关的因素，分析语言和非口语的特性，强调倾听的重要性；“看人之间”聚焦于讨论关系动力，强调关系的重要性与关系中的亲密和距离，分析如何增进沟通气氛及人际冲突的形态与因应之道。本书作者投注了多年的专业经验，将本书打造成为有关人际关系理论与实践的最佳读本。本书兼具深入性、广泛性与完整性，特别针对性别与文化观点进行了贯穿全书的探讨。

2.《人性的弱点全集》

作者简介：戴尔·卡耐基，出生于美国西部的贫困农家，青少年时期充满自卑、挫折感、恐惧和忧郁。他曾经饱受奚落、嘲笑，甚至一度想要自杀、了此余生。幸好，他选择了不断地自我磨炼，运用心理学知识及人类共同的心理特点进行探索和分析，最终从百般痛苦煎熬中浴火重生，并开创和发展了一种融合演讲术、做人处世方法、推销和管理技巧于一体的训练方式，影响了不同国籍、不同时代的千百万人，成为“成功学之父”。

内容简介：《人性的弱点全集》的唯一目的就是帮助你解决你所面临的最大问题：如何在你的日常生活、商务活动与社会交往中与人打交道，并有效地影响他人；如何击败人类的生存之敌——忧虑，以创造一种幸福美好的人生。当你通过《人性的弱点全集》解决好这一问题之后，其他问题也就迎刃而解了。

项目五

青苹果 红苹果

——大学生爱情心理解读

编者寄语

从古至今,“爱情”这个瑰丽的字眼,令多少小伙子为之心醉,又让多少女孩子撩动心弦……正如歌德所说:“哪个少女不怀春?哪个少男不钟情?”大学生正处于青春年华,渴望爱情是心理和生理的正常需要,但爱情不仅受社会、伦理、道德文明等因素的影响,同时也受许多复杂心理因素的制约。爱情,是一种责任与担当。大学生只有树立正确的恋爱观,掌握有关恋爱的心理知识,才会使爱情甜蜜、美满。

案例导入

案例一：相爱容易相处难——首例大学生离婚宣判，双方都后悔草率结婚

女方：王秀兰，苏北人，南京某大学自动控制系在读本科生。男方：程志刚，王秀兰同系同学。

2003年10月，刚上大二的两人趁新《婚姻登记条例》刚实施，通过“熟人”关系，从学校开出户口证明，到当地民政部门登记结婚。

因为没有固定收入，又居无定所，王秀兰与程志刚婚后生活捉襟见肘，并直接影响到了两人的学业。第二学年期末考试，程志刚有一门功课补考，王秀兰则补考两门，而且都是主修课。生活、学习出现问题后，王秀兰、程志刚开始相互埋怨。2005年初，他们开始分居。当年10月，进入四年级的王秀兰将程志刚告上法院，要求离婚。后应程志刚要求，王秀兰撤诉。2006年5月，王秀兰再次将程志刚告上玄武区法院，要求离婚。庭审时，王秀兰还说：婚后，程志刚与校外一名大他5岁的女个体户“私通”，还和一些女大学生有染。程志刚辩称：王秀兰说他在外“乱搞”不是事实，真正原因是王秀兰有一年利用假期跟随他人出国旅游回来后，性格、生活习惯上发生了变化，从骨子里瞧不起他。为达到分手目的，王秀兰不择手段地向他泼“污水”，目的是想得到同情。程志刚最后表态：“王秀兰现在主动提出离婚，我举双手赞成。”

法院审理后认为，原被告感情确已破裂。依据《婚姻法》，法院判决他俩离婚。因原被告婚后无共同财产、债务，法院没有主持财产分割。宣判后，原被告皆向法官表示，他们很后悔在校草率结婚。

案例二：爱情幸福亦痛苦——失恋的小刘

小刘，女，19岁，某大学二年级学生。大一下学期，小刘与同班同学小李恋爱，两人一开始恋爱很甜蜜，但后来经常因为小事吵架。恋爱后，小刘不允许小李和别的女生说话，自己也不与别的同学交往，只想陷在二人世界里。小李和别的女生说话，总引起小刘的猜疑。这样的恋爱让小李觉得很压抑，最终，大二寒假开学后，小李向小刘提出分手，并开始回避小刘。小刘无法接受这个现实，感到很伤心、很无助、很不甘心，心里总是想着以前俩人在一起时开心快乐的时光，现在面对他冷漠无情而又决绝的态度，她总

是不能相信那是真的，总是幻想着两个人还能和好。小刘心里很苦很累，有时候难受地用头撞墙，甚至想到了自杀，但始终没有勇气那样做。这一两天小刘更是感觉自己快要崩溃了，再也承受不起了。

失恋是人生历程中严重的心理挫折之一，所带来的悲伤、痛苦、绝望、忧郁、焦虑、虚无等情绪会使当事人受到伤害。失恋所引起的消极情绪若不及时化解，会导致身心疾病。小刘应面对现实，接受分手的事实，而不应一味地停留在对过去的回忆以及和好的幻想里；小刘可以进行积极的自我心理调适，比如找亲友或心理咨询老师倾诉、适当地把情感转移到其他的人或事物上、学会辩证地看待问题等，以尽快地消除心灵的创伤，恢复心理的平衡与健康。

心理解读

一、爱情心理概述

（一）爱情的含义

所谓爱情，就是一对男女之间，基于一定的社会关系和共同的生活理想，在各自内心中形成的对对方最真挚的倾慕，并渴望对方成为自己终身伴侣的最强烈的感情。爱情是两颗心灵相互向往、吸引，达到精神升华的产物，是人类特有的一种高尚的精神生活。

（二）爱情的几个关系

1. 爱情与友谊

在人际关系的发展过程中，按交往双方人际间彼此吸引的过程，可以分为 A、B、C、D、E 五个阶段，即从互不相识，到建立友谊，到最后发展到第五阶段的亲密关系，如图 5－1 所示。在人际交往中，每个人和其他人的关系会停留在不同的阶段。异性间的交往也同样如此。在第四阶段就是一般的异性间的友谊，但是如果到了第五阶段，彼此间的了解越来越多，分享的情感内容越来越深。如果是同性，他们彼此就成为知己；如果是异性，在感情上又会增加性的需求、奉献与满足的心理，就有可能发展为爱情。

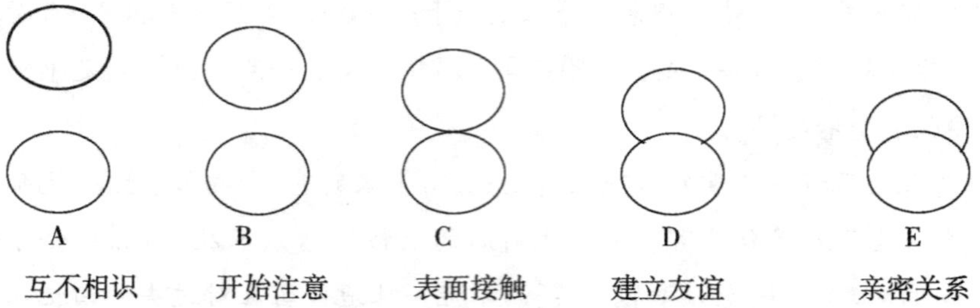

图5－1　人际关系发展示意图

从图5－1我们可以看到：友谊是爱情的基础，爱情常常从友谊而来。而友谊和爱情之间又没有截然的界限，所以有时很难辨别异性间是友谊还是爱情。

一般来讲，爱情的产生也有一个发展的阶段，即彼此间先是好感，然后是喜欢，最后产生爱情。好感和喜欢多停留在友谊的阶段，而爱情就是到了亲密关系的层次。

日本青年心理学家曾对异性间的友谊和爱情的异同做过分析，他认为两者在五个方面有不同。支柱不同：友谊的支柱是理解，爱情的支柱是感情；地位不同：友谊的地位是平等，爱情的地位是一体化；体系不同：友谊的系统是开放的，爱情的系统是封闭的；基础不同：友谊的基础是信赖，爱情则纠缠着不安和期待；心境不同：友谊充满"充足感"，爱情则充满"欠缺感"。

2. 爱情与性

爱情与性的关系是大学生们难以回避而又敏感的一个问题。性是爱情的生理基础，同时性的满足又是爱情的一种渴望。爱情以性生理发育为基础，爱情渴望有身体的亲密接触，但是有爱不一定有性，有性不一定代表爱。过于追求形式上的爱情，比如不分场合地拥抱、接吻甚至更亲密的行为，并不说明一定有爱和彼此爱得有多深。大学校园里一些大学生当众接吻，不但没有美感，反而使自己和他人感到尴尬。

（三）大学生恋爱与性心理特点

大学生正处于追求美好爱情的敏感期和朦胧期，受社会、学校、家庭观念的要求和影响，在校生与社会青年在恋爱和性心理发展方面存在共同点，却也存在独特性。大学生恋爱时，到了一定程度，难免发生各类边缘性行为，这些行为也具备其特征。

1. 恋爱心理特点

（1）恋爱的不成熟性较明显

在校大学生，特别是低年级学生，对自我认识不足，对爱情也没有明确的认识，未能确立正确的恋爱观，因此，在恋爱择偶方面更多地追求外表、轻内在，重过程、轻结果，重享乐、轻责任;把爱情视为游戏,不需对对方、对自己、对学校、对家庭负责任,选择恋爱对象存在很大的冲动性,而非深思熟虑的结果。

(2)恋爱的不稳定性明显

大学生本身经济上就不独立,爱情的责任意识较为欠缺,择偶不以结婚为目的,因此恋爱过程中感情较容易发生变化,结婚率较低。另外,大学生心理不够成熟,在处理恋爱问题时缺乏正确的沟通,分手率较高。

(3)恋爱浪漫色彩浓厚

大学生谈恋爱只在乎自己的感觉,不考虑与恋爱有关的现实问题,把爱情想象得过于美好。对爱情认识不全面,只看到了爱情的快乐、幸福,看不到爱情的难过和痛苦,因此很难接受在恋爱过程中遇到矛盾和挫折,尤其是当理想和现实不相符时,很多大学生会变得手足无措,最终只得分手。

(4)挫折承受力较差

大学生对恋爱充满美好的期待和想象,在追求恋爱的过程中,无法承受单恋、三角恋、失恋等恋爱挫折,感情受挫后出现一段心理阴暗期是正常的,绝大多数大学生能够通过合理的途径宣泄情绪,能和对方友好分手,但仍有一部分学生摆脱不了"失恋的阴影",有的失去信心,放弃对爱情的追求,从此不再相信爱情;有的一蹶不振,悲观厌世,自杀自残;有的视对方如仇人,肆意诽谤,甚至出现极端伤害对方的行为。因失恋而失志、失德者虽属少数,但影响极大。

2. 性心理特点

性心理是指在性生理的基础上,与性征、性欲、性行为有关的心理状态与心理过程,也包括了与异性交往和婚恋等心理状态。

大学生一般处于18—22周岁,第二性征已经发育成熟,正是对异性充满好感的朦胧期,但社会、家庭、学校对学生的管束,使得大学生呈现出不同于普通青年的心理特点。

(1)性生理发展与性心理发展不同步

大学时期,男女生的性生理发育已基本完成,具备了各项生殖功能,但是由于我国的传统观念根深蒂固,家长和老师给学生传授的性知识非常少,大学生关于性器官、性生理过程等与性有关的知识都很欠缺,因此对性问题既好奇又紧张、恐惧。许多人对异性有朦胧的好感时,不知道该如何正确地表达。

(2)性需要和性压抑并存

一方面,由于生理的冲动和性欲的需要,大学生渴望发生接吻、拥抱、爱抚甚至婚前性行为。另一方面，受传统观念、道德文明的束缚，大学生又须压抑自己的这些想法和冲动。当发生“不文明行为”时，内心又极度焦虑和自责。尤其是受不良刊物和淫秽网站的影响，大学生不知如何把握性行为的尺度，内心充满矛盾。

(3)性心理存在差异

男生和女生的心理年龄和生理年龄都存在差异，男性性意识比女性成熟得晚；在对异性表达情感时，男性更加主动和外显，而女性较为含蓄和被动。由于两性性心理的差异，在两性表达情感时往往会导致误解。

二、大学生常见的爱情心理问题与调适

(一)大学生恋爱心理问题与调适

1.单恋

单恋是指异性关系中的一方倾心于另一方，却得不到对方回报的单方面的“爱情”，也叫单相思。

由于单相思多发生在14—22岁的人身上，在大学校园中这种情况并不少见。有的大学生受各种观念的束缚，如绝大多数学校不提倡谈恋爱，有的家长特别是女生家长也不允许孩子谈恋爱，因此部分同学虽然有自己喜欢的对象但是不敢表达，一直将爱情藏在心里，渴望又压抑，非常痛苦；有的大学生缺乏表达能力，害怕自己喜欢的对象拒绝自己，连朋友都做不成，因此一直默默地喜欢对方，却极力掩藏，不表现出来；有的同学向对方表达了爱情之后被拒绝，不能接受现实，无法自拔，不愿放弃自己喜欢的对象，一直生活在痛苦和折磨中。

单相思多出现在性格较内向、偏执、敏感和自卑的人身上，因为没能建立真正的恋爱关系，所以，相思的一方一直将爱慕的对象想象得异常完美、无人能比，自己一直处于幻想和相思的泥潭不能自拔。

如果大学生发觉自己陷入了单相思，可以这样调整自己：第一，鉴别爱情真伪。通过自己对爱慕对象的观察或者通过好朋友的观察和分析，鉴定对方是否对自己有好感、对方对自己的好感是出于友谊还是爱情。如果对方对谁都是热情的，对自己并没有特殊的好感，那么就不必再继续胡思乱想。第二，要鉴别对方是否值得自己去爱，可以从对方的性格、为人等方面深入地了解对方，不可被外表或者自己的主观想象迷惑，通过了解发现对方和自己想的不一样，就要果断地放弃自己的单恋。第三，勇敢表达爱。具体来说，若爱慕一个同学，又发现该同学值得自己爱，就可以大胆地向对方表白，即使遭到拒绝，也不留有遗憾，爱上别人是一种能力也是一种权利，谁都有权利去爱。而且，依

据大学生的生理发育和年龄阶段，恋爱是一种正常的追求，不必不好意思，更不必掩饰，也不必在意是男生主动还是女生主动。第四，善于接受不被爱。当然不是所有的爱都有被接纳的可能，假若表白遭到拒绝，这不代表自己不够好或者对方看不上自己，爱是双方的事，决定是否开始恋爱的因素很多，要面对现实，学会运用宣泄、心理咨询等方式调整自己的心态，转移注意力，放下爱慕的对象，给自己一段心理调整的时间，尽早开始新的生活，不可沉浸其中，对自己和爱情失去信心。

2. 三角恋或多角恋

三角恋或者多角恋是指一个人同时与两个或者多个异性保持恋爱关系。大学生多角恋的现象确实存在，不仅是三角恋，四角恋、五角恋的都有。

多角恋形成的主要原因有：有些同学缺乏辨别爱的能力，分辨不出爱还是喜欢，因此同时与好几个人保持恋爱关系自己却察觉不到；有的同学因为虚荣心理，觉得恋人多就能证明自己的能力强，追求的人越多自己身价越高；有的同学出于某种不良动机，恋爱过程不是真心的，只是为了得到某种利益；有的同学缺乏拒绝爱的能力，被多个人追求，不懂如何拒绝，不能迅速抉择，拖拖拉拉，处于关系暧昧状态；有的学生害怕寂寞，在身边一个恋人，在异地一个恋人。

多角恋会同时给自己和别人带来很大的伤害。多角恋时，由于当事人要妥善处理好与多个恋人的关系，自己在心理上难免有一定的矛盾和困扰；若被对方发现多角恋关系，势必给对方带来心灵上的伤害。因多角恋引起的爱情纠纷处理不当，所引发的惨痛教训甚至血案在高校里屡见不鲜，大学生应该从此类恶性事件中吸取教训，尽早避免多角恋的发生和继续。

建议大学生从以下几个方面调适自己的恋爱心态：第一，正确认识多角恋的危害，树立正确的恋爱观。多角恋历来被人们认为是爱情不专一的表现，只有两个人的恋爱关系，才能让恋爱双方感到安全和幸福，这也是对自己和对别人负责的表现。第二，有多人追求自己或者自己同时喜欢几个人时，要迅速做出抉择。在正式与别人建立恋爱关系之前，每个人都有权利选择真爱，若多个人追求你，你可以给自己一段时间，多方考察追求者，最终做出选择，然后明确地告知其他追求者你的选择，并果断拒绝其他人的继续追求。若你同时喜欢几个人，也可以给自己一段时间弄清楚自己内心的真实想法，最终选一个适合自己的人谈恋爱。俗话说世界上有“一万个丈夫”，适合自己的人有很多，但我们不能同时都拥有，选择一个，且行且珍惜，谈一场被社会认可的恋爱就够了。自己做出选择后，要彻底地和其他你爱慕的对象明确关系，不可拖泥带水继续保持暧昧联系。第三，如若发现自己的恋人正处于多角恋，那么这样的人不值得自己爱，要学会果断地放弃，不必浪费精力和时间再去追问原因。苦苦纠缠，甚至以死要挟，找第三者理论这些做法都是不成熟的表现，对方若是真正爱着自己，是不会同时爱着别人的，这样的人只能说明他/她不够爱你，或者道德感缺乏，人格有一定的问题。

3. 失恋

失恋是恋爱过程的终止，即恋爱挫折。失恋是恋爱中常见的挫折现象，是人生中最严重的心理挫折之一。失恋在一定时间内给当事人带来悲伤、痛苦、绝望、忧郁、焦虑、虚无等消极情绪是正常的。但此类消极情绪若不及时化解，会导致身心疾病甚至危及生命。

恋爱不可能是一帆风顺的，引起失恋的原因如下：初恋时往往双方接触的时间较短，彼此并不了解对方的品行，时间长了发现对方远不是开始时想象得那么好，于是热情锐减，导致分手；随着交往的深入，自己身上的弱点逐步暴露出来，有些缺点是对方不能容忍的，产生情感危机；一方见异思迁或喜新厌旧或发生多角恋爱等不道德行为，使双方关系破裂；双方不够成熟，在恋爱过程中不注重培养感情，经常伤害对方，不善正确处理恋爱中出现的问题和矛盾，导致不欢而散。

只要真心地爱过，失恋对任何人来讲，都是痛苦的。无论意志多么坚强的人或者多么成熟理智的人，都不可能做到面对失恋无动于衷。但恋爱是两个人的事，一旦失恋必须面对现实，整理情绪，尽快开始新的生活。大学生可以从以下几个方面入手调适自己的心理：第一，正视现实。接纳分手的事实，爱情是以互爱为前提的，不可强求，要尊重对方的选择。失恋后痛苦很正常，因为你真心地爱过，所以难过是必然的，要给自己一段调整心态的时间。第二，正确认识失恋。引起失恋的原因有很多，并不仅仅是因为自己不够好。有可能是因为你们性格不合适、价值观不一致，或者对方有什么其他情况，因此即使失恋也不能贬低自己，更不要就此贬低对方。要总结失恋的经验教训，分析自己在这场恋爱中的做法，充满信心地迎接新的生活。一次失恋不代表以后就不会找到更适合自己的真爱，失恋有时候并不完全是件坏事。第三，学会宣泄。失恋的消极情绪要及时地得到宣泄，可以通过唱歌、读书、逛街、参加学校举办的活动等健康的方式转移自己的注意力，也可以通过找同学聊天、朋友倾诉、记日记等方式宣泄内心的痛苦。若还是异常苦闷，可以到学校的心理咨询中心从心理辅导老师那里获得专业的帮助和指导。第四，行为上的升华。失恋后，因为不再需要把大量时间用在谈恋爱上，就有了更多的时间思考其他更有意义的事情。爱情不是生活的全部，对于大学生来说，上学期间更重要的事是学好自己的专业和技能，为将来成就一番事业打下坚实的基础。失恋标志着一段人生经历的结束，但又宣告了一段新生活的开始。

（二）大学生性心理困扰与调适

世界卫生组织对性心理健康所下的定义是：通过丰富和完善的人格、人际交往和爱情方式，达到性行为在肉体、感情、理智和社会诸方面的圆满和协调。

1. 性心理健康的特点

（1）性心理活动与客观环境的统一

由于心理现象是对客观现实的反映，因而任何正常的性心理和性行为，在形式和内容上都必须与客观环境一致。青春期的性冲动是在外界的性刺激作用下产生的，这是正常现象。如果在没有性刺激物的情况下整日沉沦于性冲动中，其性心理是不健康的，这就出现了"白日梦"。摩擦症患者在公共场所用性器官活动来满足性需求，这种性心理也是不健康的。

（2）性心理的认知活动、意向活动与情绪活动协调一致

尽管人的心理过程分为知、情、意三个方面，但相互之间具有协调一致的关系。如果一个人用欢快的语气向别人描述自己遭受性侮辱的情节，或者在炽热的性爱活动中表现得非常痛苦，其性心理是不健康的。

（3）个性的性心理特征相对稳定

一个人的个性心理特征形成以后就相对稳定，这种特征是区别于他人的标准。在没有严重的社会心理应激因素时，一个人的个性特征一般不易改变。如果一个充满性爱激情的人突然变得性冷淡，一个遵从传统性交模式的人突然热衷于口淫，他们的性心理也是不健康的。

然而，在实际生活中，性心理的表现非常复杂。即使在性心理健康的人们中，也存在着健康水平的高低问题。

2. 性心理健康的参考标准

（1）性心理活动与性行为表现基本一致。

（2）性心理、性行为的特点与生理年龄基本上相符合。

（3）性活动中情绪积极稳定，与当时所处的情境相适应。

（4）能随时调整自己的性行为，调适性心理。

（5）性活动中的个性特征完整和谐。

（6）性心理状态与社会环境协调。

（7）性的认知基本符合自身的社会文化背景。

（8）在两性人际关系中，能较好地进行社会性适应和相互适应。

3. 大学生主要的性心理困扰及调适

目前，我国青春期心理和生理教育相对滞后，学生从网络等其他渠道获得的性知识又存在偏差，这导致大学生在性心理、性生理发展的关键时期得不到正确的引导，产生很多的困扰，具体表现在：

(1)性认知偏差困扰及调适

在我国，多数人认为关于性的问题羞于启齿，更不会在大众场合进行宣讲，因此，无论是家庭还是学校都很少给学生进行系统和正规的性教育。很多学生认为性是污秽的、肮脏的、低级下流的、不文明的行为，一旦自己有了性方面的意识和冲动就会非常自责和焦虑。部分同学有了性梦、性幻想等性意识时会手足无措，不知如何原谅自己的“不洁”想法，严重的会影响到他们的正常学习、社交和生活。也有部分学生从各种渠道接触的性知识较多，尤其是西方国家性观念开放，一些影视作品中演绎的性行为比较自由、普遍或者随便，这使得有些同学不把性行为看成多么严肃的事情，反倒认为好玩即可，以致对性对象不负责，性行为较为放纵，这也是一种不正确的性认知。

以上两种性认知都是不正确的，建议大学生课外可以学习一些生理卫生知识，全面了解两性性器官及其他与性有关的知识，科学地认识性，这样就会有效避免一些不必要的焦虑、紧张、压抑或者自责。

(2)性自慰行为困扰及调适

所谓性自慰行为，是指在没有异性参与时自我进行的满足性欲的活动。一般有性幻想、性梦和手淫三种形式。

性幻想，是指人在清醒状态下对不能实现的与性有关的事件的想象，是自编的带有性色彩的故事。处于青春期的少男少女，对异性的爱慕和渴望很强烈，但又不能与所爱慕的异性发生性行为以满足自己的欲望。因此在入睡前、睡醒后卧床的那一段时间以及闲暇时就依赖性幻想的方式满足自己的性欲求。这种性幻想在人的青春期是大量存在的，它的出现是正常的、自然的，是性能量的一种释放，不会对他人和自己造成伤害。当然要认清幻想和现实的不同，不可将幻想与现实混淆。

性梦，是指在睡梦中与异性发生性行为、达到性满足的现象。据国外资料报道，性梦的发生率男性高于女性；男性多发于青春期，女性多发于青春后期。性梦也是青春期成熟的正常心理现象，从生理上来讲，无论男女、青春期还是青春后期，人体内性激素水平迅速增加，尤其是少男，精子和精液在体内积蓄到一定量时便要排出体外，它们是驱动性生理反应的一股强大“动力”，谁也回避不了。在这股“动力”的驱使下，会出现一系列性心理活动，例如对异性的向往和爱慕、容易想到性的问题、出现想象中的意淫等。

对于性梦，大学生应该正确看待，性梦毕竟是一场梦，不是现实，不需要愧疚、自责和不安，更不能认为做性梦就是不正常和低级的，梦境毕竟不需要符合逻辑，梦只是潜意识的表达，不必信以为真。

手淫，是指通过对生殖器官（通常也包括身体其他一些部位，如肛门、乳头等）进行有意识的刺激，通过自我抚弄或刺激性器官而产生性兴奋或性高潮，从而获得性满足的活动，是释放性能量、缓和性心理紧张的一种措施。手淫在青春期男、女中均可发生，以男性更多见。目前国内外都认为适度的手淫是一种自然的、正常的、健康的行为。但有意识地放纵自己，过分追求手淫的快感，对人有害而无益。手淫也不是必要的。在现实生活中，有一些青少年因手淫而精神萎靡，学习成绩下降，甚至悔不欲生。其实，手淫的害处并不在于手淫本身，而在于笼统地认为"手淫有害"带来的心理挫伤，手淫后的恐惧心理、犯罪感、自我谴责、悔恨心理才是一切手淫危害的真正根源。

要摆脱以上性自慰行为的困扰，重在心理疏导，而非盲目地进行行为控制。大学生可采取以下方法进行心理调适：第一，改变认知，全面科学地评价自己的行为是否适度。适度的性自慰行为不会对身体造成伤害，也不会影响自己的人格和人品，它只是一种正常的性生理和心理反应。第二，调整行为，充实自己的生活，合理发泄自己的精力和能量。大学生要树立远大的目标和理想，把精力用于学习和人际交往上，开阔自己的视野而非仅把眼光放在谈恋爱这一件事上。第三，有选择地开展视听活动，不阅读色情小说，不刻意看与不文明性行为有关的影视节目，不浏览黄色网页等，睡前也尽量少看爱情刊物，以免引发性冲动。第四，加强体育锻炼，使充沛的精力得到有益的释放，作息时间要有规律，养成锻炼身体的好习惯。

（3）边缘性行为所产生的心理困扰及调适

边缘性行为，是指两性之间因性吸引而产生的一系列亲昵性行为。如两性交往中，具有性吸引倾向的牵手、谈话、拥抱、接吻、爱抚等。当今大学生在恋爱过程中，情不自禁地产生边缘性行为的现象比较普遍，但是仍有部分学生尤其是女生发生边缘性行为时心理负担很重，总认为自己不纯洁了、吃亏了。实际上这种行为是双方在自愿的基础上发生的，不存在吃亏还是占便宜的问题。当然还有一部分同学错误地认为恋爱过程中对方是否愿意发生性行为是衡量对方是否真正爱自己的标准，因此当女生没有做好心理准备时或者在恋爱初期男生就急于发生此行为时，有的女生因为不能满足男生的要求而感到非常自责、焦虑和无助。出于此想法与男生发生边缘性行为的女生又产生自卑、恐惧心理。还有一些学生，怀疑自己与异性有了接触就可能染病或怀孕，这些都是缺乏性知识的表现，只要交往的对象洁身自好，拥抱、接吻等行为不会引起性病，更不会导致怀孕。

边缘性行为产生的基础是双方的真心情愿，要把握分寸、注意场合，不可逢场作戏、过于轻率，在此基础上发生的牵手、拥抱、接吻等是正常青年人的正常心理和生理需求，不必有心理负担，也不会伤害身体。当然，在发生以上行为时，要注意对自己的行为有所控制，不可因失控而导致不良的后果。

(4)婚前性行为所导致的心理困扰及调适

不少大学生把是否愿意与自己发生性行为看作爱情是否稳固的标志。在此关系中，女生受伤害更严重。女生一方面有性渴望，一方面又想控制自己，最终却迫于男生要求，在种种心理矛盾的困扰下，与男生发生了性关系。双方发生性关系后，有些女生又会产生一系列心理问题，如自卑、后悔、担心、恐惧；有的女生失恋后更是痛不欲生，自暴自弃或者轻生、报复；还有的女生因此怀孕或者染病，导致的一系列后果不堪设想。

要避免以上困扰产生，大学生首先要学会择偶，对于那些不尊重自己的想法、强迫自己与之发生性行为的异性要敬而远之；其次，要树立一种对对方负责的态度，正确认识爱，爱一个人不是占有，更不是为了自己的快乐不在乎对方的痛苦，要充分尊重对方，克制自己，对自己的行为负责；再次，不得不发生婚前性行为时，一定要采取安全措施，比如戴安全套等，避免一系列恶性事件发生；再其次，尽量避免两个人在私密的空间单独相处的机会，不制造能够产生婚前性行为的条件；最后，如若已发生性行为，要吸取教训，悬崖勒马，不要让此类事件再次发生。当然，年轻人由于不够成熟，容易冲动，总有犯错误的时候，这不代表自己从此就完了、一文不值了，更不代表自己以后就没有希望了，未来掌握在自己手里，不要自己先嫌弃自己、否定自己、放弃自己，只要你足够优秀，不管以后是否与发生婚前性行为的对象结婚，都有再被爱的可能。

三、培养爱的能力

爱的能力，是指和他人建立亲密关系的能力，具体包括表达爱的能力、鉴别爱的能力、接受爱的能力、拒绝爱的能力、发展爱的能力以及承受恋爱挫折的能力。

弗洛姆说过："如果一个人没有能力去爱周围的人，没有人道精神、勇气、忠诚和自我约束能力，那么他就不可能获得真正的爱情。"爱是一种能力，也是一门艺术。在现实生活中，要拥有爱的能力、掌握爱的艺术，不仅要学习和掌握爱的理论，更要用这种理论去指导爱的实践。大学生可以从以下方面培养和提高自己爱的能力。

1. 表达爱的能力

爱一个人，最重要的是要学会如何用行为和语言表达爱，让对方感受到你的爱。那种不讲方法一味付出，但让对方感觉不到的爱，是毫无意义的。

学会表达爱，就要充分地了解你所爱慕对象的性格和心理需求。不同的人需要的爱的类型是不一样的。有的人喜欢浪漫的爱，但有的人喜欢现实的爱；有的人喜欢激情的爱，有的人喜欢朴实的爱。不了解对方的心理需求，用自己所喜欢的方式给予对方爱，最终收到的效果可能不会如己所愿。

2. 鉴别爱的能力

鉴别爱的能力是指能较清楚地分清什么是好感、喜欢和爱情。现在很多大学生分不清爱与喜欢的区别，不知道自己对对方的好感是爱情还是友谊，因此在建立恋爱关系过程中显得非常纠结。

鉴别爱，首先要通过学习心理学理论知识分清友谊和爱情的区别；其次要认识自己、了解自己，明确自己喜欢什么类型的人；最后，扩大自己的交际圈，珍惜友谊，多体会观察别人的感受，就会认识到自己的情感是爱情还是友情。

3. 接受爱的能力

大学生要有迎接爱的能力。接受别人的爱，一定要慎重，不可草率、盲目地接受。首先要明确自己的恋爱观，知道自己喜欢和爱什么样的人，什么样的人适合自己，自己的择偶标准是什么。若向你表达爱的人符合你的条件和要求时，你就要勇敢地接受爱，真诚地付出爱，不要不敢接受，否则对方会认为你不喜欢他/她，这也许会让你错失良机。

4. 拒绝爱的能力

爱情是两个人的事，两个人都要在尊重自己的基础上选择是否要建立恋爱关系，如果向你表达爱的人不是你喜欢的类型，你就有权利拒绝对方。

在拒绝爱时要注意以下几点：第一，如果经过理智分析，认为对方不是你喜欢的类型，拒绝爱时要果断坚决，不可给对方留有以后还有建立恋爱关系可能性的希望，更不可因为别的原因被迫接受对方的爱。第二，拒绝方式要恰当。别人爱上你不是一件错事，不要因为别人向你示爱就贬低别人、看不起别人，要在尊重对方的前提下，真诚地告知对方自己的想法，拒绝时要用委婉的语言，给对方一个合理的拒绝理由，切忌挑剔别人的弱点或用恶毒的语言攻击他/她。

5. 发展爱的能力

爱情不会是一帆风顺的，恋爱过程中存在甜蜜也存在苦涩，存在温馨也存在矛盾。很多学生只看到了爱情积极的一面，当爱情消极的一面出现时，无法接受，不会处理，最终导致爱情发展得短促而尴尬。

想让爱情持续健康发展，需要做到以下几点：第一，学习沟通艺术，懂得如何与爱人进行良好的互动和沟通，有问题和矛盾时，用积极的态度通过双向沟通，解决矛盾；第二，要有宽容之心，每个人都有自己的优缺点，要欣赏对方的优点，同时也要担待对方的缺点；第三，加强自身修养，恋爱关系建立了，不代表别人就是自己的了、一辈子都不会离开，随着时间的推移，恋爱的感觉会不断有所变化，只有自身修养增强了，自己不断地进步，具备人格魅力，才能吸引恋人继续爱自己。

心理体验

活动一：爱是什么？

活动目的：该活动能让同学思考自己的爱情观，通过对爱的实质的讨论，同学们可更全面地领悟爱的真谛，并能对自己的感情生活有所反思。

具体操作：请静静地思考一下"爱"是什么，并在白纸上写出五条你所认定的爱的实质，如爱是：需要、关怀……（请更多关注那些直觉的、第一印象的内容，而非理性思考的内容和感受），写完后每个同学在小组里向大家汇报自己的选择及感受。

讨论：

1. 你在活动中有何感受？

2. 对你而言，爱的实质是什么？它对你曾经或目前的恋爱有何影响？你的选择与你的爱情观相符合吗？

3. 其他人的爱情观对你有何影响？

最后每个小组将排在前五位的爱的实质词语写到黑板上在全班进行分享，教师进行点评补充，并进行总结。

活动二：他/她会喜欢怎样的我？

活动目的：让学生了解异性，思考自己需要怎样的伴侣，并培养自己成为一个能对别人做出终生承诺且成功兑现的人。

具体操作：先请学生仔细思考自己未来的伴侣会是什么样子，他（她）有什么样的品质，再猜测对方会喜欢什么样子的异性，自己具有什么样的特点，写在一张纸上。然后分别找出几位男生和女生代表，男生说出自己喜欢的异性的特点并猜测异性喜欢的男生有哪些特点，女生则针对男性加以说明和猜测，并在黑板上写出来，然后比较两者的不同。

活动三：失恋助我成长

活动目的：引导学生正确认识失恋，并学会在可能的失恋后健康成长。

具体操作：

1. 齐心协力寻找失恋的10大好处

尽管失恋是痛苦的和不幸的，但并不一定就是坏事，在某种意义上还可以说是好事，因此请同学们以各小组为单位，分别列举失恋的好处。每个小组最多可以列举10条，之后在全班范围内由全体同学共同评比出最合理、最可行的建议，并将此作为本班共同的“情感自卫盾牌”。

请以下面的句型为模板，完成10句话：

因为我失恋了，所以我获得了______________________________。

2. 探索放松失意心情的开心渠道

尽管失恋后我的心情很不好，但是我不会永远这样的。朋友们告诉我，我可以用这些方法来放飞自己的心情：

方法一：____；

方法二：____；

方法三：____；

方法四：____。

3. 分析失恋的原因

这一次我在________________________方面没有做好，以后我将改进。

活动四：辩论赛——大学生恋爱的非理性观念你有多少？

活动目的：通过辩论，让大学生明确在恋爱中的理性观念和非理性观念，树立正确的恋爱观。

具体操作：教师给出以下10个爱情的观念。

1. 没有爱情的大学生活是失败的；

2. 爱情是靠努力可以争取到的，即付出总有回报；

3. 爱不需要理由；

4. 因为相爱而发生的性关系无可非议；

5. 恋人是完美的，爱情是至高无上的；

6. 爱是缘分也是感觉；

7. 不在乎天长地久，只在乎曾经拥有；

8. 爱情重在过程不在结果；

9. 爱情能够改变对方；

10. 失恋是人生重大的失败。

把全班同学分成两组，对以上观念大部分同意的学生为正方，对以上观念大部分反对的学生为反方。辩论完后，谈谈自己在辩论过程中的感受以及最终对这10个观念持什么态度。

心理评估

恋爱观测试

指导语：恋爱观就是对恋爱问题的看法，它表现出年轻人对美的认知尺度、择偶标准、恋爱的目的与方式以及对幸福伴侣的理解等。你或许正渴望爱神的降临。那么，在恋爱前，不妨来认识一下自己的恋爱观是否正确。

1. 你认为恋爱作为人生一个极其重要的环节，其最终所达到的目的应当是：

A. 找到一个情投意合的伴侣

B. 成家过日子，抚育子女

C. 满足性的饥渴

D. 只是觉得新鲜有趣，没有明确的想法

2. 如果你是位先生/女士，你对未来妻子/丈夫首先考虑的是(男生女生单独做)：

①如果你是位先生，你对未来妻子要求最主要的是：

A. 善于持家，利落能干

B. 容貌漂亮

C. 人品不错，能体贴帮助自己

D. 只要爱，其他一切无所谓

②如果你是位女士，你在选择丈夫时首先考虑的是：

A. 潇洒大方，有男子气质

B. 有钱有势，社交能力强

C. 为人诚实正直,有进取心,待人和蔼可亲

D. 只要他爱我,其他不考虑

3. 你决定和对方建立恋爱关系时所依据的心理原则是:

A. 彼此各有想法,但大体相互尊重

B. 我比对方优越

C. 对方比我优越

D. 没想过

4. 你对最佳恋爱时间的考虑是:

A. 自己已经成熟,懂得了人生的意义和爱情的内涵,并且确定了事业上的主要方向

B. 随着年龄的增长,自有贤妻或佳婿相伴,“月老”不会忘记任何人

C. 先下手为强,越早越主动

D. 还没想过

5. 你希望自己怎样结识恋人:

A. 青梅竹马,情深意长

B. 一见钟情,难舍难分

C. 在工作和学习中逐渐产生恋情

D. 经熟人介绍

6. 你认为增进爱情的良策是:

A. 极力讨好取悦对方

B. 尽力使自己变得更完美

C. 百依百顺,言听计从

D. 无计可施

7. 人们通常认为,恋爱过程是个相互了解、相互适应和培养感情的过程,但了解、适应就需要花时间。那么,你希望恋爱的时间是:

A. 越短越好,最好是“闪电式”

B. 时间依进展而定

C. 时间要拖长一些

D. 自己无主张,完全听对方的

8. 谁都希望完整全面地了解对方,你觉得了解他/她的最佳途径是:

A. 精心安排特殊场面,不断对恋人进行考验

B. 坦诚地交谈，细心地观察

C. 通过朋友打听

D. 没想过

9. 你十分倾心于你的恋人，但经过一段时间的交往后，发现对方的一些缺点，这时你会：

A. 采用婉转的方式告知对方并帮助对方改进

B. 因出乎意料而伤脑筋

C. 嫌弃对方，犹豫动摇

D. 不知道如何是好

10. 当你已在爱河之中，一位条件更好的异性对你表示爱慕时，你会：

A. 说明事情，忠实于恋人

B. 对其冷淡，但维持友谊

C. 瞒着恋人与其交往

D. 感到茫然无措

11. 当你对爱慕已久的异性有好感时，你忽然发现他/她另有所爱，你会：

A. 静观其变，进退自如

B. 参与角逐，继续穷追

C. 抽身止步，成人之美

D. 不知道

12. 恋爱过程很少会一帆风顺，当恋爱中出现矛盾、波折时，你感到：

A. 既然已经出现，也是件好事，双方正好趁此了解和考验对方

B. 伤心难过，认为这是不对的

C. 疑虑顿生，就此提出分手

D. 束手无策

13. 由于性情不合或其他原因，你的恋爱搁浅了，对方提出分手，这时你会：

A. 千方百计缠住对方

B. 到处诋毁对方名誉

C. 说声再见，各奔前程

D. 不知所措

14. 当你十分信赖的恋人背信弃义、喜新厌旧、甩掉你以后，你会：

A. 只当自己眼瞎，认错了人

B. 既然他/她不仁，休怪我不义

C. 吸取教训，重新开始

D. 痛苦得难以自拔

15. 你的爱情路途坎坷，多次恋爱均告失败，随着年龄增长进入“男大当婚，女大当嫁”的行列，你会：

A. 一如从前，宁缺毋滥

B. 厌弃追求，随便凑合一个

C. 检查自己的择偶标准是否实际

D. 叹息命运不佳，从此绝望

评分与解释：

评分：

题号	A	B	C	D
1	3	2	1	1
2	2	1	3	1
3	3	2	1	0
4	3	2	1	0
5	2	1	3	1
6	1	3	2	0
7	1	3	2	0
8	1	3	2	0
9	3	2	1	0
10	3	2	1	0
11	2	1	3	0
12	3	2	1	0
13	2	1	3	0
14	2	1	3	0
15	2	1	3	0

解释：

总分：35—45 分为 A 型，25—34 分为 B 型，15—24 分为 C 型，7 个以上 0 分为D 型。

A 型：恋爱观成熟正确

你是个成熟的青年，你懂得爱是什么和为什么爱，这是你进入情场的最佳入场券。

不要怕挫折和失败，它们是考验你的纸老虎，终将在你的高尚和热忱面前逃遁。尽管大胆地走向你梦中的恋人吧，你的婚姻注定美满幸福。

B 型：恋爱观尚可

你向往真挚而美好的爱情，然而屡屡失败，一时难以如愿。你不妨多看看成功的朋友，将恋爱作为圣洁无比的追求，不断校正爱情的航线，这样你与幸福就相隔不远了。

C 型：恋爱观需要认真端正

你的恋爱观存在不少问题，甚至有不健康之处。它们使你辛勤播撒的爱情种子难以萌芽，更难以结出甜蜜的果实。如果你已经轻率地开始恋爱，劝你尽早退出。

D 型：恋爱观还未形成

你或许年龄还小，不谙世事；或许虽已年纪不小，却天真幼稚。爱情对你来说是个迷惘未知的世界，你需防范圈套或袭击。建议你读几本关于两性关系的书，待变得成熟后再涉爱河不迟。

爱情类型测验

指导语：对每一个项目，请选择 1 到 5 之间的数字来表示你在多大程度上同意或者不同意该陈述。1 = 非常不同意，2 = 中度不同意，3 = 中立，4 = 中度同意，5 = 非常同意。

1. 我和我男（女）朋友是一见钟情。
2. 我和我男（女）朋友之间有心动的感觉。
3. 我们的情爱热烈而令人满意。
4. 我觉得我和男（女）朋友是天造地设的一对。
5. 我和我男（女）朋友在情感上能很快融在一起。
6. 我和我的男（女）朋友能真正相互了解。
7. 我的男（女）朋友符合我理想中的英俊/美丽的标准。
8. 我会在对对方做出承诺时保持一点儿不确定。
9. 我相信我过去的事情不会伤害他（她）。
10. 有时我会试图阻止我的男（女）朋友找其他伴侣。
11. 如果我和男（女）朋友分手，我可以很快忘掉这段爱情。
12. 我的男（女）朋友知道我正和别人暧昧会很难过。
13. 如果我的男（女）朋友太依赖我时，我会和他（她）保持一点儿距离。

14. 我喜欢与我的男(女)朋友以及其他一些人玩“爱情游戏”。
15. 我很难说出自己和他(她)的感情是何时从友情变成爱情的。
16. 我们的爱情先需要一点儿时间的相互关怀。
17. 我希望与对方永为朋友。
18. 我们的爱情是最佳类型,因为是经由长久友谊发展起来的。
19. 随着时间推移,我们的友情渐渐与爱融为一体。
20. 我们的爱情是真正深刻的友谊,而不是神秘奥妙的情感。
21. 我们的爱情极为令人满意,因为它是从良好的友谊发展起来的。
22. 许诺之前,我会考虑我的另一半未来会成为怎样的人。
23. 在选择男(女)朋友之前,我会先仔细计划我的生活。
24. 我相信择偶最好“门当户对”。
25. 对我家人会有什么影响是我择偶的一个很重要的因素。
26. 择偶的一个重要因素是对方是否会成为好的父(母)亲。
27. 择偶的一个重要因素是对方对我职业生涯的影响。
28. 在认定他(她)为另一半之前,我会考虑我们是否能生出健康的小孩。
29. 当我与他(她)发生问题时,我会寝食难安。
30. 假如我和我的男(女)朋友分手,我会很低沉,甚至想到轻生。
31. 有时候,我会因为恋爱而兴奋失眠。
32. 当男(女)朋友不关心我时,我会感到全身不适。
33. 从我爱上他(她)后,很难在其他事情上集中注意力。
34. 当我怀疑他(她)和别人在一起时,我会不舒服。
35. 假如他(她)有一阵子忽视我,我有时会做出一些傻事来吸引他(她)的注意。
36. 无论何时他(她)遭遇困难,我都一定会帮他(她)渡过难关。
37. 我宁愿自己受苦,也不让我的男(女)朋友难过。
38. 我的男(女)朋友快乐时,我才会快乐。
39. 我一般会牺牲自己的愿望而让男(女)朋友的愿望得以实现。
40. 我有的一切东西,我男(女)朋友都可随时取用。
41. 即使我的男(女)朋友生我的气,我也全心且无条件地爱着他(她)。
42. 我愿意为了我的男(女)朋友忍受一切。

说明:

加拿大社会学家约翰·李基于人们在爱情中的不同行为表现,将男女之间的爱情分成六种不同的爱情类型：情欲之爱、游戏之爱、友情之爱、现实之爱、激情之爱和奉献之爱。

1. 情欲之爱，也是浪漫之爱。一见钟情式的爱情较容易发生在这种类型之中。情欲之爱者非常注重外表的吸引力，能很快进入爱情氛围。

2. 游戏之爱。这种爱情类型的人，从来不会把爱情当作严肃的事情。他们将爱情视为一场游戏，视自己为这场爱情游戏的高手。虽然他们并不想对别人造成伤害，事实上却往往如此。

3. 友情之爱。这是一种缓慢发展的爱情，恋爱关系是从友情中慢慢演变而来的。

4. 现实之爱。这是十分讲求实际的爱情类型。他们会站在现实的角度上选择最符合条件的情人。这些条件包括家世、学历、能力、未来成就等。

5. 激情之爱。对情人有强烈的依赖感和占有欲。他们的情绪常处在两极化，总为恋爱对方的喜怒哀乐而牵动着。

6. 奉献之爱。这是一种无私、给予的爱情类型。这种恋爱者视付出爱情为理所当然，永远把对方的快乐、幸福放在自己的前面，希望爱人一切都好而不求回报。

测验结果与解释：

这 42 个题目是基于以上 6 种爱情类型而设置分类的，把每个爱情类型上所有项目的得分相加，即为相应爱情类型的得分。

情欲之爱：项目 1—7；游戏之爱：项目 8—14；

友情之爱：项目 15—21；现实之爱：项目 22—28；

激情之爱：项目 29—35；奉献之爱：项目 36—42。

你在每个爱情类型上的总得分在 7 分到 35 分。得分最高的爱情类型反映了你对爱情的态度，而得分最低的爱情类型则最不能反映你对爱情的态度。

应付失恋能力测试

1. 如果对方已经明白无误地提出要和你分手，你还会千方百计地调动各个方面的力量劝说对方，以使对方回心转意吗？

A. 不会　　B. 不一定　　C. 会的

2. 对方离开你以后，你在别人面前说过诋毁对方的话吗？

A. 不记得了　　B. 说过　　C. 没有说过

3. 恋爱关系结束以后，你能够清醒地分析自己的原因吗？

A. 不能　　B. 能　　C. 不一定

4. 你一直认为对方就是属于你而不属于别人吗？

A. 是的　　B. 不是　　C. 不记得了

5. 你发现过去的恋人与别人谈恋爱时，你会从中作梗吗？

A. 不一定　　B. 会的　　C. 不会

6. 你认为失恋以后如果不断地纠缠对方或干脆报复一下对方会使对方回心转意吗？

A. 不会　　B. 不一定　　C. 会的

7. 你认为失恋了就是失去了生活的意义吗？

A. 不是　　B. 不一定　　C. 是的

8. 你在恋爱期间为了取悦对方而给对方送过贵重的礼物吗？

A. 不记得了　　B. 是的　　C. 没有

9. 失恋后你出现过要报复对方的念头吗？

A. 没有　　B. 不记得了　　C. 有

10. 你认为失恋意味着爱情从此离你远去吗？

A. 不是　　B. 不大清楚　　C. 是的

评分与解释：

按照下列答案标准记分：

题号	1	2	3	4	5	6	7	8	9	10	合计
A	1	3	5	5	3	1	1	3	1	1	
B	3	5	1	1	5	3	3	5	3	3	
C	5	1	3	3	1	5	5	1	5	5	
得分											

10—18 分：你为人宽厚，心怀坦荡，失恋虽然也为你带来了痛苦，但你能够面对现实，用理智战胜情感，失恋不失德。

19—38 分：失恋给你带来了巨大的痛苦，你可能一时很难解脱，但你最终会面对现实、战胜自己。

39—50 分：你已经被失恋冲昏了头脑，报复的欲望太强，这样的情绪是很危险的。

知识拓展

一、单相思并不可怕

英国心理学家佛曼斯特是专门研究“单相思”问题的专家。佛曼斯特指出，单相思比恋爱更常见。在英国，每年约有一百万人不幸陷入“单相思”泥潭，尤以男性居多。

（一）单相思的模式

单相思，大多起初双方仅是精神交流，接着其中一方萌生爱意，并陷入自己编织的情网中难以自拔，不时用隐晦的语言和行动暗示对方。如果对方年龄在25岁以下，通常会直接拒绝单恋者，30岁以上的人则大多“默不做声”，这往往使单恋者产生误解，两人陷入尴尬关系中。

单相思可能发生于任何年龄段，但在14至18岁时更常见，因为少男少女此时正处于爱幻想的青春期，不善于自我控制。而在适婚男女中，60%的人“单相思”过，20%的“多情种子”还可能每年单恋他人两三次。另外，60岁以上老人也不时出现单恋。

（二）单相思有普遍性

佛曼斯特认为，单相思的普遍化，与电影文化的影响息息相关。因为影片中锲而不舍的单恋比比皆是，终于感动对方的成功案例更让人心动，于是很多人误以为感情就是由单恋发展起来的，所以很容易陷入“单相思”中难以自拔。

单恋他人的人显得可怜兮兮，但研究显示，被恋的人到最后往往也会忧心忡忡。70%被他人“单恋”的男女在接受调查时说，起初他（她）会为自己的魅力洋洋得意，但后来渐渐因难以开口正面拒绝、不胜其扰而感到烦恼，甚至生自己的气。值得庆幸的是，“单相思”大多“寿命”不长，平均每次持续时间仅为36天，绝大多数人能很快走出阴影。

二、同性恋

同性恋，是一种性取向，指一个人在性爱、心理、情感上的主要兴趣对象均为同性别的人。同性恋性取向者对社会中与自己性取向相同的同性或者社会中与自己性取向不相同的同性产生爱情，具有这种性取向的人称为同性恋者。同性恋有时候也可以用来描述同性性行为，即同性成员间发生的性行为，而不管参与者的性取向如何。同性恋者除了对象转变为同性外,其余一切用情的方法、过程、满足等,可以说和异性恋没有差别。1990 年 5 月 17 日,世界卫生组织将同性恋从精神病名册中除名。

关于同性恋产生原因的几种猜测:

1. 生物本能

人类性行为是多元化的,本能的宣泄和外界的刺激所产生的渴求,是人性正常的需求。在缺乏异性的环境中,同性之爱是一种满足性欲的取代行为。

2. 遗传因素

携带有同性恋基因的个体,在适宜的条件下,易发展成同性恋。这就说明,同性恋的性取向有 70% 是遗传基因所产生的结果。

3. 性激素影响

胎儿的大脑受何种性激素的影响,决定了个体细胞未来的性取向。如果男性胎儿未得到睾丸激素的影响,而是受到母亲卵巢的雌激素影响,男性胎儿大脑就会女性化;女性胎儿如果受到睾丸激素的影响,女性胎儿大脑也会雄性化。

4. 是一种变异反映

有些人因生活中遇到失恋等某种心理刺激,导致其对异性失去兴趣,从而产生同性恋的性取向。

三、大学生对性传播疾病、艾滋病的预防

(一)什么是性传播疾病和艾滋病

1975 年世界卫生组织决定用性传播疾病(Sexually Transmitted Disease)这一概念来取代过去的性病一词。把凡是通过性行为,包括生殖器的性行为和类似的行为接触而发生的传染性疾病称为性传播疾病。我们习惯上将之称为性病。它包括淋病、软下疳、尖锐湿疣、生殖器疱疹、梅毒、非淋菌性尿道炎和滴虫病等。

艾滋病全称为获得性免疫缺陷综合征(AIDS)。这种病是由一种名为“人类免疫缺陷病毒”又称为艾滋病毒的致病微生物所导致的性传播疾病。这种病主要损害人体免疫系统,破坏人体的抵抗力,使患者容易得上一些普通人不容易患有的严重传染病和恶性肿瘤,最后导致病人死亡。由于这种病是当代对人类威胁最严重的性传播疾病,因而被西方称为“超级癌症”。

(二)性传播疾病、艾滋病的危害

性病、艾滋病严重地摧残着人们的身心,吞噬着人们的生命,给人类的发展带来巨大的灾难。性传播疾病、艾滋病的危害主要有:

1. 损害人们的肌体健康

性传播疾病能够导致病人的皮肤溃烂、生殖器发炎，会造成骨骼疾病、眼科疾病、心脏病、心血管病和神经系统疾病等，还可并发肝炎、肾病等。性传播疾病会造成女性不育症，导致女性生育能力的丧失。

2. 吞噬人类的生命

性传播疾病会直接导致癌症的发生，威胁人们的生命。性传播疾病造成的性器官损伤是艾滋病毒感染的直接途径。2022 年 7 月，联合国艾滋病规划署（UNAIDS）在加拿大蒙特利尔发布《2022 全球艾滋病防治进展报告：危急关头（In Danger）》。该报告称，2021 年，艾滋病大流行导致平均每分钟 1 人死亡。尽管拥有有效的治疗方法以及机会性感染的预防、检测和治疗工具，2021 年仍有 65 万人死于艾滋病相关疾病。2021 年，约有 150 万例新发艾滋病病毒感染病例——比全球目标要多出 100 万例。在中国，自 2008 年起，艾滋病一直位居传染病死亡人数首位，2021 年因艾滋病死亡的人数是其他所有传染病死亡人数之和的 7.6 倍。艾滋病是吞噬人类生命的恶魔。

3. 威胁后代的延续

性传播疾病和艾滋病不仅使本人遭受疾病的折磨，而且还会通过妇女怀孕把病毒传给无辜的婴儿。同时，母乳喂养也会使受艾滋病病毒感染的母亲把病毒通过乳汁传给婴儿。医学专家统计，受艾滋病病毒感染的婴儿存活时间一般不超过 2—3 年。根据世卫组织的数据，在没有阻断治疗的情况下，艾滋病的母婴传播率约在 15%—45%。成人感染艾滋病毒后，潜伏期可能长达数年甚至十余年，而对于孩子来说就完全是另外一回事了。儿童艾滋病往往起病急、进展快，死亡率高。所以一旦不幸成为那 15% 或 45%，等待这些孩子的只能是被动接受残酷的命运。

4. 摧毁世界经济

艾滋病对于世界经济的影响丝毫不亚于世界大战。据统计，全世界仅 1991 年用于防治艾滋病的经费总额就高达 85 亿美元，其中用于艾滋病治疗研究的经费高达 20 亿美元。亚洲开发银行副总裁苏利有面对艾滋病对亚洲的威胁说：“艾滋病是亚洲繁荣的大敌”，“艾滋病威胁到过去 20 年来取得的许多经济成果。有些国家最近才开始改革经济并已有了经济增长，但这些经济成果也可以被艾滋病摧毁，亚洲的经济成果可能毁于一旦”。

（三）性传播疾病、艾滋病的预防

有调查指出，在新发现的艾滋病感染者中，15—34 岁人群占 70%。在感染者当中，青少年男性占了大多数。为了我们的身心健康，为了中华民族的繁荣、昌盛，为了我国现代化事业的不断发展,大学生应当积极参加性传播疾病、艾滋病的预防。

1. 要人格健康

一位美国学者在回顾了美国同性传播疾病、艾滋病做斗争的20年的痛苦经历后深深地感受到,人类最后遏制性病、艾滋病流行的途径既不可能是特效病和疫苗,更不可能是安全套,而是人格教育和建立健康的家庭。

大学生们应当不断完善自己的人格,学会自尊、自爱和自信,拥有积极进取的人生态度和健康的生活方式,同时也能尊重他人的人格,遵守性道德,有效地控制自己的性行为,对自己、对他人、对社会负起责任。

2. 要洁身自爱

大学生要倡导性纯洁,减少婚前性行为和婚外性行为的发生,这不仅可以有效地预防性病、艾滋病的传播,而且也能使人们享受到真正的性爱。同时,大学生应当拒绝各种媒体中的性污染,减少不良的性刺激。

3. 要做好预防宣传

性健康是事关一个民族兴衰的大事,普及宣传性病、艾滋病预防知识,使青少年了解性病、艾滋病的传播是预防性传播疾病的重要工作。同时,宣传教育的目的也是建立一种正确对待性传播疾病的态度,防止对艾滋病人产生恐惧和歧视心理。大学生们应当积极参与预防性传播疾病、艾滋病的宣传教育活动。

四、爱情三角理论

美国心理学家斯腾伯格提出的爱情理论,认为爱情由三个基本成分组成:激情、亲密和承诺。激情是爱情中的性欲成分,是情绪上的着迷;亲密是指在爱情关系中能够引起的温暖体验;承诺指维持关系的决定期许或担保。这三种成分构成了喜欢式爱情、迷恋式爱情、空洞式爱情、浪漫式爱情、伴侣式爱情、愚蠢式爱情、完美式爱情七种类型。

喜欢式爱情(Liking)

这种类型的爱情,只有亲密,双方在一起感觉很舒服,但是觉得缺少激情,也不一定愿意厮守终生,没有激情和承诺。显然,友谊并不是爱情,喜欢并不等于爱情。不过友谊还是有可能发展成爱情的,尽管有人因为恋爱不成连友谊都丢了。

迷恋式爱情(Infatuated love)

这种类型的爱情,只有激情体验,彼此间认为对方有强烈吸引力,除此之外,对对方的了解不多,也没有想过将来。只有激情,没有亲密和承诺,如初恋。第一次的恋爱总是充满了激情,却少了成熟与稳重,是一种受到本能牵引和导向的青涩爱情。

空洞式爱情(Empty love)

这种类型的爱情，只有承诺，双方缺乏亲密和激情，此类“爱情”看上去丰满，却缺少必要的内容，金玉其外，败絮其中。

浪漫式爱情(Romantic love)

这种类型的爱情，双方有亲密关系和激情体验，但没有承诺。这种“爱情”崇尚过程，不在乎结果。

伴侣式爱情(伴侣的爱，Companionate love)

这种类型的爱情，双方有亲密关系和承诺，缺乏激情。跟空洞式爱情差不多，没有激情的爱情还能叫爱情吗？这里指的是四平八稳的婚姻，只有权利、义务，却没有感觉。

愚蠢式爱情(Fatuous love)

这种类型的爱情，双方只有激情和承诺，没有亲密关系。没有亲密的激情顶多是生理上的冲动，而没有亲密的承诺，不过是空头支票。

完美式爱情(Consummate love)

这种类型的爱情，同时具备三要素，包含激情、承诺和亲密。只有在这一类型中才能看到爱情的真面目。

斯腾伯格在这些爱情前面都加了一个“式”字，因为在他看来，前面列举的六种都只是类爱情或非爱情，在本质上并不是爱情，只有第七种才是爱情，而现实生活中，类爱情和非爱情的情形实在太多，以至于有人把具备三要素的爱情基本当作一种超现实的理想状态。

五、爱情保鲜方法

据心理专家、婚姻专家等研究发现，爱情也是有保质期的。如同食品饮料的保质期一样，要想鲜而不腐，需采取一些保鲜的办法。以下介绍几种小办法，能够让我们的爱情保持新鲜。

(一)鼓励和赞美最重要

男女刚刚步入爱河的时候，必然会互相赞美对方的优点。随着关系的稳定发展，热恋的温度略为下降之后，恋爱双方的赞美就比较少了，尽管两个人仍旧十分倾心于对方。必须多多鼓励对方，把对方当作值得赞赏的对象。

(二)想要什么你就说

很多女人都希望丈夫或者男朋友是一个超感知能力者，不需说明就可以做出她们喜欢的浪漫举动。在良好的情侣关系中，稳固深切的爱情需要以没有障碍的沟通作为基础。需要什么、苦恼什么、希望对方说什么做什么，都是直接说出来为好。若你一言不发地自己生闷气，会让对方无所适从而郁闷，容易引发矛盾和冲突。

（三）无伤大雅的癖好可以无视

夫妻或情侣长期生活在一起后，属于个人的习惯和癖好都会展现在彼此面前，无论最初对方多么让你心神荡漾，共同生活才是考验你的耐心和包容性的一个开端。既然已经是多年形成的习惯，那么绝对没必要在这种事情上浪费时间大起干戈，不要因小失大。

（四）每天至少联系一次

现代社会生活节奏紧张，学习与工作压力繁重，很有可能两个人接连几天都不能见面，无论是电话、短信、电子邮件还是枕边的一个小小字条，都可以表达我们的爱意：尽管我们不能时时见面，但是我们的心永远在一起。

（五）永远彼此尊重

如果一个人对另一个人总是居高临下，说明缺乏最基本的尊重，这是每一对伴侣都应该尽量克服的坏习惯，尽管很多时候你需要很大的力量克制自己不发表意见。学会克制，保留对方的自尊对你们的关系很重要。这种心灵相通的美满关系，所有的情侣都可以达到，没有任何一对情侣的默契和深切的爱情是与生俱来的。既然在两人之间搭建了某种桥梁，达成了某种共识，遵循共同的原则会使二人逐步走向美好的结果，让爱情始终保鲜，如刚开始的时候一样令人心醉。

六、小故事大道理

柏拉图对话苏格拉底：爱情、婚姻、外遇

柏拉图有一天问老师苏格拉底什么是爱情，苏格拉底叫他到麦田走一次，要不回头地走，在途中要摘一株最大最好的麦穗，但只可以摘一次。柏拉图觉得很容易，充满信心地出去了，谁知过了半天他仍没有回去，最后，他垂头丧气地出现在老师跟前并诉说空手而回的原因：“很难得看见一株看似不错的，却不知是不是最好，不得已，因为只可以摘一次，只好放弃，再看看有没有更好的，到发现已经走到尽头时，才发觉手上一株麦穗也没有。”这时，苏格拉底告诉他：“那就是爱情。”

柏拉图有一天又问老师苏格拉底什么是婚姻。苏格拉底叫他到杉树林走一次，要

不回头地走，在途中要取一棵最好、最适合用来当圣诞树用的树材，但只可以取一次。柏拉图有了上回的教训，充满信心地出去了，半天之后，他一身疲惫地拖了一棵看起来直挺、翠绿却有点稀疏的杉树。苏格拉底问他：“这就是最好的树材吗？”柏拉图回答老师：“因为只可以取一棵，好不容易看见一棵看似不错的又发现时间、体力已经快不够用了，也不管是不是最好的，所以就拿回来了。”这时，苏格拉底告诉他：“那就是婚姻。”

柏拉图有一天又问老师苏格拉底什么是外遇。苏格拉底还是叫他到树林走一次，可以来回走，在途中要取一朵最好看的花。柏拉图又充满信心地出去了。两个小时之后，他精神抖擞地带回了一朵颜色艳丽但稍稍蔫掉的花。苏格拉底问他：“这就是最好看的花吗？”柏拉图回答老师：“我找了两小时，发觉这是最盛开最美丽的花，但我采下带回来的路上，它就逐渐枯萎下来。”这时，苏格拉底告诉他：“那就是外遇。”

道理：

人生正如穿越麦田和树林，只走一次，不能回头，要找到属于自己的幸福，你必须学会选择和放弃。

附　　录

好书推荐：《爱的艺术》

作者简介：弗洛姆，20 世纪著名的心理学家、社会学家和哲学家，是精神分析学派中对现代人的精神生活影响最大的人物。主要著述有《逃避自由》《健全的社会》《爱的艺术》《禅与心理分析》《心理分析之危机》等。

内容简介：《爱的艺术》是德裔美籍心理学家和哲学家、法兰克福学派重要成员艾里希·弗洛姆最著名的作品，自1956 年出版至今已被翻译成 30 多种文字，在全世界畅销不衰，被誉为当代爱的艺术理论专著最著名的作品。

在这本书中，弗洛姆认为，爱情不是一种与人的成熟程度无关，只需要投入身心的感情。如果不努力发展自己的全部人格并以此达到一种创造倾向性，那么每种爱的尝试都会失败；如果没有爱他人的能力，如果不能真正谦恭地、勇敢地、真诚地和有纪律地爱他人，那么人们在自己的爱情生活中永远也得不到满足。

弗洛姆进而提出,爱是一门艺术,要求想要掌握这门艺术的人有这方面的知识并付出努力。在这里,爱不仅仅是狭隘的男女感情,也并非通过磨炼增进技巧即可获得。爱是人格整体的展现,要发展爱的能力,就需要努力发展自己的人格,并朝着有益的目标迈进。

天真的、孩童式的爱情遵循下列原则:“我爱,因为我被人爱。”成熟的爱的原则是:“我被人爱,因为我爱人。”不成熟的、幼稚的爱是:“我爱你,因为我需要你。”而成熟的爱是:“我需要你,因为我爱你。”希望同学们通过阅读本书,学会更好地去爱别人。

影片推荐:《庸人哈尔》(*Shallow Hal*)

导演:鲍比·法拉利、彼得·法拉利

主演:杰森·亚历山大、杰克·布莱克、格温妮斯·帕特洛

影片简介:

哈尔不屈不挠地狂追美女,却屡战屡败。这时,一位专职从事心理辅导的大师为他动了类似催眠的法术。从此,哈尔望眼四周,所看到的只是别人的内在美,仿佛 X 光机透视人的内脏似的。帕尔特洛在别人眼里其实是个 300 斤的大胖子,当然哈尔看到的是已压缩了三分之二的苗条身材。哈尔庆幸自己的桃花运,他的铁哥们儿为他如此作践自己而捶胸顿足,他千方百计地找到了“大法师”,挖出了破解法术的咒语。哈尔被解除催眠,发现帕尔特洛是个大胖子,非常纠结和痛苦,不知该做何选择。最终哈尔认识到评判一个女孩,心灵才是最重要的,仅看外表去评价一个女孩是最粗俗的眼光。正如托尔斯泰所说:“人不是因为美丽才可爱,而是因为可爱才美丽。”最高层次的美并不是感官所能感觉到的,而是靠心灵才能体验到的。

项目六

接受挑战　永不言弃

——大学生挫折心理解读

编者寄语

习近平总书记曾这样说:“青年在成长和奋斗中,会收获成功和喜悦,也会面临困难和压力。要正确对待一时的成败得失,处优而不养尊,受挫而不短志,使顺境逆境都成为人生的财富而不是人生的包袱。广大青年人人都是一块玉,要时常用真善美来雕琢自己,不断培养高洁的操行和纯朴的情感,努力使自己成为高尚的人。”

当代大学生,面对各种挫折与挑战,应学会理性应对,正确对待一时的成败得失。只要有一颗勇敢的心,一切困难都将成为我们成才路上的垫脚石。

案例导入

案例一：美国总统林肯的成长挫折史

1818 年，9 岁，母亲去世。

1831 年，22 岁，经商失败。

1832 年，23 岁，竞选州议员落选。

1832 年，23 岁，失业。想就读法学院，但未获入学资格。

1833 年，24 岁，向朋友借钱经商。

1833 年底，24 岁，再次破产。

1834 年，25 岁，再次竞选州议员，赢了。

1835 年，26 岁，即将结婚时，未婚妻死了。

1836 年，27 岁，精神完全崩溃，卧病在床六个月。

1838 年，29 岁，竞选州议员发言人，落选。

1840 年，31 岁，竞选选举人，落选。

1843 年，34 岁，参加国会大选，落选。

1846 年，37 岁，再次参加国会大选，成功。

1848 年，39 岁，竞选国会议员连任，落选。

1854 年，45 岁，竞选美国参议员，落选。

1856 年，47 岁，竞选共和党副总统提名，得票不足 100 张，落选。

1860 年，51 岁，当选美国总统，成为美国历史上最伟大的总统之一。

1864 年，林肯再度当选为总统。但不幸的是，1865 年 4 月 14 日晚，他在华盛顿福特剧院观剧时突然遭到枪击，次日清晨与世长辞。

革命导师马克思高度地评价林肯说，他是一个“不会被困难所吓倒，不会为成功所迷惑的人，他不屈不挠地迈向自己的伟大目标，而从不轻举妄动，他稳步向前，而从不倒退……总之，他是一位达到了伟大境界而仍然保持自己优良品质的罕有的人物”。

生下来就一无所有的林肯，终其一生都在面对挫败。他曾经绝望至极，但从没有放弃人生这场跳高比赛。看了林肯的挫折史，我们的这点挫折又算什么！

案例二：感动中国，感动你我——孟佩杰不畏艰难，带母上学

孟佩杰，1991年11月出生于山西省交口县，大专文化，中共党员。现任山西省临汾市隰县文物旅游局干部。2012年2月3日，获得“感动中国·2011年度人物”荣誉称号。

五岁那年，爸爸遭遇车祸身亡，妈妈将孟佩杰送给别人领养，不久也因病去世。在新的家庭中，孟佩杰还是没能过上幸福的生活，养母刘芳英在三年后瘫痪在床，养父不堪生活压力，一走了之。绝望中，刘芳英企图自杀，但她放在枕头下的40多粒止痛片被孟佩杰发现。“妈妈，你别死，妈妈不死就是我的天，你活着就是我的心劲，有妈就有家。”

从此，母女二人相依为命，家中唯一的收入来源是刘芳英微薄的病退工资。当别人家的孩子享受宠爱时，八岁的孟佩杰已独自上街买菜，放学回家给养母做饭。个头没有灶台高，她就站在小板凳上炒菜，摔了无数次却从没喊过疼。

在同学们的印象中，孟佩杰总是来去匆匆。她每天早上六点起床，替养母穿衣、刷牙洗脸、换尿布、喂早饭，然后一路小跑去上学。中午回家，给养母生火做饭、敷药按摩、换洗床单……有时来不及吃饭，拿个冷馍就赶去学校了。晚上又是一堆家务活，等服侍养母睡觉后，她才坐下来做功课，那时已经九点了。

“女儿身上最大的特点是有孝心、爱心和耐心。”刘芳英说，如果有来生，她要好好补偿女儿。为配合医院的治疗，孟佩杰每天要帮养母做200个仰卧起坐、拉腿240次、捏腿30分钟，碰上刘芳英排便困难，孟佩杰就用手指一点点抠出来。

高中毕业后，孟佩杰考上了山西师范大学临汾学院。权衡之下，她决定带着养母去上大学，在学校附近租了间房子。大一那年暑假，孟佩杰顶着炎炎烈日上街发广告传单，拿到工资后的第一件事就是为养母做了最好吃的红烧肉。

“我只不过做了每个女儿都会做的事。”不少好心人提出过帮助，都被孟佩杰婉拒了，她坚持自己照顾养母。孟佩杰的毕业愿望是当一名小学老师，安安稳稳，与养母简单快乐地生活。

在贫困中，她任劳任怨，乐观开朗，用青春的朝气驱赶种种不幸；在艰难里，她无怨无悔，坚守清贫，让传统的孝道充满每个细节。虽然艰辛填满四千多个日子，可她的笑容依然灿烂如花。命运对孟佩杰很残忍，她却用微笑回报这个世界。

案例三：面对困境永不言败——奥斯特洛夫斯基与命运英勇抗争

命运对奥斯特洛夫斯基是残酷的：他念过三年小学，青春消逝在疾驰的战马与枪林

弹雨中,16 岁时,他腹部与头部严重负伤,右眼失明。20 岁时,又因关节硬化而卧床不起,面对命运的严峻挑战,他深切地感到:“在生活中没有比掉队更可怕的事情了。”奥斯特洛夫斯基与命运进行了英勇的抗争,他不想躺在残废荣誉军人的功劳簿上向祖国人民伸手,他用沸腾的精力读完了函授大学的全部课程,书籍召唤他前进,书籍陪伴他披荆斩棘。

当奥斯特洛夫斯基的文学素养达到一定水平后,他写了一本描述柯托夫斯基部队中英雄战士的中篇小说,寄给一家杂志社,然而却未被采用。可他并未灰心丧气,继续忍受着病痛的折磨,默默地向认准的目标攀登。1932 年,他终于完成了《钢铁是怎样炼成的》一书。对此,他高兴地惊呼:“生活的大门向我敞开了!”“书就是我的战士!”站着用枪战斗,躺着用笔战斗,死后用书战斗。这就是作为一个战士和作家的奥斯特洛夫斯基的一生。

心理解读

一、挫折概述

(一)挫折的内涵

挫折是指个体在实现既定目标的过程中,遇到了来自内、外无法克服(或自以为是无法克服)的干扰或阻碍,因而使个体需要不能满足、动机不能实现,个体从而产生的失望、痛苦、沮丧不安等心理状态和情绪反应。这是一种消极的心理状态。

在需要的基础上,一个人会产生多种愿望:希望实现自己的理想、成就自己的事业,还有说不尽的雄心壮志。但是,天下事不会事事如意,由于自身能力、社会环境、个人机遇等多方面的限制,个人不得不承受各种精神压力,这时所引起的情绪状态就叫挫折。

(二)挫折产生的原因

挫折产生的原因是多方面的,总的来说,可分为客观原因和主观原因。

1. 客观原因

(1)心理素质教育相对滞后。我国的基础教育在相当长的时间内主要是应试教育,各中小学十分重视文化课学习,要求学生掌握各学科的基础知识,对学生的心理健康教育和挫折教育相对忽视。一些学生解决问题和克服困难能力相对欠缺，心理素质不高，承受困难和挫折能力较弱，适应社会能力较差。

（2）家庭教育存在弊端。家庭教育是学校教育的必要补充，是其他教育职能所不能替代的。而长期以来，有些家长在不正确的教育观念影响下，在教育子女时常常走入误区。在教育目标上存在着重智力培养、轻品德教育和重身体健康、轻心理保护以及重单项培养、轻全面发展的错误认识。在教育方式上，一种是溺爱型，过度关心和保护，使孩子丧失在各种挫折中成长的机会，经受不起刺激和挫折；一种是专制型，把孩子视为自己的私有产品，可以任意责罚和打骂，造成孩子性格内向、孤僻，形成过敏性人格，一旦遇到挫折便会产生报复甚至毁掉自己的极端行为。

（3）经济压力负担过重。经济压力是引发一些大学生心理危机的一个重要原因。来自城镇的学生由于家长下岗等原因，低收入家庭也不在少数，这使他们在经济上有些压力。来自山区贫困家庭的学生与来自富裕家庭的学生在消费方式、消费观念方面的落差，也使贫困生感到十分压抑和自卑。

（4）就业择业压力重重。现在大学生就业实行“双向选择”，社会对人的综合素质要求逐年提高，大学生的职业稳定感已经荡然无存，不少大学生在即将踏入竞争激烈的就业行列时，都有一定程度的心理恐慌。他们既认同竞争，赞成双向选择，又担心机会不均，害怕找不到如意的工作，从而引发心理失衡。同时，在择业时也存在着自主创业与追求物质享受、功利主义矛盾，引发心理挫折。此外，学习上的压力、专业和爱好的偏离、人际关系不协调等也会形成挫折心理。

2. 主观原因

（1）生理原因的影响。生理过程是人心理活动的自然基础。人的遗传素质及相关的神经类型等与生俱来的解剖生理特点，既能为人心理发展提供物质前提，又制约着人的心理发展方向和水平。当代大学生更重视自我形象，常因生理上存在着这样或那样的缺陷、不足或疾病，导致自卑。如身材矮小的男生和过胖的女生在恋爱时往往经受一些挫折体验，高级神经活动弱型的学生往往表现为胆小、怯懦、多疑、孤僻，如果不对这些消极的行为特征进行及时教育和引导，会使他们比其他学生更容易产生心理挫折。

大学生还存在性生理成熟和性心理不完善的矛盾，常产生紧张、恐惧和羞涩的心理。有的因恋爱观与现实发生矛盾和冲突，陷入感情的漩涡，有的受失恋、单相思的困扰，产生苦闷、惆怅、失望、愤怒等情绪，给身心健康带来了严重影响。

（2）心理承受能力弱。大学生年龄在18—23岁，但心理尚未完全成熟。虽然处于人生亢奋期，但心理防卫能力较弱，接受外界刺激能力和抵抗自身冲击能力较低，缺乏良好的自我调节能力及耐挫折能力，以往生活中的顺利和受宠，形成了只能成功不能失败的心理定式，加上生活阅历浅，在人生观、价值观、恋爱观等方面缺乏正确引导，当理想与现实发生冲突、个人愿望未能满足时，心理挫折便不可避免。

(3)适应能力较差，期望值过高。由于学校和家庭缺少挫折教育，造成许多大学生适应能力较差，他们只有成功的准备，而没有考虑到失败的可能，常常以“自我”为中心，观察现实，憧憬未来，为自己确立目标。但当他们面对环境变迁、人际交往得不到满足和现实与“自我”期望发生冲突时，他们内心常常备感茫然，不知如何处理这种落差。当他们不敢正视现实也不肯改变“自我”时，一遇到挫折便进行外部归因，深感无所适从，挫折感十分强烈。

(4)认知评价偏差，思维方式片面，情感脆弱多变，意志品质薄弱。目前，在校的大学生大多是独生子女，从小到大都是在呵护和关爱之下成长，养成了依赖心理。他们虽然是青年中素质较高的一部分，但当他们面临苦难或遇到挫折时，有些学生却不能正确地认识自己，产生错误的认知评价，在思维方式上表现得比较片面，往往从客观上找原因，而缺少自我检查。有的学生情感脆弱、多变，情绪不好便垂头丧气，失意时就感到情感压抑；有的学生意志品质比较薄弱，遇到一点儿麻烦就感到无能为力，一些人便采取消极、过激行为或用极端方式来处理问题，挫折承受力极低。

二、大学生常见的挫折与应付方式

(一)大学生常见的挫折

1. 学习过程中所遇到的挫折

学生在学习过程中经常会遇到种种挫折，特别是对于某一专业课程的学习比较吃力，在面对大型或者特殊意义的考试时，学生的学业挫折表现得尤为明显。老师有时候也能够给学生带来挫折感，教学过程中对于成绩优异学生的表扬，会导致成绩较差的学生产生挫折感。而在成绩相当的大学生之间，他人的一点点进步也有可能使一些学生产生挫折心理。

2. 交往过程中所遇到的挫折

人际交往是每个人生活的重要组成部分，是情商发展的重要体现。有的人善于交往，在人际沟通方面处理得游刃有余；而有的人不善于交往，什么事都闷在心里，更无从谈及与他人的沟通。大学生的人际交往来自家庭、同学和老师等多个方面。然而由于高中时期学生的主要精力几乎都用于学习，因而很多学生在处理人际关系时缺乏技巧，表现为不善交往、不愿交往、不会交往、不敢交往等，与人沟通时一旦遇到困难，就逃避交往，最终导致人际关系紧张。

3. 恋爱过程中所遇到的挫折

大学生处于青春期，感性思维和理性思维并存，其中感性思维所占的比重更大。他们渴望恋爱，但是又缺乏恋爱技巧，不懂得恋爱的心理特点。因此，在恋爱过程中难免出现恋爱沟通不畅、失恋、单恋、多角恋等情况，很多大学生因为遭遇恋爱打击变得一蹶不振，对爱情失去信心，甚至产生自伤或者伤人等行为。

4. 经济方面遭受挫折

在大学生群体中，由于家庭条件的差异，会导致部分家庭条件较为一般的学生在心理上产生挫折感。大学生基本上还是一个纯消费群体，经济来源主要依靠父母。家庭条件好一些的学生，相对来说出手大方，也觉得很有面子；而对于家庭条件贫困的大学生来说，囊中羞涩的现状可能只能解决自身的温饱问题，申请困难补助又怕丢面子，久而久之有的学生就产生了很强的自卑感。

5. 就业过程中所遇到的挫折

目前，随着高校毕业生的不断增加，用人单位对求职者的学历层次和综合素质的要求越来越高，就业形势不乐观，相当多的大学生在求职过程中体验到了就业挫折。尤其是那些家庭条件一般、自己综合素质一般、学习成绩不理想的同学，很难在求职时崭露头角。

（二）挫折的应对方式

个体活动受挫，产生挫折体验时，其心情是不愉快的，甚至是痛苦的。个体由于个性特征、社会阅历、知识水平等不一样，适应的方式也不相同。挫折的适应方式大致包括消极的适应方式、积极的适应方式和折中的适应方式三种。

1. 消极的适应方式

（1）发泄。个体受挫时常因愤怒而表现出攻击性行为。这种以攻击性行为把自己的愤怒、怨恨等紧张情绪释放出来以恢复心理平衡的方式，就叫发泄。这是对挫折的一种特殊反应。挥拳动脚、笑脸鄙视、言语刻薄等均是攻击性行为的体现。攻击的对象除了受挫源，有时还会将怨气发泄到非受挫源身上。心理学研究表明，将怨恨的情绪、攻击性冲动强予遏制，对人身心健康是十分不利的。

（2）焦虑。焦虑是当人们面临挫折的时候，最为普遍和常见的心理反应之一。焦虑不是真的遇到危险，而是担心可能会遇到某种危险的紧张，惶惶不安的情绪状态。一个人如果一而再、再而三地遭遇挫折，即使是一个过去很坚强、很自信的人，也可能慢慢失去自信，产生焦虑反应，例如，烦躁不安、判断力降低、耐心消失、怨天尤人、无所事事等。长期处于焦虑状态，不仅损害人的心理健康，还会引发躯体疾患。

(3)退化。退化是指个体在受挫时表现出与自己的年龄、身份、知识、修养等不相称的幼稚行为。有一些人在某些挫折情境中，会表现出孩子似的幼稚行为，例如，受挫时抱头大哭、破口大骂、手抓口咬、就地打滚、一把鼻涕一把泪，还有蒙头大睡、装病不起等，都是幼稚的退化行为。

(4)冷漠。个体受挫以后，为求得心理的解脱，会厌弃早先的追求，甚至厌弃人生，这就是冷漠的适应方式。从表面上看，当事者似乎是漠不关心、无动于衷，其实其内心的痛苦可能更甚。冷漠常常是绝望的表现。当事者丧失了一切信心与勇气，这是极其可怕的。

(5)幻想。幻想是指个体受挫后不去面对现实，而是把自己置于一种想象的境界，企图以一种虚构的幻境来解脱自己的适应方式。幻想的常见方式之一是白日梦。白日梦偶尔为之并非失常，亦无大碍，但如完全依赖它来解脱，则会使自己愈陷愈深，最后无法摆脱受挫心理的困扰。

(6)固执。固执是指个体顽固地坚持某种不合理的意见或态度，盲目重复某种无效的动作，不能像正常情况下那样正确合理地做出判断。表现为心胸狭窄、意志薄弱、思想不开朗，这都会直接影响人们对具体事物的判断与分析，导致行动失误。

(7)投射。投射是指当个人具有某种不为社会认可的坏品质时，总会感受到自责、羞愧等心理压力，为消除这种压力，有人会有意无意地把这种坏品质加诸众人身上，以此为自己辩解，使自己解脱。例如，考试作弊的学生总说别的同学也作弊，不诚实的人总说世人皆虚伪。投射的目的就是把自己的缺陷加诸他人以维持其心理平衡，这是一种极其不良的适应，严重者会导致妄想狂、精神病。

2. 积极的适应方式

(1)升华。升华是指把原先的失败引向更崇高的目的，做出对社会有益的贡献以克服早先的受挫心理的适应方式。例如，曹雪芹的《红楼梦》、歌德的《少年维特之烦恼》、奥斯特洛夫斯基的《钢铁是怎样炼成的》等，都是作者自身经历的成功与失败的升华。所谓“化悲痛为力量”，就是典型的升华适应方式。

(2)补偿。补偿是以另一种活动的成功来弥补早先活动的失败以克服受挫心理的适应方式。人都要肯定自身价值，对于某方面的失败自然会觉得有失脸面，于是就从别的方面加紧努力，取得成功，以挽回其自身价值。例如，盲人的触觉特别灵敏，聋者的视觉特别敏锐，这是一种生理性补偿；一些体育爱好者由于体质、体形的原因，无法做运动员，却使自己成为一个优秀的业余评论员。所谓“失之东隅，收之桑榆”就是这个道理。

3. 折中的适应方式

(1)推诿。推诿是把个人的失败、错误推到别人身上,或找客观原因来担负其责任,以求得自己解脱的适应方式。例如,学习成绩低劣者,不怪自己不用功,而埋怨老师评分不公平;上班迟到者,说公共汽车误点;字写得不好者,说笔不好用。

(2)自慰。自慰是指当个人的期望无法实现时,常常以某种理由或借口来安慰自己,使自己从挫折心理中解脱出来的适应方式。《伊索寓言》中的"酸葡萄心理"和"甜柠檬心理"这两个故事,说的就是这个道理。前者指的是那个吃不到葡萄却说"葡萄味酸,非我所欲"的狐狸,后者指的是那个觅食无着只好以酸柠檬充饥却说"柠檬味甜,正中下怀"的狐狸。个人在其生活道路上难免会遇到不可挽回的失败,届时假借理由以自我解脱,泰然处之,未尝不是一种适应之道。

三、提高挫折承受力

(一)改变不合理的信念

人完全受思想的支配,所谓挫折其实就是一种心理感受。对于同样的情景,有的人体验到了挫折感,有的人却并不以为然。可见,客观事实并不是导致挫折产生的主要原因,人们对客观事物所持的态度或观念才是引起挫折的关键原因。因此,改变不合理的信念,就可以提高挫折承受力。

美国心理学家艾利斯总结了三条常见的不合理信念,即"绝对化要求""过分概括化""糟糕至极"。"绝对化要求",是指人们以自己的意愿为出发点,对某一事物怀有其必会发生或必不会发生的信念,通常与"必须""应该"等词联系在一起。例如,"我必须表现良好,并受到某重要人物的赏识,若不能如此,我就是一个无能的人""你必须公平对待我,如果不这样,将很可怕,我会无法忍受"。"过分概括化",指在一件事上失败了,便推论自己在各方面都不能成功,这种不合理信念也常会导致自责自罪、自卑自弃的心理以及焦虑、抑郁等情绪的产生。"糟糕至极",即认为某事情发生了会非常可怕,是灾难性的,以至于无法忍受。

当你因为考试未通过、与同学关系紧张、未能当选班干部、生理上有缺陷等原因,而感到沮丧、悲观的时候,可以审视一下自己的观念,看自己是否陷入上述不合理信念的泥沼中。

(二)确定适度的自我抱负水平

自我抱负水平是指个人对未来可能达到的成功标准的心理需求,是指人们在从事某种实际活动之前,对自己所要达到目标规定的标准。如果一个人对自己规定的标准高,那么他/她的自我抱负水平就高;如果对自己规定的标准低,那么他/她的自我抱负水平就低。可见,自我抱负水平是自定的标准,仅仅是个人愿望,与个人的实际成就不一定相符合。一般而言,自我抱负水平直接影响个人的学习和生活,一个抱负水平较高的人,往往对自己的要求也较高,因而其学习、工作的效率也就较好;一个抱负水平低的人,对自己的要求也就低,往往缺乏积极性、主动性,因而其学习、工作的效果也就较差。但是,个人的自我抱负水平必须建立在对自己的实际能力正确认知的基础之上,如果一个人的自我抱负水平总是高于自己的实际能力,那他/她就很难达到预期的目标,很容易遭受挫折。

所以,遇到挫折时,个体应审视一下自己的目标,看它设置得是否得当。得当的目标应当是个体具有较大的把握实现,又需要经过一定的努力才可能实现。

(三)确立合理的自我归因

在生活中,人们对行为的成功与失败进行归因是一件很平常的事,然而在这一过程中形成的归因倾向则对人的心理承受力有很大的影响。

心理学家研究表明,在归因中,有些人倾向于外归因,认为外部复杂且难以预料的力量是主宰行为的原因,如一个学生认为自己成绩不好主要是由于教师教学水平低或是考卷难度太大。有些人倾向于内归因,即认为自身的努力、能力是影响事情发展与行为结果的主要原因,例如一个学生认为自己成绩不好是由于学习不够努力造成的。一般来说,进行内归因的学生对自己的行为与学习有更多的自我责任定向与积极态度;但是从对失败的归因方面来看,由于他们倾向于把原因归于主观因素,就容易自我埋怨、自我责备。如果这种自责、悔恨过多,就会给他们带来挫折感和心理损伤。

因此,在生活中,人们对行为的失败进行归因时,首先要学会多方面收集关于事件的信息,了解困难的原因所在。其次要学会合理归因,避免归因的片面性,学会实事求是地承担责任,克服过分承担或完全推诿责任的倾向,避免过多自责带来的挫折感。再次要积极采取措施主动改变挫折情境因素,从而有效应对挫折。

(四)建立和谐的人际关系

心理学研究表明,一个人与他人一起处在挫折压力中时,可以降低消极情绪体验。因此,在面对挫折时,除了积极改变自我,还应学会交往,与他人建立良好的人际关系,这对压力的缓解也是很有帮助的。交往是人们为了交流思想和感情而彼此相互作用的过程,它使人们在关系互动过程中相互了解、相互依赖,形成稳定的心理联系,满足人们的情感需要。同时,由交往形成的人际关系又可以满足人的归属、情谊、认可等社会性需要。因此,学会交往、建立良好的人际关系是提高应对挫折能力的有效手段。挫折承受力强的人都善于得到他人的帮助。

人际交往遵循互惠互利原则。你要想在困难时得到朋友的支持和帮助，那么在别人困难时，应主动伸出援助之手。此外，应多与亲人和朋友交流思想、沟通感情，这是建立融洽的人际关系的重要一环。

（五）增强挫折认知水平

心理研究表明：一个人越是能够获得与挫折事件相关的信息，就越能够有效地处理它，越是参加到他怕面对的挫折情境中去，就越能够有效地应对这种情境。可见，个体对挫折的反应和承受能力不仅取决于挫折情境本身，更重要的是取决于其对挫折的认知。既然挫折是社会生活的组成部分，是不可避免的人生经历，就应该正确地认识挫折、战胜挫折，并把挫折作为通向成功的阶梯。

（六）构建成熟的心理防御机制

心理防御机制是挫折发生后人在内部心理活动中所具备的有意或无意地摆脱挫折造成的心理压力、减少精神痛苦、维护正常情绪、平衡心理的种种自我保护方式。心理防卫机制的意义有积极和消极之分，其积极的意义在于能够使主体在遭受困难与挫折后减轻或免除精神压力，恢复心理平衡，甚至激发主体的主观能动性，激励主体以顽强的毅力克服困难，战胜挫折。其消极的意义在于使主体可能因压力的缓解而自足，或出现退缩甚至恐惧而导致心理疾病。

（七）学会悦纳自己

1. 发现自己的优点

努力去发掘自己的优点，并逐点用笔记录下来。可分类记录，如个人专长、曾做过的有益的和建设性的事、此前人们对自己的称赞、受过的教育和培训、家人和朋友对自己的关怀等。

2. 肯定自己的能力

每天至少找出三件自己做的成功事。不要把成功看成登上月球、发明炸药那样大的事。成功可以是顺利买到合适的衣服，可以是在图书馆借到了满意的书，可以是完成了一篇作文，也可以是为大家做一盘可口的凉菜等。一天至少胜利完成了三件事，又怎能责备自己一事无成呢？

3. 培养某方面的兴趣

在自己感兴趣的活动中，找一样来培养、发展，使之成为自己的专长。你所拥有的专长不必那么复杂和艰深，可以是简单的游泳、做菜、织毛衣等。有了专长，就有机会做主角，能做主角，自然神采飞扬。

（八）放下过去向前看

先哲说：流入河中的水是不能再取回来的。的确，人们可以改变三分钟以后所发生的事情的后果，但不能改变三分钟之前所发生的事情。唯一能使过去变得有价值的办法，是以平静的态度，分析当时所犯的错误，从错误中得到刻骨铭心的教训，然后再把错误忘掉。

既然已成为过去，何必再沉浸在痛苦的深渊里？就像莎士比亚说过的，“聪明的人永远不会坐在那里为他们的损失而哀叹，却情愿去寻找办法来弥补他们的损失”。

所以，面对挫折，不必忧虑，不必悲伤，不必流眼泪。放眼往前看，地球仍旧要转下去，太阳依然会升起来。一切都会过去，我们随时可以重新开始。

（九）学习和掌握一些自我心理调适的方法

学习和掌握一些自我心理调适方法可以有效地化解因挫折而产生的焦虑、紧张等不良情绪，从而提高挫折承受力。常用的自我心理调适方法有自我暗示法、放松调节法、想象脱敏法、想象调节法和呼吸调节法等。

心理体验

活动一：10 次挫折

活动目的：回忆自己的受挫经历，能让我们认识到，选择积极的人生态度能够带来良好的结果，选择消极的人生态度往往导致不良的后果。

活动时间：约 20 分钟。

具体操作：

请你写出近一年来遇到的对自己影响最大的 10 次挫折，并写出自己当时的反应方式，然后按反应强度和持续时间长短排序，客观分析这些反应方式在应对挫折时的积极和消极影响，探讨个人应对挫折的最佳方式。

活动二：一杯水的力量

活动目的：让学生体会压力对人的影响，学会放下压力。

活动时间：约 40 分钟。

具体操作：

准备六至八杯水，首先问学生：大家认为这杯水有多重？然后邀请六到八位同学到讲台上进行“举水耐力比赛”，计算一下时间。请举水的同学谈自己的感受和体会。

分享：如果你心中每天有一点点不愉快，当时可能没有什么，可是掂的时间越久，藏在心里越久越难受，总有一天就会压得受不了。放下压力，轻装上阵，一定可以获得所有你想要的东西！

活动三：突围闯关

活动目的：让学生体验压力，学会遇到挫折调整情绪，并积极行动。

活动时间：约 30 分钟。

具体操作：

1. 突围

选出一位成员，站在团体中央。其他的成员则用手臂勾结，形成一个包围圈。被包围在团体中央的成员可以采用任何方式，力求从包围圈中挣脱出来；而围成一圈的成员们要各尽气力，不让包围者逃出。一段时间之后，换其他成员尝试。不参加的同学可以做监督。

2. 闯关

选出一位成员，站在圈外，其他成员围成一圈，并以手臂勾结。圈外的人设法竭力打入成员里。其他成员应尽量排斥，直到闯关者成功。一段时间之后，换其他成员尝试。不参加的同学可以做监督。

3. 分组讨论：当你一个人面对一个团体时，你是否感觉到了压力？当你想尽办法，也无法达到自己的目的时，你是什么感觉？你是选择放弃还是继续努力？有没有什么办法可以帮助你达到目的？

心理评估

心理承受能力测试

指导语：心理承受能力是一种很重要的个性心理品质。人不可能总是一帆风顺，免不了会遇到一些困难、挫折，甚至失败。心理承受能力差的人，在遇到上述问题时就会心绪不宁、思维混乱，甚至导致极端行为；心理承受能力强的人就能够轻松地应对外部环境的冲击。请对下列问题做出“是”或“否”的回答，再根据计分标准来统计得分，判断自己的心理承受能力。

1. 当你与父母发生不愉快时，你是否曾想离家出走？

A. 是　　　　B. 否

2. 如果现在就去睡觉，你担心自己会睡不着吗？

A. 是　　　　B. 否

3. 晚睡两小时会使你第二天明显的精神不振吗？

A. 是　　　　B. 否

4. 看完惊险片后，在很长一段时间内，你一直觉得心有余悸吗？

A. 是　　　　B. 否

5. 当考试成绩不理想时，你会感到非常沮丧吗？

A. 是　　　　B. 否

6. 当你与某个同学闹意见后，你一直无法消除相处时的尴尬吗？

A. 是　　　　B. 否

7. 你常常觉得生活很累吗？

A. 是　　　　B. 否

8. 当你在课堂上回答不出问题时，你在课后还会久久地感到烦恼吗？

A. 是　　　　B. 否

9. 每到一个新地方，你是否常常会出现问题，如睡不好等？

A. 是　　　　B. 否

10. 你偏食吗？

A. 是　　　　B. 否

11. 你认为自己是个弱者吗？

A. 是　　　　B. 否

12. 你觉得自己有些神经衰弱吗？

A. 是　　　　B. 否

13. 看到苍蝇、蟑螂等讨厌的东西时，你感到害怕吗？

A. 是　　　　B. 否

14. 你常常因为想心事而躺在床上久久不能入睡吗？

A. 是　　　　B. 否

15. 在人多的场合或在陌生人面前说话,你是否感到窘迫?

A. 是　　B. 否

16. 你受到的挫折与其他人相比,是否认为根本算不了什么?

A. 是　　B. 否

17. 你是否喜欢冒险和刺激?

A. 是　　B. 否

18. 你生活在使你感到快乐和温暖的班级里吗?

A. 是　　B. 否

19. 你相信自己能够战胜任何挫折吗?

A. 是　　B. 否

20. 你是否常常与同学们交流看法?

A. 是　　B. 否

21. 你认为你的老师喜欢你吗?

A. 是　　B. 否

22. 心情不愉快时,你的饭量与平时差不多吗?

A. 是　　B. 否

23. 你是否每周至少进行一次喜欢的体育活动,如登山、打球等?

A. 是　　B. 否

24. 即使在困难时,你还是相信困难终将过去吗?

A. 是　　B. 否

25. 大部分时间你对未来充满信心吗?

A. 是　　B. 否

26. 你有一个关心、爱护你的家吗?

A. 是　　B. 否

27. 你是否有一些无话不谈的知心朋友?

A. 是　　B. 否

28. 你认为自己健壮吗?

A. 是　　B. 否

29. 生病时你依旧乐观吗?

A. 是　　B. 否

30. 你是否认为家人需要你?

A. 是　　　　　　　B. 否

计分办法：

第2、3、5、6、10、12、14、15、18、21、23、24、26、27、30题答“是”记1分，答“否”记0分。其余各题答“是”记0分，答“否”记1分。各题相加，统计总分。

结果解释：

总分在0—9分：心理承受能力差。遇到困难易灰心，常有挫折感。

总分在10—20分：心理承受能力一般。能轻松地承受一些小的挫折，但遇到大的挫折时，还是容易产生心理危机。

总分在21—30分：心理承受能力强。能在各种艰难困苦面前保持旺盛的斗志。

意志力测试

指导语：意志是指个体自觉地确定目的，并根据目的来支配、调节行动，克服困难，实现预定目的的心理过程。一个人具有坚强的意志，就能自觉树立理想，并为之努力奋斗，就能控制、支配自己的行动，忍受艰苦，抵抗不良干扰的影响，就能在遭遇挫折和失败时，始终不渝，坚持奋斗，不达目的不罢休。坚强的意志是一个人成功的必要心理素质，只有坚持不懈，持之以恒，才能圆满地实现自己的人生目标。单数题计分办法：A = 5分，B = 4分，C = 3分，D = 2分，E = 1分；双数题计分办法：A = 1分，B = 2分，C = 3分，D = 4分，E = 5分。各题分数相加，统计总分。

1. 我决心办成的事情（如练字、减肥），不论遇到什么困难，都会坚持下去。

A. 完全符合　　B. 比较符合　　C. 无法确定　　D. 不太符合　　E. 完全不符

2. 生活中遇到复杂的事情，我常常举棋不定，拿不定主意。

A. 完全符合　　B. 比较符合　　C. 无法确定　　D. 不太符合　　E. 完全不符

3. 我做一件事的积极性，主要取决于这件事情的重要性，而不在于对这件事是否感兴趣。

A. 完全符合　　B. 比较符合　　C. 无法确定　　D. 不太符合　　E. 完全不符

4. 我兴趣多变，做事情常常是“这山望着那山高”。

A. 完全符合　　B. 比较符合　　C. 无法确定　　D. 不太符合　　E. 完全不符

5. 对别人的意见，我从不盲从，总喜欢分析、鉴别一下。

A. 完全符合　　B. 比较符合　　C. 无法确定　　D. 不太符合　　E. 完全不符

6. 我认为做事不必太认真，做得成就做，做不成便罢。

A. 完全符合　　B. 比较符合　　C. 无法确定　　D. 不太符合　　E. 完全不符

7. 如没有特殊原因，我每天都按时起床，从不睡懒觉。

A. 完全符合　　B. 比较符合　　C. 无法确定　　D. 不太符合　　E. 完全不符

8. 有时我躺在床上，下决心第二天要干一件重要事情，但到了第二天，这种劲头就消失了。

A. 完全符合　　B. 比较符合　　C. 无法确定　　D. 不太符合　　E. 完全不符

9. 学习和娱乐发生冲突的时候，即使这种娱乐很有吸引力，我也会马上决定去学习。

A. 完全符合　　B. 比较符合　　C. 无法确定　　D. 不太符合　　E. 完全不符

10. 我常因读一本引人入胜的小说或看一档精彩的电视节目而忘记时间。

A. 完全符合　　B. 比较符合　　C. 无法确定　　D. 不太符合　　E. 完全不符

11. 我很喜爱长跑、远足、爬山等体育活动，并不是因为我的身体条件适应这些项目，而是因为这些活动能锻炼我的体质和毅力。

A. 完全符合　　B. 比较符合　　C. 无法确定　　D. 不太符合　　E. 完全不符

12. 我在学习和工作中遇到了困难，首先想到的就是问问别人有什么好办法。

A. 完全符合　　B. 比较符合　　C. 无法确定　　D. 不太符合　　E. 完全不符

13. 我能长时间做一件重要而枯燥无味的工作。

A. 完全符合　　B. 比较符合　　C. 无法确定　　D. 不太符合　　E. 完全不符

14. 我的作息没有什么规律性，经常随自己的情绪兴致的变化而变化。

A. 完全符合　　B. 比较符合　　C. 无法确定　　D. 不太符合　　E. 完全不符

15. 我决定做一件事，常常说干就干，绝不拖延或让它落空。

A. 完全符合　　B. 比较符合　　C. 无法确定　　D. 不太符合　　E. 完全不符

16. 我办事喜欢拣容易的先做，难的能拖就拖，实在不能拖时，就赶时间做完算数，所以别人不大放心我干难度大的工作。

A. 完全符合　　B. 比较符合　　C. 无法确定　　D. 不太符合　　E. 完全不符

17. 我信奉"凡事不干则已，若干必成"的格言，并身体力行。

A. 完全符合　　B. 比较符合　　C. 无法确定　　D. 不太符合　　E. 完全不符

18. 凡是比我能干的人，我不太怀疑他们的看法。

A. 完全符合　　B. 比较符合　　C. 无法确定　　D. 不太符合　　E. 完全不符

19. 遇事我喜欢自己拿主意，当然也不排斥听取别人的建议。

A. 完全符合　　B. 比较符合　　C. 无法确定　　D. 不太符合　　E. 完全不符

20. 给自己制订计划，常常因为主观原因不能如期实现。

A. 完全符合　B. 比较符合　C. 无法确定　D. 不太符合　E. 完全不符

21. 我不怕做我从来没有做过的事情，也不怕一个人独立负责重要的工作，我认为这是对自己很好的锻炼。

A. 完全符合　B. 比较符合　C. 无法确定　D. 不太符合　E. 完全不符

22. 我生来胆小，没有十二分把握的事情，我从来不敢做。

A. 完全符合　B. 比较符合　C. 无法确定　D. 不太符合　E. 完全不符

23. 我和同事、朋友、家人相处时，很有克制能力，从不无缘无故发脾气。

A. 完全符合　B. 比较符合　C. 无法确定　D. 不太符合　E. 完全不符

24. 我和别人争吵时，有时虽明知自己不对，却忍不住要说一些过头的话，甚至骂对方几句。

A. 完全符合　B. 比较符合　C. 无法确定　D. 不太符合　E. 完全不符

25. 我希望做一个坚强的、有毅力的人，因为深信"有志者事竟成"。

A. 完全符合　B. 比较符合　C. 无法确定　D. 不太符合　E. 完全不符

26. 我相信机遇，很多事实证明，机遇的作用有时候大大超过个人努力。

A. 完全符合　B. 比较符合　C. 无法确定　D. 不太符合　E. 完全不符

结果解释：

111 分以上，说明你意志坚强；

91—110 分，说明你意志较坚强；

71—90 分，说明你意志一般；

51—70 分，说明你意志比较薄弱；

50 分及以下，说明你意志很薄弱。

知识拓展

一、信念影响心情

（一）生活中常见的不合理信念

1. 个人绝对要获得周围环境尤其是生活中每一位重要人物的喜爱和赞许

这个观念实际上是个假象，是不可能实现的事。因为在人的一生中，不可能得到所有人的认同，即便是父母、老师等对自己很重要的人，也不可能永远对自己持一种绝对喜爱和赞许的态度。因此如果他/她坚持这种信念，就可能千辛万苦、委曲求全以取悦他人，以获得每个人的欣赏，但结果必定会使他/她失望、沮丧和受挫。

2. 个人是否有价值，完全在于他/她是不是个全能的人，即能在人生中的每个环节和方面都能有所成就

这也是一个永远无法达到的目标，因为世界上根本没有十全十美、永远成功的人。一个人可能在某方面较他人有优势，但在另外方面却可能不如别人。虽然他/她以前有过许多成功的境遇，但无法保证在每一件事上都能成功。因此，若某人坚持这种信念，他/她就会为自己永远无法实现的目标而徒增伤悲。

3. 世界上有些人很邪恶、很可憎，所以应该对他们严厉地进行谴责和惩罚

世上既然没有完人，也就没有绝对的区分对与错、好与坏的标准。每个人都可能犯错误，但仅凭责备和惩罚于事无补。人偶然犯错误是不可避免的。因此，不应因一时的错误就将他们视为“坏人”，以致对他们产生极端排斥和歧视。

4. 如果事情非己所愿，那将是一件可怕的事情

人不可能永远成功，生活和事业上的挫折是很自然的，如果一经遭受挫折便感到可怕，就会导致情绪困扰，也可能使事情更加恶化。

5. 不愉快的事总是由于外在环境的因素所致，不是自己所能控制和支配的，因此人对自身的痛苦和困扰也无法控制和改变

外在因素会对个人有一定影响，但实际上并不是像自己想象的那样可怕和严重。如果能认识到情绪困扰之中包含了自己对外在事件的知觉、评价及内部言语的作用等因素，那么外在的力量便可能得以控制和改变。

6. 面对现实中的困难和自我所承担的责任是件不容易的事情，倒不如逃避

逃避问题虽然可以暂时缓和矛盾，但问题却始终存在而得不到解决，时间一长，问题也便会恶化或连锁性地产生其他问题和困难，从而更加难以解决，最终会导致更为严重的情绪困扰。

7. 人们要对危险和可怕的事随时随地加以警惕

对危险和可怕的事物有一定的心理准备是正确的，但过分的忧虑则是非理性的，因为坚持这种信念只会夸大危险发生的可能性，使人不能对之加以客观评价和有效地面对。这种杞人忧天式的观念只会使生活变得沉重和没有生气，导致整日忧心忡忡、焦虑不已。

8. 人必须依赖别人，特别是某些与自己相比强而有力的人

虽然人在生活中的某些方面要依赖别人，但过分夸大这种依赖的必要性则可能使自我失去独立性，导致更大的依赖，从而失去学习能力，产生不安全感。

9. 一个人以往的经历和事件常常决定了他/她目前的行为，而且这种影响是难以改变的

已经发生的事实是个人的历史，这的确是无法改变的，但是不能说这些事就会决定一个人的现在和将来。因为事实虽不可改变，但对事件的看法却是可以改变的，所以人们仍可以控制、改变自己以后的生活。

10. 一个人应该关心他人的问题，并为他人的问题而悲伤、难过

关心他人，富于同情，这是有爱心的表现。但如果过分投入他人的事情，就可能忽视自己的问题，并因此使自己的情绪失去平衡，最终导致没有能力去帮助别人解决问题，却使自己的问题更糟。

11. 对人生中的每个问题，都应有唯一正确的答案

如果人找不到这个答案，就会痛苦一生。人生是一个复杂的历程，对任何问题都要寻求完美的解决办法是不可能的事。如果人们坚持要寻求某种完美的答案，那就会使自己感到失望和沮丧。

一个情绪沮丧的人总是坚持他/她必须要有某事物，而不只是想要或喜欢它而已。因此他/她便会把这种过度极端化的需求应用到生活的各个方面，尤其是关于成就和获得别人赞赏上，而当他/她不能满足这种需求时，就容易产生焦虑、自卑、沮丧等情绪；如果他将这种需求应用到他人身上，要求别人应该或必须怎样做时，一旦别人不能符合其意，他就会对人产生敌意、愤怒等情绪。

（二）合理与不合理信念的区分标准

默兹比提出了五条区分合理与不合理信念的标准。

1. 合理的信念大都是基于一些已知的客观事实，而不合理的信念则包含更多的主观臆测成分。

2. 合理的信念能使人们保护自己，努力使自己愉快地生活，不合理的信念则会产生情绪困扰。

3. 合理的信念使人更快地达到自己的目标，不合理的信念则使人因难以达到现实的目标而苦恼。

4. 合理的信念可使人不介入他人的麻烦，不合理的信念则难以做到这一点。

5. 合理的信念使人阻止或很快消除情绪冲突，不合理的信念则会使情绪困扰持续

相当长的时间而造成不适当的反应。

二、宣泄不良情绪，保持身心健康

每个人都渴望时时如意、事事顺心，但事实上“生活有苦也有甜”。当面对人生的烦恼和时代变革带来的种种困惑，面对疾病的纠缠、追求的失落、奋斗的挫折、情感的伤害、学习的压力等困扰时，不良的情绪体验就会产生。如果对不良情绪不能正确对待，不加以及时调节、疏导与释放，就会影响工作、学习和正常生活，继而导致身心疾病并危及身心健康。

那么怎样来排解生活中遇到的不良情绪呢？大学生可以采取以下方法。

1. 倾诉

当遇到不愉快的事时，不要自己生闷气，把不良心境压抑在内心，而应当学会倾诉。每个人的周围总会有几个知心朋友，当产生不良情绪时，朋友们聚一聚，把自己郁积的消极情绪倾诉出来，以便得到别人的同情、开导和安慰。美国有关专家研究认为“一个人如果有朋友圈子就能长寿20年”，可见朋友对一个人生活的重要性。

2. 运动和音乐

心情不好的时候，应该尝试做做运动，放松一下筋骨。运动对一向没有运动习惯的人们会产生意想不到的正面效果。研究显示，除了运动性的活动外，听音乐也是个人心情管理的良好方法。高声歌唱同样是排除紧张、激动情绪的有效手段。当人们不满情绪积压在心中时，不妨自己唱唱歌，歌的旋律、词的激励、唱歌时有节律的呼吸与运动，都可以缓解紧张情绪。俗话说：一唱解千愁。

3. 以静制动

当人的心情不好产生不良情绪体验时，都十分激动、烦躁，坐立不安，此时可默默地侍花弄草，观赏鸟语花香，或挥毫书画，垂钓河边。这些看似与排除不良情绪无关的行为，恰是以静制动的独特的宣泄方式。它是以清静雅致的态度平息心头怒气，从而排除沉重的压抑。

4. 哭

哭是人类的一种本能，是人的不愉快情绪的直接外在流露。现实生活中，除了过度激动外，哭总是由不愉快引起的。因此，从医学角度讲，短时间内的痛哭是释放不良情绪的最好方法，是心理保健的有效措施。因为人在情感激动时，流出的泪会产生高浓度的蛋白质，可以减轻乃至消除人的压抑情绪。不过，只是在内心受到委屈和不幸达到极大程度时才哭。如果遇事就哭，时时哭哭啼啼，事事悲悲泣泣，反而会加重不良情绪体验。

5. 学会幽默

适时的幽默和微笑，可以解除挫折感，并将感觉压力上的芒刺拔掉。笑能促进呼吸和血液循环，并会抑制压力荷尔蒙的分泌。那些有良好幽默感的人，容易克服压力，一般都活得较健康。幽默感可以缓解人际间的冲突，解除彼此间的对立。

三、积极思维和消极思维的力量

人的大脑思维具有相对性和时间性，没有相对性和时间性就没有思维。相对性是一根从负极到正极的纵轴，称为方向线，时间性是一根过去—现在—未来的横轴，称为时间线，相对性和时间性是回忆、想象、判断、对比、分析、推理的基础。

积极思维指向方向线的正极，更多地思考如何进取和成功；消极思维指向负极，更多地思考防御和避免失败。在时间线上，积极思维着眼于解决现在的问题，伴随更多的行动；消极思维则更多指向过去和未来，易耽于回忆和幻想。坐标的原点是纯然的静心状态，或感受状态。思维是消耗能量的，无论积极还是消极，尤其消极思维所伴随的负性情绪，使心理能量产生过度消耗，而积极思维伴随的正性情绪则可以减少能量的消耗。静心状态或感受状态是心理能量的加油站。大哲学家康德思考累了，于是仰望浩瀚的星空，油然升起一种纯净如水的敬畏，接下来的思考更深刻了。开悟的六祖慧能面对追兵，也能进入不思善恶、不问是非、如如不动的境界。圣雄甘地被激进分子勒住脖子，却毫无惧色地面带慈祥的微笑。他们的内心该是多么强大啊，心理能量充盈全身，巍巍然从容淡定。

从消极思维转向积极思维，无疑是正确的。建立并保持正念，妄念就会渐渐淡化和消失。可是，在实际操作的时候，很多人遇到了困难。道理他们都懂，也知道怎么去做，但就是做不到。为什么呢？因为消极思维和负性情绪使他们的心理能量消耗殆尽，没有余力进行这种思维方向的转换了。换句话说，由于内心的不安全感形成了消极思维的习惯，只要思维机器一启动，其思维就会滑向消极这一端，而内心的完美欲形成一股强迫性的力量，盲目努力挣脱的结果则导致强迫性对立思维。

因此，积极思维和积极行动，需要一定的心理能量启动和维持。在宏观上，接纳真我，停止自我内部的搏斗；在微观上，内观和感受当下，就是节省能量、补充能量的途径和方法。

四、生气的危害

俗话说"笑一笑，十年少"，大凡长寿之人都是心态平和、爱笑的人。成天苦瓜脸，没事儿就生气的人很难尽享天年。因为生气对身体有九大危害。

伤脑：生气之时，大脑思维往往会突破常规，做出一些鲁莽或过激的举动。生气会对大脑中枢形成恶劣刺激，气血上冲，容易引发脑出血等危险。

伤神：人在生气的状态下，心情激动，难以平复，这样就会严重影响睡眠，致使神志恍惚，无精打采。

伤肤：经常生气的人往往颜面憔悴、双眼浮肿、皱纹多生。

伤内分泌：生气还会引起甲状腺功能亢进，容易导致内分泌失调。

伤心：所谓急火攻心。生气时心跳加快，伴随着会出现心慌、胸闷等异常状况，甚至诱发心绞痛或心肌梗死。

伤肺：人在生气时，呼吸急促，容易导致气逆、肺胀、气喘、咳嗽等，从而危害肺的健康。

伤肝："肝火"一词很能说明肝脏与不良情绪的紧密关系。人处于生气状态时，可致肝气不畅、肝胆不和、肝部疼痛。

伤肾：经常生气，还会危害肾脏。可导致肾气不畅、闭尿或尿失禁等状况。

伤胃：人们在生气的时候经常会说："唉，气得我饭都吃不下了！"经常这样，必然会导致胃肠消化功能紊乱。

所以，还是开开心心的好，干吗跟自己的身体过不去呢？

五、小故事大道理

狐狸的故事

在一位农夫的果园里，紫红色的葡萄挂满了枝头，令人垂涎欲滴。当然，这种美味逃不过附近狐狸们的眼睛，它们早就想享用一下了。然而，葡萄架要远远高于狐狸的身高，于是……

第一只狐狸来到了葡萄架下，它不愿就此放弃，机会难得啊！它发现了葡萄架旁边的梯子，突然灵机一动，学着以前农夫摘葡萄的样子爬上去，顺利地摘到了葡萄。

第二只狐狸在葡萄架下转了几圈，自言自语地说："这些葡萄肯定是酸的，吃了也很难受，还不如不吃。"于是，它心情愉快地离开了。

第三只狐狸禁不住葡萄的诱惑，下决心要吃到葡萄。它想：我可以向上跳，只要努力，我就一定能够得到。可是事与愿违，它最后累死在了葡萄架下，献身做了肥料。

第四只狐狸一看到葡萄架比自己高，便破口大骂，到处撕咬葡萄藤，正巧被农夫发现，一铁锹把它拍死了。

第五只狐狸在葡萄架下号啕大哭，它伤心为什么自己如此矮小，如果像大象那样，不是想吃什么就吃什么吗？它哭喊着："如果吃不到葡萄，我就不回家了！"

第六只狐狸想：既然我吃不到葡萄，别的狐狸肯定也吃不到，如果这样的话，我也没什么好遗憾的了，反正大家都一样。

第七只狐狸站在高高的葡萄架下，心情非常不好，它想：为什么我吃不到呢，我的命运怎么这么悲惨啊？越想它越郁闷，最后郁郁而终（这只狐狸因处于持久的心境低落状态而患上抑郁症）。

第八只狐狸尝试了很多办法也没有见效，它听说有别的狐狸吃到了葡萄，心情更加不好，最后一头撞死在葡萄架下。

第九只狐狸心想：听说柠檬的味道和葡萄差不多，既然我吃不到葡萄，何不尝一尝柠檬呢，总不能在一棵树上吊死吧！因此，它心满意足地离开去寻找柠檬了。

第十只狐狸每天都去葡萄架下徘徊，渴望着有一天能独占所有的葡萄。然而，残酷的现实不能满足它内心的欲望，它感到非常痛苦。终于有一天，它振作起来，开始奋笔疾书，在诗歌的领域努力耕耘，唱响了对大自然的赞歌。从此，诗坛上升起了一颗闪亮的新星……

道理：

狐狸的故事都是大家生活中应对挫折的原型，你是否从中发现了自己的影子呢？现实生活中，每个人都会遇到挫折，面对挫折，许多人会感到焦虑、痛苦、自卑、怨恨，甚至失去希望和信心，导致心理失衡，不仅影响了正常的学习和生活，还影响身体健康和内心的和谐。因此，积极应对挫折和压力，对提高心理免疫水平，享受幸福人生有着重要意义。

附　　录

好书推荐：

1.《不抱怨的世界》

作者简介：威尔·鲍温（Will Bowen），美国最伟大、最受尊崇的心灵导师之一，密苏里州堪萨斯市基督教会联盟的主任牧师，在进入牧会之前，有多年从事广播和行销等工作的经验。他热爱运动、骑马、旅行、阅读，发起的"不抱怨"运动，改变了无数人的命运。

内容简介：这是一本震惊世界的心灵励志书，在书中，威尔·鲍温发起了一项“不抱怨”活动，邀请每位参加者戴上一个特制的紫手环，只要一察觉自己抱怨，就将手环换到另一只手上，以此类推，直到这个手环能持续戴在同一只手上21天为止。觉得很难吗？不到一年，全世界就有80个国家600万人热烈参与了这项运动，学习为自己创造美好的生活，让这个世界充满平静喜乐、活力四射的正面能量。你也可以成为其中的一分子，戴上紫手环，接受21天的挑战，为自己创造心想事成的无怨人生！

冯仑、唐骏、张德芬、奥普拉感动推荐本书！美国亚马逊、中国台湾金石堂、诚品书店心灵励志新书销量第一名！《纽约时报》《时代周刊》《卫报》《芝加哥太阳报》《洛杉矶时报》、NBC电视台……全球超过100家重量级媒体专题报道。在美国《时代周刊》与《纽约时报》联合美国NBC电视台发起的“影响你一生最重要的一本书”投票中，它仅次于《圣经》。世界首富比尔·盖茨在推荐这本书时说：没有人能拒绝这样一本书，除非你拒绝所有的书。

2.《心理强大之路》

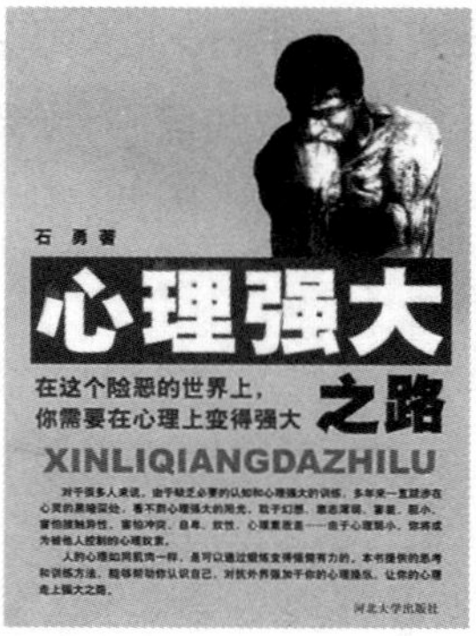

作者简介：石勇，本名石求阳，青年学者。在《原道》《三农中国》《天涯》《文化产业研究》《中国改革》《凤凰周刊》《南风窗》等思想学术刊物及媒体发表文章多篇，出版《被遮蔽的真相》《国学热：十年人文热点对话录》（合著）、《心理危机》等专著。

内容简介：对于很多人来说，由于缺乏必要的认知和心理强大的训练，多年来一直跋涉在心灵的黑暗深处，看不到心理强大的阳光。耽于幻想、意志薄弱、害羞、胆小、害怕接触异性、害怕冲突、自卑、奴性、心理素质差……由于心理弱小，你将成为被他人控制的心理奴隶。人的心理如同肌肉一样，是可以通过锻炼变得强健有力的。本书提供的思考和训练方法，能够帮助你认识自己，对抗外界强加于你的心理操纵，让你的心理走上强大之路。

项目七

我的情绪我做主

——大学生情绪管理解读

编者寄语

每个人都离不开情绪和情感,它们就像我们"生命的指挥棒""健康的寒暑表"。同样的事物,在不同情绪的指挥下,我们看它会有截然不同的反应。正如一个人情绪好时,山含情,花含笑;一个人情绪不好时,感时花溅泪,恨别鸟惊心。

一般人的一生平均有十分之三的时间处于情绪不佳的状态,每个人都不可避免地要与消极情绪做持久的斗争。心态是人们真正的主人,要么你去驾驭生命,要么是生命驾驭你,而你的心态将决定谁是坐骑,谁是骑师。弱者听任情绪控制行为,强者让行动控制情绪。

案例导入

案例一：情绪传染

有个小男孩心情不好，在路边遇到一条小狗便狠狠踢去，吓得小狗狼狈逃窜；小狗无端受了惊吓，见到一个西装革履的老板便汪汪乱叫；心情不好的老板在公司里朝他的女秘书大发雷霆；女秘书回家后把怨气一股脑撒给了莫名其妙的丈夫；第二天，这位身为教师的丈夫如法炮制，对自己一个不长进的学生一顿臭批；挨了训的学生，也就是前面的那个小男孩怀着恶劣的心情放了学，归途又碰见了那条小狗，二话没说又一脚踹去……

案例中的小男孩、小狗、老板、女秘书、教师之间传递的便是一种负性情绪，可称为“情绪传染”，即将不良情绪传递给他者从而影响他者产生类似的不良情绪。如果中间任何一方能够控制自己的不良情绪，不继续传染给他者，那么坏情绪的传染链条就会中断。

案例二：洛克菲勒的情绪胜诉

在法庭上，律师拿出一封信问洛克菲勒：“先生，你收到我寄给你的信了吗？你回信了吗？”

“收到了！”洛克菲勒回答他，“没有回信！”

律师又拿出二十几封信，一一地询问洛克菲勒，而洛克菲勒都以相同的表情，一一给予相同的回答。

律师控制不住自己的情绪，暴跳如雷不断咒骂。

最后，庭上宣布洛克菲勒胜诉，因为律师情绪的失控让自己乱了章法。

有人也许会质疑洛克菲勒的取胜手段，如果暂不论这些，也不管洛克菲勒的方法是否正确，但最终的结果是那个律师因为情绪失控而败下阵来。

生活中，面对不同的环境、不同的对手，保持好自己的情绪至关重要。能合理调控自己情绪的人，其情绪不仅是自我情感的表达，亦是生活中自我防护和抗击对手的利剑。不分时间、场合、对象的毫无控制力的情绪发泄，将会把事情弄得一团糟。每个人都会遇到一些令自己为难的窘境或困境，然而聪明的人却能将情绪收放自如，情绪处理得好,可将阻力化为助力,帮助个体解危化险,和谐人际关系;情绪处理得不好,会导致产生非理性的言语行为,轻则误事受挫,重则违法乱纪。

案例三:大一新生的自述

这是一位大一新生的自述:“我来自一个并不富有但也比较宽裕的家庭,父亲非常爱我,但在我童年中,发生过重大创伤性生活事件,自从这件事发生后,我不再相信任何人,也不再相信很多人们确信不移的东西,比如友谊、爱情等,我想通过努力学习离开原来的生活环境,开始新的生活,摆脱童年生活的阴影。来到大学后,看到同学们都快乐无忧地生活着,长久潜藏于内心深处的愤怒悄悄地滋长着,我不知道如何化解与排解这种情绪,便经常翻同学的书柜和床位,将他们正在看的参考书藏起来,我并不是为了看书而是想看到他们焦虑、着急的样子,我内在的愤怒便找到了宣泄的出口,这样我还不解气,我将同学的存折悄悄取出,并将钱全部花掉以化解我心中的愤怒。”

自述的这位大学新生因早年的创伤性体验没有及时得到必要的心理辅导支持,在内心深处形成了阴影。升入大学后他与周围同学比照,更加剧了自身的负性情绪,压抑在内心深处的愤怒强化,因得不到纾解便选择了错误的方法进行发泄。

心理解读

一、情绪概述

(一)情绪的含义

情绪是指人对认知内容的特殊态度,是以个体的愿望和需要为中介的一种心理活动。情绪包含情绪体验、情绪行为、情绪唤醒和对刺激物的认知等复杂成分。我国古代有“喜、怒、忧、思、悲、恐、惊”七情说,美国心理学家普拉切克提出了八种基本情绪:悲痛、恐惧、惊奇、接受、狂喜、狂怒、警惕、憎恨。

(二)情绪的分类

目前比较有代表性的分类方法有两种。

1.根据情绪性质分类

(1)快乐。快乐是个体达成期盼目标后随之产生的情绪体验。它是因需要得到满足、愿望实现后所产生的满足体验，是具有正性色调的快乐情绪，使人产生超越感和接纳感。快乐的程度由低到高依次是愉快、兴奋、狂喜。

(2)愤怒。愤怒是个体因受干扰而不能达到预期目标时所产生的体验。愤怒伴随着紧张感的增加，当个体遇到的是不公平待遇或恶意行为时，最易发生愤怒，甚至出现攻击行为。愤怒的程度由低到高依次是不满、生气、愠怒、愤怒、暴怒。

(3) 恐惧。恐惧是个体企图摆脱、逃避某种危险情境时所产生的情绪体验。除外在危险情境因素，恐惧的产生还与个体对危险情境的认知、排除危机的能力息息相关，例如婴儿对恐惧的认知出现较晚，则恐惧情绪表现较晚。

(4) 悲哀。悲哀是在失去心爱的对象或愿望破灭、理想不能实现时所产生的体验。悲哀伴随着紧张感的释放和哭泣的行为表现，其程度取决于对象、愿望、理想对自己的意义和价值，悲哀的程度由低到高依次是遗憾、失望、难过、悲伤、哀痛。

在基本情绪的基础上可派生出其他的复杂情绪，如厌恶、羞耻、恼怒、嫉妒、喜欢、悔恨等。

2. 根据情绪状态分类

(1)心境。心境也即平时说的心情，是一种微弱、弥漫和持久的情绪，其特点是弥散性，它不是针对某一事物的特定的体验，而是以同样的态度体验对待一切事物。“忧者见之而忧，喜者见之而喜”“人逢喜事精神爽”等就是心境的表现。心情愉悦时，“风含情，水含笑”，看什么都好；心情不佳时，“见花落泪，对月伤怀”，看什么都不开心。影响心境的原因有很多种，比如生活的顺心与否、学习和工作的如意与否，人际交往和沟通的和谐与否，自身健康状况的好坏以及周围环境的变化等。心境会影响个体生活的其他方面，平稳的心境可持续几个小时、几周或几个月，甚至一年以上。

心境对个体的生活、学习、工作、人际交往、身心健康等有很大的影响，积极的心境能够提高个体的工作效率、学习绩效，帮助个体保持良好的身心状态，提高生活满意度；消极的心境则会桎梏个体的身心发展，影响正常的生活和学习，导致工作效率下降，使人际交往出现“灰色地带”。

(2)激情。激情是一种爆发快、强烈而短暂的情绪体验。它的发展经历了三个阶段：意识控制力降低导致身体、表情动作趋向于失控，行为追随彼时的情感；意志失去监督，导致动作不可控，行为失去理智，事后会有羞耻感；激情爆发之后会出现疲劳的现象，甚至精力衰竭，精神不振，对一切事物都漠不关心，即所谓的激情休克。

激情有诸多情绪反应表现，如勃然大怒、暴跳如雷、欣喜若狂等，处于激情状态的个体，其外部行为表现明显，生理层面有较高的唤醒度，认知范围会缩小，专注于与体验有关的事物，极易失去理智和控制力，做出不计后果的莽撞行为。个体一旦处于激情状态下，首先要有明确的认识，注意调控自己的情绪，减少冲动行为。激情持续的时间较短，可以是积极的，也可以是消极的。积极的激情对个体活动有激励作用，消极的激情对个体活动有抑制作用。

(3)应激。应激是个体在各种内外环境因素及社会、心理因素刺激时所出现的全身性非特异性适应反应。当个体面临突发事件或受到威胁时，身心会高度紧张，出现一系列的生理反应，如心跳加快、肌肉僵硬、呼吸加速、血压升高等，由此聚集能量，对抗外在危险。例如，个体在遭遇歹徒、驾车遇难、经历巨大自然灾害等时刻均会出现应激反应。

应激状态下的个体会有两种表现，一是束手无策，陷入混乱；二是急中生智，迅速行动。不同的表现会产生不同的结果，积极的应激反应可以通过训练实现，但是应激的状态不能维持过久，否则将过度消耗身心能量，导致疾病的发生。

(三)情绪的功能

1. 适应功能

情绪的适应功能使个体能针对不同的刺激事件产生相对应的适应性反应，同时调节自身与外在环境的关系，是个体生存、发展和适应的重要手段。个体通过情绪的表达，表明自己的需要和自身状况。譬如，痛苦表示处于困境中，悲伤表示内心无助，快乐表示状况良好，羞怯可以增强个体与社会习俗的一致性，内疚激发社会公平重建等。总之，情绪有助于增强个体的社会适应能力。

2. 信号功能

情绪的信号功能是指在人际交往中，人们除借助言语进行交流外，还通过情绪的流露来传递自己的思想和意图。信号功能借助个体的外部表情实现传递情绪信息和内心愿望的作用，特别是在只可意会不可言传的情境下，表情的信号功能尤为明显，具有“此时无声胜有声”的效果，更具感染力。

心理学家在对英语国家人们的交往状况进行研究后发现，在日常生活中，55%的信息是靠非言语表情传递的，38%的信息是靠言语表情传递的，只有7%的信息才是靠言语传递的。个体刚出生无法使用语言时，就是借助表情进行交流，表情更具生动性和表现力。人际交往中可以通过表情分辨对方的态度和情绪世界，表情是维持人际关系的纽带。在许多影视作品中，人们用情绪的表露代替了语言的表达。

3. 动机功能

情绪具有动机激励作用，它能够以一种与生理性动机或社会性动机相同的方式驱动个体发生反应，激发和引导个体产生行为和从事某种活动。人的行为由情绪驱动，正如汽车由马达驱动一样。积极增力的情绪如愉快、热爱、希望、自信等能提高个体的活动效率和积极性，而消极减力的情绪如恐惧、萎靡、仇恨、自卑等会降低个体的活动效率和积极性。

当个体面对困难或危险情境时，情绪的动机潜力会发生作用，促使其做出应激行为。例如，捕猎过程中遇到猛兽与其搏斗时，个体会产生强大的紧张和愤怒情绪，有助于增强体力，战胜猎物。但是不同个体的动机潜力各不相同，当面临危险时，有的人头脑清晰、思维缜密，能很好地处理问题；而有些人则惊慌不安、手足无措，不能有效地采取行动。

4. 健康功能

情绪的好坏会直接影响个体的身心健康，积极的情绪有助于身心健康，消极的情绪会引发诸多疾病。情绪活动剧烈、过度，超越人体能够承受的限度而持久不得平静，必然影响脏腑气血功能，导致全身气血紊乱。有许多心因性疾病与人的情绪失调有关，例如溃疡、偏头痛、高血压、哮喘、月经失调等，有些人患癌症也与长期心情压抑有关。一项长达 30 年的关于情绪与健康关系的追踪研究发现，年轻时性情压抑、焦虑和愤怒的人患结核病、心脏病和癌症的比例是性情沉稳的人的四倍。

美国心脏病学会将易患上心脏病的人群界定为 A 型性格人群，此类人群的特征是生活压力过大，自我要求过高，性情暴躁，易发脾气，容易生气。而人在生气时，会分泌出有毒性的物质，一个人生气 10 分钟所耗费的精力，不亚于参加一次 3000 米的赛跑。一些临床医学研究也证明，长期受消极情绪的困扰，会导致各种身心疾病。

（四）情绪的表达

1. 情绪表达的方式

情绪的表达是指人们用来表现情绪的各种方式，其功能就是纾解情绪水位，使水位下降。情绪的表达主要有两种方式：一是语言表达，即通过表达的语句含义、词语褒贬等揭示个体的内心情绪；二是非语言表达，即通过面部表情、姿势语言、语音语调等反映个体的内心情绪。

（1）面部表情

人的面部表情最为丰富，它是通过眼部肌肉、颜面肌肉和口部肌肉来表现人的各种情绪状态。例如，眼睛：高兴时眉开眼笑，悲伤时两眼无光，气愤时怒目而视，恐惧时目瞪口呆；眉毛：展眉欢颜、蹙眉愁苦、扬眉得意、低眉慈悲、横眉冷对、竖眉愤怒；嘴巴：笑时嘴角上提，生气时嘴角下挂，憎恶时咬牙切齿，恐惧时张口结舌。

(2)姿势语言

姿势语言是通过四肢与躯体的变化来表现人的各种情绪状态,可分为身体表情和手势表情。例如,快乐时会手舞足蹈,懊悔时捶胸顿足,恐惧时瑟瑟发抖。个体对由姿势语言表达的情绪往往不容易察觉,姿势语言一般不为当事人的意识所控制。

(3)语音、语调

语音、语调是通过音调、音速、音响的变化来表现各种情绪状态。如高兴时语调激昂,节奏轻快;悲哀时语调低沉,节奏缓慢,声音断续且高低差别很少;愤怒时语言生硬,态度凶狠。据说美国一位女演员用悲调念 26 个英语字母,竟使听众落泪,而波兰一位喜剧演员用另一种语调念同样的 26 个字母,却把听众引得哄堂大笑。

2. 情绪表达的特点

情绪表达具有先天性、共同性、习得性、可控性等特点。

(1)先天性。情绪表达是先天的本能活动,不需要学习和模仿。婴儿与生俱来就有表情,先天盲童最早期的表情反应与正常婴儿无异。

(2)共同性。世界各个民族对于基本的情绪表达方式都是一样的,包含着相同的意义,与文化背景无关。旧金山加州大学艾克曼的一项研究表明,全世界任何一种文化的人都可认出恐惧、愤怒、悲伤与快乐四种表情。

(3)习得性。后天的环境和学习会影响个体部分情绪的表达方式。婴儿会说话之前的表情动作是先天的,但随着年龄增长,表情的复杂性随之增加。有些面部表情全世界都是一样的,但有更多表情在不同的文化与种族中表达的情绪是不一样的。

(4)可控性。指情绪表达的外显行为可以被意志所掩饰,或模仿,或夸张做作,能诱导他人产生误解。

(五)情绪与情感

情绪和情感之间有紧密的关联。情感在多次情绪体验的基础上形成,是情绪的深层核心,具体仍表现为情绪;情绪包含着情感,是情感的外在表现;情绪的变化受已有情感的制约,情感对其有巨大的影响。二者是心理活动过程的两个不同侧面,相互依存、制约和转化。但情绪和情感之间又有明显的区别,具体表现为:

1. 需要差异

情绪主要与个体的物质、生理需要相联系。例如,当个体的睡眠需要得到满足时会感到舒适,当其人身安全受到威胁时会感到恐惧。情感主要与个体的精神、社会需要相联系。例如,尊重感的产生是由于人际交往需要得到满足,当个体获得成功时会产生荣誉感。

2. 发生时间差异

从发展的角度来看，情绪的发生早于情感。婴儿一生下来，就有哭、笑等情绪表现，而且多与食物、水、温暖、困倦等生理性需要相关，但是却没有道德感、成就感、美感等情感。情感是随着个体的年龄增长、心智的成熟和对社会认知的不断发展而产生的，多与求知、交往、艺术陶冶、人生追求等社会性需要相关。因此，情绪是人和动物所共有的，而情感是人所特有的。

3. 反映特点差异

情绪具有变动性、暂时性、浅表性与外显性。情绪常随环境、对象、场合的改变而不断变动，难以自控，维持不长久，且停留于表面。例如，当个体处于危险情境中会极度恐惧，但危险过后恐惧情绪会消失；情感则具有稳定性、持久性、深刻性、内隐性，它是在多次情绪体验的基础上形成的稳定的态度体验，因其深刻性而常被作为人的个性和道德品质评价的重要方面。例如，对某人深沉的爱和尊敬的情感甚至能维持一生。

（六）情绪对大学生的影响

1. 情绪影响大学生的学习

大学生的学习不仅受认知影响，也受情绪影响。情绪可以提高大学生学习的积极性和学习效率，也可以降低其学习的积极性和学习效率。

情绪活动水平影响问题解决。根据耶克斯—道德森定律，各种学习活动有一个最佳的情绪活动水平。例如，较低的激动水平有助于解答较难的代数问题；中等程度的激动水平，有利于训练基本的算术技能；较高的激动水平，有利于学习简单的操作。

焦虑程度影响学习效率。焦虑与学习效率之间的关系呈倒 U 形，没有焦虑或过分焦虑都不能产生高的学习效率，而中等程度的焦虑最有利于学习效率的提高。

心境状态影响学习积极性。积极的心境能增强大学生的自信心，提高其学习积极性；消极的心境，易使大学生丧失信心，降低其学习积极性。根据“心境状态依赖性效应”的相关心理实验，个体学习时的情绪状态良好、一致，被试回忆或再认的成绩最好，因为学习时的情绪状态在回忆或再认时可以成为信息检索的有效线索。

2. 情绪影响大学生的生理健康

俗话说：“笑一笑，十年少；愁一愁，白了头。”良好的情绪不仅是维护心理健康的保证，也是保持生理健康的重要因素。它能使大学生精力充沛，维持神经系统活动的兴奋和协调，保持内分泌系统平衡，增强个体自身免疫力，提高对疾病的抵抗力。反之，如果大学生长期处于抑郁、焦虑、恐惧等消极情绪下，得不到及时调适或宣泄，会降低个体的免疫能力，引起生理疾病。例如，紧张性头痛、神经衰弱、心律不齐、哮喘、神经性皮炎、十二指肠溃疡、月经不调、雀斑等都是大学生因情绪问题导致的常见生理疾病。

如果大学生不能适应竞争性的大学生活，对自己缺乏合理的定位，没有形成正确的奋斗目标，对自己期望和要求过高，会导致精神紧绷、情绪状态不佳，势必会影响其生理健康状态。

3. 情绪影响大学生的行为效果

根据埃普斯顿的研究，大学生的情绪体验对其行为有重要影响。例如，当大学生体验到愉快、舒适、亲切、平静等积极的情绪时，行为目标往往是积极向上的，其社会兴趣、对新经验的开放和接受的程度、对周围人的尊重与理解、对价值和长远目标的献身精神等都有明显的增强。反之，如果大学生体验到的是痛苦、愤怒、紧张或受到威胁等消极情绪，一部分大学生的行为可能会发生消极的变化，表现为社会兴趣下降，反社会行为增加，对新经验持审慎甚至闭锁的态度；而另一部分大学生则向积极的方向转化，在行为上表现得更为坚强，拥有更大的克服困难的勇气与意志。大学生情绪体验与行为效果的关系，具体如表 7－1 所示：

表 7－1 大学生情绪体验与行为效果关系

关系类型	情绪体验	行为效果
积极—积极型	乐观、积极向上	再接再厉，努力取得下次成功
消极—积极型	悲观、消沉	认可既定失败事实，争取下次成功
消极—消极型	悲观、消沉	一蹶不振，消极处事

不论是积极情绪还是消极情绪，都会对大学生的行为目标、反应等产生一定的影响。关键在于明确情绪对个体行为的重要意义，合理利用，因势利导，积极推动。

4. 情绪影响大学生的人际交往

心理学研究表明，在第一印象形成过程中，主体的情绪状态有十分重要的作用。在大学生人际交往中，情绪会通过个体的姿态、表情、语言等传达给对方积极或消极的信息，影响对方的情绪和态度，进而影响人际交往状况。例如，当个体情绪糟糕时会毫无根据地认为对方讨厌、无理，把内在的消极情绪无意中传达给对方，导致对方的反感，影响了正常的人际交往，这也体现了情绪在人际交往中的传染效应。美国洛杉矶大学医学院的心理学家加利斯梅尔就此做过一个心理实验。他将一个乐观开朗的人和一个整天愁眉苦脸、抑郁难解的人放在一起，不到半个小时，这个乐观的人也变得郁郁寡欢起来。加利斯梅尔随后又做了一系列实验证明，只要 20 分钟，一个人就可以受到他人低落情绪的传染。一个人的敏感性和同情心越强，越容易感染上坏情绪，这种传染过程是在不知不觉中完成的。

经常在他人面前任由负性情绪决堤、不加控制、乱发脾气的人，久而久之，别人会视他为难以相处的人，甚至拒绝与其往来；反之，面带微笑、经常赞美他人、态度亲切的人，其人际交往顺利，人际关系和谐。

很多大学生都懂得人际交往的策略和技巧，但却忽略了情绪的影响作用，高职高专的学生亦如此。当他们自信满满地与人打交道时，结果却因为自己不能保持良好的情绪，让人际交往的效果大打折扣。因为紧张、烦躁、失落等消极情绪都会直接反映到人际交往的一些细节中。例如，眼神不专注、不耐烦、表情僵硬等，由此传递给对方无聊、紧张、冷漠的负性心理暗示，影响人际交往。反之，乐观积极的情绪也会带给对方积极的心理暗示，使人际交往愉快、顺利。

二、大学生常见的情绪困扰

大学生正处于青春期阶段，这是一个不断变化发展的时期，有心理学家将青春期比作“狂风骤雨”时期。在这个特殊的时期里，大学生容易产生各种情绪困扰，严重的会有情绪障碍。

1. 自卑

自卑在心理学上又称“自我否定”，是一种负性的自我情绪体验，也可以说是性格上的一种缺陷。它主要表现为对自己的能力、学识、品质等自身因素评价过低，觉得自己各方面不如人，同时伴有一些特殊的情绪体现，如害羞、不安、内疚、忧郁、失望等。生活中自卑的人，往往不敢大声说话、不苟言笑，经常一个人在某个角落里默默注视他人，尽管渴望被别人关注，但却因自卑心理，内心世界变得黑暗，不能正常融于社会生活。

对于大学生来说，进入大学以后，由于学习和生活环境的改变及自我定位偏差，出现了“大学生的相对平庸化”现象。进入大学前出类拔萃的学生，由于对自我没有合理的定位，看不清自己的特点和优势，会因大学后“比较团体”的扩大而变得相对平庸无为，其背负的期望越大，“相对平庸化”的心理感受会愈加明显，部分大学生由原来的“佼佼者”变成了大学校园中默默无闻的“普通一员”，导致产生自卑、怯懦、自我迷失等问题。加之竞争压力的加剧、竞争源的扩大，大学生之间不再局限于学习成绩的比较，更多涉及研究能力、社交能力、艺术修养、个人风度等方面的竞争，竞争范围的扩大和程度的增加，带来了自卑问题的增长。很多高职高专的学生，自卑心理比普通高等院校的大学生更为明显，他们会因学校差异、专业限制、自身条件等因素产生自卑问题，影响了正常生活。

此外，还有一些学生由于经济条件差、家庭状况不如他人等外在因素而变得消极自卑，导致出现行为畏缩、瞻前顾后、多愁善感、过于敏感等问题，严重影响各方面的正常发展。

2. 焦虑

焦虑是一种缺乏明显客观原因的内心不安或毫无根据的恐惧，是当人们在面临威胁或预料到某种不良后果时，产生的一种由紧张、害怕、担忧、焦急混合交织的情绪体验。它可以在人遭受挫折时出现，也可能没有明显的诱因而发生，通常情况下与精神打击以及即将来临的、可能造成的威胁或危险相联系，主观表现出感到紧张、不愉快，甚至痛苦、难以自制，严重时会伴有植物性神经系统功能的变化或失调。

对于大学生来说，适度的焦虑可以唤起个体的警觉、集中注意力、激发斗志，对个体成长是有利的。但是过度的焦虑则使其处于一种无所适从的状态，总是担心将要发生的事情、伴有大祸临头的恐惧感、内心时刻感到紧张害怕、心烦意乱、精神紧张、坐立不安、注意力分散、办事效率低下，常伴有心悸、气急、出汗、四肢发冷、震颤等自主神经功能失调的表现和运动性坐立不安，严重的甚至产生焦虑障碍。

引发大学生焦虑的主要原因包括：大学适应问题、学习问题、恋爱问题、人际交往问题、求职就业问题等。

3. 抑郁

抑郁是一种低落、消沉的情绪体验，也是一种复合性负性情绪。抑郁问题在大学生中并不少见，其诱发原因有多种：有的大学生因为不喜欢所学专业和学校，对未来感到前途渺茫，慢慢产生情绪抑郁问题；有的大学生因为人际交往不顺，人际关系问题处理不当引发了抑郁问题；有的大学生则因失恋问题导致出现情绪抑郁。这些诱导因素对大学生来说是人生中重要的东西，由此引发的负性情绪体验会更加深刻、复杂和持久。

正常人短期的抑郁情绪是应对悲伤情境的温和方式，但如果长期陷于抑郁中不能自拔，则会影响大学生正常的学习和生活，不利于身心健康。处于抑郁状态的大学生，往往情绪低落、郁郁寡欢、闷闷不乐、兴趣丧失，常常感到精力不足、注意力不集中、思维迟缓，自我评价低，对一切感到悲观失望，同时伴有食欲减退、失眠等问题。

长时间过度的抑郁会引发抑郁症或灾难性的自杀后果。有关研究表明，有相当比例的抑郁症患者有自杀倾向，甚至采取过自杀行为。因此，对于有长期抑郁情绪问题的大学生应格外关注，因其是评定自杀危险性的重要指标。

4. 嫉妒

莎士比亚曾说："要留心嫉妒，那是一个绿眼的妖魔！"《心理学大辞典》中指出，嫉妒是与他人比较，发现自己在才能、名誉、地位或境遇等方面不如别人而产生的一种由羞愧、愤怒、怨恨等组成的复杂的情绪状态。它是一种复杂的情绪体验，包含了焦虑、恐惧、悲哀、猜疑、羞耻、消沉、憎恶、敌意、怨恨、报复等不愉快的心理状态。嫉妒是个体对相应的幸运者或潜在的幸运者怀有的一种冷漠、贬低、排斥甚至是敌视的负性情绪体验，他人的容貌、财富、成就、地位、荣誉、家庭、聪明才智等均可以成为嫉妒的对象。

嫉妒问题在大学生中普遍存在，表现为不能容忍其他同学的快乐和幸福，甚至借用一些手段去破坏；看到其他同学在才艺、能力、人品、容貌、衣着等方面比自己好时，感到恼怒、生气、愤愤不平；当比自己优秀的同学遭到不幸和灾难时幸灾乐祸、讥讽嘲笑，甚至背后诋毁中伤、打击报复。严重的嫉妒情绪是一种极不健康的心理状态，它使大学生的心灵扭曲变形，是一种情绪障碍。

三、大学生情绪管理

（一）大学生情绪健康的标准

大学生拥有健康情绪，意即拥有良好的情绪状态。良好的情绪状态，最主要体现在情绪成熟上，指一个人情绪的发展、反应水平和自我控制能力与其年龄和社会对此的要求相适应，并为社会所接受。美国心理学家马斯洛在阐述关于“自我实现者”的情绪特点中，曾经提出了健康情绪的六个特征：平和、稳定、愉悦和接纳自己；有清醒的理智；有适度的欲望；对人类有深刻、诚挚的感情；富于有哲理、善意的幽默感；有丰富、深刻的自我情感体验。

心理学家索尔也指出情绪健康有八个特点：独立、不依赖父母；增强责任感及工作能力，减少与外界接纳的渴望；去除自卑情结、个人主义及竞争心理；适度的社会化与教化，能与人合作，并符合个人良心；成熟的性态度，能组织幸福家庭；培养适应，避免敌意与攻击；对现实有正确的了解；具有弹性以及适应力。

心理学家瑞尼斯等人提出情绪健康的六项标准：发展出某些技巧以应付挫折情境；能重新解释与接纳自己与情绪的关系，不会一直自我防卫，能避免挫折并安排替代的目标；知觉某些情境会引起挫折，可以避开并找寻替代目标，以获得情绪满足；能找出方法，缓解生活中的不愉快；能认清各种防卫机制的功能，包括幻想、退化、反抗、投射、合理化、补偿，避免成为错误的习惯，以至防卫过度，造成情绪困扰；能寻求专家的帮助。

综合各心理学家对情绪健康的特征及标准的阐释，对大学生来说健康的情绪应表现为：

1. 情绪反应与客观情境相符

一个人的喜、怒、哀、乐等情绪反应是由具体的可感知的真实存在的现象、事物引起的，而不是莫名其妙的无端的喜、怒、哀、乐。同时，情绪反应应与对象特点相吻合，例如可喜的现象能引发愉快的情绪，不幸的事件能引发痛苦的情绪，愉快的情境引起愉悦的情绪反应，悲伤的情境引起悲哀的情绪反应。如果该喜时未喜却悲、该悲时未悲却喜，则说明认知与情绪反应之间产生颠倒现象，是心理问题的一种表现。

2. 情绪反应适度

喜怒哀乐人皆有之，不能也不必过分压抑。要能接受自己的情绪，既不苛求自己，也不过分追求完美，当负面情绪出现时能以平常心来面对自己情绪上的波动，但反应要适度。强烈的情境引起较强的情绪反应，微弱的情境引起较弱的情绪反应，反之则不正常。当引起情绪反应的客观具体情境消失后，个体的反应也应逐渐平息，其中一般性的情境刺激消失之后，情绪应在短时间内淡化和转移；严重的创伤性情境消失之后，对情绪的恢复时间相对长一些。

3. 整体保持积极乐观的情绪状态

保持积极乐观的情绪状态包括保持好奇心，善于关注和发现生活、学习中积极的事物，能够充分地享受快乐，主动创造能使自己感到愉快的生活和事业。快乐并非在被动等待和别人赐予中出现，而是自我的一种发现和创造。

4. 对负性情绪有自我调控能力

个体成长中不可避免地会遇到困难和挫折，要能善于及时调整自己的不良心态，调控负性情绪。其中包括能够保持正确、客观的理性认知，善于采用合理的方式及时疏导、宣泄不良情绪，在遇到挫折时能够积极地自我暗示，使自己的情感升华。

（二）大学生情绪管理的方法

1. 合理情绪治疗法

合理情绪治疗是 20 世纪 50 年代由阿尔伯特·艾利斯创立的。其理论认为，人们的情绪障碍是由人们的不合理信念造成的，只有通过认知改变的方式帮助求治者用合理的思维方式代替不合理的思维方式，用合理的信念替代不合理的信念，才能减少不合理的信念给情绪带来的不良影响，帮助个体减少或消除他们已有的情绪障碍。

例如，鞋厂市场部派职员 X 和 Y 到一个岛上去推销鞋子，两个人看到岛上居民没有穿鞋子的习惯，男女老少一律打赤脚。X 的想法是岛上的人都不穿鞋子，所以根本没有市场前景，由此产生了沮丧的情绪和消极的推销行为。而 Y 认为岛上的居民都没鞋子穿，有很大的市场空间，因此很高兴，采取积极的推销行为。由此可见，想法不同，情绪和行为结果亦不同。

再如，两个学生一起在校园里走，碰到他们的辅导员，但辅导员没有理睬他们而径直走过去了。这两个学生中的一个认为：他也许正在想其他事情，没有注意到我们，也或许有什么特殊的原因。而另一个却可能有不同的想法：是不是上次顶撞了辅导员一句，他就故意不理我了？以后可能就要故意找我的麻烦了。两种不同的想法就会导致两种不同的情绪和行为反应。前者可能觉得无所谓，而后者可能忧心忡忡。由此看出，人的情绪及行为反应与人们对事物的想法、看法有直接的关系。合理的信念会引起人们对事物适当、适度的情绪和行为反应，而不合理的信念则会导致不适当的情绪和行为反应。

对于大学生来说，如果总是坚持某些不合理的信念，长期处于不良的情绪状态之中，最终将导致情绪障碍的产生。当改变不合理的信念后，不良情绪和行为自然会消失。

2. 情绪宣泄法

在竞争激烈的现代社会，大学生的压力骤增，很容易产生情绪郁结、压抑等问题，如能适时运用情绪宣泄法进行疏导，能对自我心理进行保护。

有人做过一个实验，用胶水把一只老鼠的肛门封住，这只老鼠排泄不出自己的粪便，极度愤怒和失控，就紧紧追住同伴咬，不依不饶，直至把同伴咬死。心理宣泄亦如此，如果不能及时清理掉情绪垃圾，人的心理健康也会受到影响。当大学生面对生活和学习中的失落、挫折、伤害、压力等困扰时，情绪问题极易产生，只有对不良情绪及时宣泄、疏导，才不会影响正常的工作、学习和生活。情绪宣泄的途径有向他人倾诉、听音乐或唱歌、运动、痛哭等。

3. “WWH”三部曲法

情绪本身并无是非、好坏之分，每一种情绪都有它的价值和功能。因此，一个心理健康的人不仅不否定自己情绪的存在，而且会给它一个适当的空间允许自己有负面的情绪。只要能成为情绪的主人，不被它完全左右自己的思想和行为，就可以善用情绪的价值和功能。

在许多情境下，一个人应该泰然接受自己的情绪，把它视为正常。例如，你不必因为害怕某物而感到不安，对触怒你的人感到气愤也没有什么不对。这些感觉与情绪都是自然的，应该允许它们适时适地存在，并缓解出来。这远比压抑、否认有益多了，接纳自己内心感受的存在，才能谈及有效管理情绪。

管理情绪的方法，就是要清楚自己当时的感受，认清引发情绪的理由，再找出适当的方法缓解或表达情绪。可以归纳为以下三部曲。

(1) WHAT——我现在有什么情绪？由于平常比较容易压抑感觉或者常认为有情绪是不好的，因而常常忽略真实的感受，因此情绪管理第一步就是要先能察觉自己的情绪，并且接纳它。只有当你认清自己的情绪，知道自己现在的感受，才有机会掌握情绪，也才能为自己的情绪负责，而不会被情绪所左右。

(2) WHY——我为什么会有这种情绪？我为什么生气？我为什么难过？我为什么觉得挫折无助？……找出原因，才知道这样的反应是否正常，才能对症下药。

(3) HOW——如何有效处理情绪？想想看，可以用什么方法来纾解自己的情绪？平常当你心情不好的时候，你会怎么处理？什么方法对你是比较有效的？例如，可以通过深呼吸、肌肉松弛法、静坐冥想、户外运动、听音乐等方式让自己心情平静，也可以通过大哭一场、找人倾诉、随性涂鸦、写日记等方式进行宣泄，由此改变自己的心情。

4. 自我暗示法

自我暗示是指通过言语暗示、想象某种事物存在等方式的作用，对自身施加影响，达到放松紧张心理、缓解不良情绪的目的。比如，积极自我暗示的语言有："我是一个聪明、漂亮的人。""我是出类拔萃的。""我是最棒的。""我具有强大的行动力。""我能实现自己的美好愿望。""我一定会成功的。""今天我很高兴。"消极自我暗示的语言有："我长得太丑。""我的成绩永远都赶不上你。""我做不到。""我找不到工作。""没有人喜欢我。""我不行。""他们一定嫌弃我。"

对于大学生来说，要多对自己进行积极的自我暗示，特别是遇到不顺心的事情时，积极的自我暗示能有效地将不良情绪转化为正常心态。其中，幽默是一种很好的方式，幽默既是一种特殊的情绪表现，也是人们积极自我暗示的体现。拥有幽默感，可使人们对生活保持积极乐观的态度。许多看似令人感到烦恼的事物，用幽默的方法对付，往往可以使人们的不愉快情绪荡然无存，立即变得轻松起来。

5. 学会微笑

微笑是个体美好心灵的外在体现，当个体展现出发自内心的微笑时，也是其自信的象征。即使遇到困难和挫折，能够微笑的人也能给自己传递积极的情绪和力量，就像阳光驱散阴云一样，这种力量能把人的沮丧、低落、恐惧、苦恼等消极情绪一扫而光，有利于困难的解决。真诚自然的微笑是心理健康的体现，能发自内心真诚微笑的人，一定乐于帮助他人，愿意与他人共享快乐，也善于和他人分担苦恼，其情绪必然是积极向上的。因此，学会微笑，善于微笑，也是拥有积极情绪的一个法宝，不但能给自己带来快乐和安全感，消除紧张和压力，也能让别人感到舒适和愉快，净化不良的情绪氛围，促进人际关系和谐。

在运用微笑传情达意的时候,需要掌握几个小技巧。

首先,微笑要自然。只有发自内心的微笑才能自然、亲切、美好、得体。真诚的微笑,可以调动内心的积极情绪,让别人感到温暖,引起的共鸣传导给自己,会进一步加深积极情绪体验。

其次,微笑要看场合。比如,当出席庄严的集会、讨论重大政治问题或告知他人不幸消息时,不宜过度过多微笑,微笑的频率和程度要与场合相匹配。

再次,微笑要恰到好处。比如,当对方注视你的时候,你可以直视他/她微笑点头;当对方发表意见时,宜边听边微笑。如果微笑得放肆或毫无节制,会引起他人的反感。

6. *行动转移法*

当心情不好的时候,不妨放下眼前的一切去忙其他的事情,让自己没有时间思考不愉快的事情。这也是情绪能量的一种升华,可以将不良情绪转化为建设有意义、有价值、积极的事情的力量,通过其他事情成功来改变自己的失败处境,改善自己的心境。

心理体验

活动一:情绪你我他

活动目的:学会调节不良情绪

活动时间:约30分钟。

具体操作:

1. 让成员在纸上写出最近令自己烦恼的事情,然后折成纸飞机放飞,意为让烦恼飞走。

2. 每位成员按顺序都从众多纸飞机中拿出一架纸飞机,念出纸上所写的内容,并请写这张纸的同学说出他/她写这件事情的原因以及想获得怎样的帮助。

3. 大家针对所写的问题提出自己的解决办法,并进行讨论。

4. 组长发给成员每人一张卡片,并请他们在卡片上写上祝福和期许以及自己的姓名,然后将小卡片依序往右传,并由组长收集起来,可粘贴在班级的心愿墙上。

讨论:

1. 放飞纸飞机时,你的感受是什么?

2. 对大家提出的办法，你的看法是什么？

3. 当你拿到写有祝福和期许的小卡片后，你的感受是什么？

活动二：构造自己的快乐

活动目的：

1. 帮助成员掌握调节情绪的方法和技巧，学会管理情绪，构建愉悦心情。

2. 帮助成员懂得自己才是情绪的主人，转换视角，善于发现，找到生活中的快乐元素。

活动时间：约 25 分钟。

具体操作：

1. 镜中人

(1) 成员两人一组，一人扮演照镜子的人，做出各种快乐的表情。一人扮演镜中成像，要模仿对方的样子。一轮表演完成后，双方互换角色。

(2) 分享

扮演镜中人，模仿别人的表情时，自己是否也有情绪变化？你感悟到什么？

2. 我有多快乐

(1) 每个成员都要说出几件使自己感觉快乐的事情，越多越好。

(2) 成员合作，共同探讨生活中还有哪些事情可以使自己快乐。

3. 快乐密码

(1) 成员分别向大家介绍自己保持快乐心情的方法。

(2) 成员讨论、鉴别各种方法的可行性。

(3) 领导总结成员的讨论结果，向大家推荐保持快乐的策略和技巧。

4. 引导成员分享本次团体活动的收获和体会，对成员表达祝愿，希望大家每天都有好心情。

活动三：情绪体验

活动目的：认识情绪的多样性，了解情绪是可以调节和控制的，初步学会调节和控制不良情绪。

活动时间：约 15 分钟。

具体操作：

1. 让成员欣赏一段有欢快舞曲、轰炸效果、悲伤哀乐三部分合成的音乐。要求用心去听、去感受。

2. 让成员试着创作一句格言，并写在自制的书签上，然后大声说出来。

讨论：

1. 当你听完音乐后，你的情绪是否发生变化？都有哪些？

2. 当你念出你自制的格言后，你的感受是什么？

3. 当你听到同学自制的格言后，你的感受是什么？

心理评估

情绪稳定性诊断量表

指导语：本量表用于测定情绪是否稳定。对下列题目做出“是”或“否”的回答，每题选择“是”记 1 分，“否” 记 0 分。

1. 尽管发生了不愉快的事情，仍能毫不在乎地思考别的事情。

2. 不计小隙，经常保持坦率诚恳的态度。

3. 习惯于把担心的事情写在纸上并进行整理。

4. 在做事情时，往往具体规定有可能实现的目标。

5. 失败时仔细思考，反省其原因，但不会愁眉不展、整天闷闷不乐。

6. 具有悠闲自娱的爱好。

7. 常常倾听别人的意见。

8. 做事有计划地积极进行，遇挫折也不气馁。

9. 无路可走时，能够改变生活方式和节奏，以适应生活。

10. 在学业上，尽管别人比自己强，但仍坚持“我走我的路”。

11. 对自己的进步，哪怕只是一点点，都会高兴地表示出来。

12. 乐于一点一滴地积聚有益的东西。

13. 很少感情用事。

14. 尽管很想做某一件事，但自己觉得不可能时也会打消念头。

15. 往往理智、周密地思考和判断问题，不拘泥于小节。

评分与解释：

0—6 分：你的情绪不是很稳定，经常患得患失，又不能很好地生活。常常拘泥于一些小事情,无论做什么事情都过分认真,总是忙忙碌碌、耗费心机。难于做出重大的决策,一丝不苟反而使自己感觉迟钝。

7—9 分:情绪一般稳定。

10—15 分:你的情绪很稳定,大多擅长处理事物的方法、判断及思考等,不拘泥于细微小节,能积极大胆地处理一些事情,在各种困难面前毫不动摇。

情绪类型自我测验

指导语:回答以下问题,将每题分值相加的总和与结果对照,可以确定情绪状况与类型。

1. 如果让你选择,你更愿意:

A. 同许多人一起工作并亲密接触(3 分)

B. 和一些人一起工作(2 分)

C. 独自工作(1 分)

2. 当为解闷而读书时,你喜欢:

A. 读史书、秘闻、传记类(1 分)

B. 读历史小说、社会问题小说(2 分)

C. 读幻想小说、荒诞小说(3 分)

3. 你对恐怖影片反应如何?

A. 不能忍受(1 分)

B. 害怕(3 分)

C. 很喜欢(2 分)

4. 以下哪种情况符合你?

A. 很少关心他人的事(1 分)

B. 关心熟人的生活(2 分)

C. 爱听新闻,关心别人的生活细节(3 分)

5. 去外地时,你会:

A. 为亲戚们的平安感到高兴(1 分)

B. 陶醉于自然风光(3 分)

C. 希望去更多的地方(2 分)

6. 你看电影时会哭或觉得要哭吗?

A. 经常(3 分)

B. 有时(2 分)

C. 从不(1 分)

7. 遇见朋友时,经常是:

A. 点头问好(1 分)

B. 微笑、握手和问候(2 分)

C. 拥抱他们(3 分)

8. 如果在车上有陌生人要你听他/她讲自己的经历,你会怎样?

A. 显示你颇有同感(2 分)

B. 真的很感兴趣(3 分)

C. 打断他/她,做自己的事(1 分)

9. 是否想过给报纸的问题专栏写稿?

A. 绝对没想过(1 分)

B. 有可能想过(2 分)

C. 想过(3 分)

10. 被问及私人问题,你会怎样?

A. 感到不快活和气愤,拒绝回答(3 分)

B. 平静地说出认为适当的话(1 分)

C. 虽然不快,但还是回答了(2 分)

11. 在咖啡店里要了杯咖啡,这时发现邻座有一位姑娘在哭泣,你会怎样?

A. 想说些安慰话,但却羞于启口(2 分)

B. 问她是否需要帮助(3 分)

C. 换个座位远离她(1 分)

12. 在朋友家聚餐之后,朋友和其爱人激烈地吵了起来,你会怎样?

A. 觉得不快,但无能为力(2 分)

B. 立即离开(1 分)

C. 尽力为他们排解(3 分)

13. 送礼物给朋友时:

A. 仅仅在新年和生日(1 分)

B. 全凭兴趣(3 分)

C. 在觉得有愧或忽视他们时(2 分)

14. 一个刚相识的人对你说了些恭维话,你会怎样?

A. 感到窘迫(2 分)

B. 谨慎地观察对方(1 分)

C. 非常喜欢听,并开始喜欢对方(3 分)

15. 如果你因家事不快,上班时你会:

A. 继续不快,并显露出来(3 分)

B. 工作起来,把烦恼丢在一边(1 分)

C. 尽量理智,但仍因压不住火而发脾气(2 分)

16. 生活中的一个重要关系破裂了,你会:

A. 感到伤心,但尽可能正常生活(2 分)

B. 至少在短暂时间内感到痛心(3 分)

C. 无可奈何地摆脱忧伤之情(1 分)

17. 一只迷路的小猫闯进你家,你会:

A. 收养并照顾它(3 分)

B. 扔出去(1 分)

C. 想给它找个主人,找不到就让它安乐死(2 分)

18. 对于信件或纪念品,你会:

A. 刚收到时便无情地扔掉(1 分)

B. 保存多年(3 分)

C. 两年清理一次(2 分)

19. 是否因内疚或痛苦而后悔?

A. 是的,一直很久(3 分)

B. 偶尔后悔(2 分)

C. 从不后悔(1 分)

20. 与一个很羞怯或紧张的人谈话时,你会:

A. 因此感到不安(2 分)

B. 觉得逗他/她讲话很有趣(3 分)

C. 有点生气(1 分)

21. 你喜欢的孩子是:

A. 很小的时候,而且有点可怜巴巴(3 分)

B. 长大了的时候(1 分)

C. 能同你谈话的时候,并且形成了自己的个性(2 分)

22. 爱人抱怨你花在工作上的时间太多了，你会怎样？

A. 解释说这是为了你们两人的共同利益，然后仍像以前那样去做(1 分)

B. 试图把时间更多花在对方身上(3 分)

C. 对两方面的要求感到矛盾，并试图使两方面都令人满意(2 分)

23. 在一场特别好的演出结束后，你会：

A. 用力鼓掌(3 分)

B. 勉强地鼓掌(1 分)

C. 加入鼓掌，但觉得很不自在(2 分)

24. 当拿到母校出的一份刊物时，你会：

A. 通读一遍后扔掉(2 分)

B. 仔细阅读，并保存起来(3 分)

C. 不看就扔进垃圾桶(1 分)

25. 看到路对面有一个熟人时，你会：

A. 走开(1 分)

B. 招手，如对方没有反应便走开(2 分)

C. 走过去问好(3 分)

26. 听说一位朋友误解了你的行为，并且正在生你的气，你会怎样？

A. 尽快联系，做出解释(3 分)

B. 等朋友自己清醒过来(1 分)

C. 等待一个好时机再联系，但对误解的事不做解释(2 分)

27. 怎样处置不喜欢的礼物？

A. 立即扔掉(1 分)

B. 热情地保存起来(3 分)

C. 藏起来，仅在赠者来访时才摆出来(2 分)

28. 对示威游行、爱国主义行动、宗教仪式的态度如何？

A. 冷淡(1 分)

B. 感动得流泪(3 分)

C. 使你窘迫(2 分)

29. 有没有过毫无理由地觉得害怕？

A. 经常(3 分)

B. 偶尔(2 分)

C. 从不(1分)

30. 下面哪种情况与你最相符?

A. 十分留心自己的感情(2分)

B. 总是凭感情办事(3分)

C. 感情没什么要紧,结局才最重要(1分)

评分与解释:

30—50分:理智型情绪。你很少为什么事而激动,即使生气,也表现得很有克制力。主要弱点是对他人的情绪缺乏反应。爱情生活很有局限,而且可能听到人们在背后说你“冷血动物”。目前需要让自己松弛。

51—69分:平衡型情绪。你时而感情用事,时而十分克制。即使在很恶劣的环境下握起拳头,但仍能从情绪中摆脱出来。因此,你很少与人争吵,爱情生活十分愉快、轻松,即使配偶陷入情感纠纷,也能不自觉地处理得妥帖。

70—90分:冲动型情绪。你是个非常重感情的人。如果是女人,一定是眼泪的俘虏;如果是男人,可能非常随和,但好强,且喜欢自我炫耀。可能经常陷入那种短暂的风暴式的爱情纠纷,因此麻烦百出,想劝你冷静,简直是不可能的事情。这里有必要提醒你,限制自己。

知识拓展

一、如何理解情绪的迷失?

一般而言,我们会将情绪分为正向情绪和负向情绪,即爱的反面是恨,喜悦、高兴的反面是难过、沮丧。然而,有些人却过度夸大情绪的负面影响,产生对情绪的迷失。

因此,如果你的父母对你生气而大骂时,你可能就会全盘否定他们对你的关爱;如果父母的某些做法令你不高兴,你可能会觉得他们一直忽视你。这些都夸大了情绪的负面效应,其实爱、恨是可以并存的,所有正向与负向的感受都可以同时存在,情绪只是反映出你内在的感受,并没有好坏之分,每种情绪都有它独特的价值,如果仅仅为了某种情绪而忽略其他情绪,你就无法完整地体验生活。

此外,我们对情绪还存在错觉,认为可以选择性地去掉一些情绪,可以完全不生气或者完全不难过,可以永远快乐。实际上当你压抑情绪时,就累积了一些紧张,而压制了感受快乐与爱的能力。情绪的能力是整体的，只有自由地体验各种情绪，才能感受更多流畅的情绪。就如纪伯伦所说："悲伤在你心中切割得愈深，你便能容纳更多的快乐。当你快乐时，深察你的内心吧。你将发现，只有那曾使你悲伤的，正给你快乐。当你悲伤时，再深察你的内心吧。你将明白，事实上你正为曾使你快乐的事物哭泣。"

二、色彩对情绪有哪些影响？

科学家认为色彩与人的大脑有着某种联系，不同颜色对人的"情绪"和行为有着显著影响。

在英国苏塞克斯大学的一项实验中，招募了1000名志愿者参加色彩心理实验。研究人员让志愿者置身于各类颜色的灯光中，每次让志愿者置身于一种颜色时，都会记录大脑活动、心率和排汗的情况。他们发现，蓝色有助于使男人和女人心态平和；紫色使人放松，但只限于女人；蓝色和绿色使男人愉快；蓝色、紫色和橙色则让女人的精神好。

研究显示，蓝色让人的思维变得敏捷，置身于蓝色中的志愿者完成测试的速度提高了25%，他们的反应时间提高了12%，手眼协调和回想单词的能力也有所改善；在建立信心方面，蓝色和红色对男人有帮助，蓝色和紫色对女人的作用最大；尽管红色提高了男人的自尊心，但它使人感到愉快或放松的可能性最小。

总体来说，不同色彩对个体情绪有不同的影响。

绿色是令人感到舒适和沉稳的色彩，它具有镇静神经、降低眼压、缓解视觉疲劳、改善肌肉运动能力等作用，自然的绿色对疲乏、恶心、晕厥、不良情绪等具有一定程度的镇定舒缓作用。但长时间置于绿色环境中，易使人感到冷清，影响胃液的分泌，食欲减退。

蓝色是容易令人产生遐想的色彩，也是有肃穆感的色彩。它具有镇静安神的作用。蓝色灯光在治疗失眠、降低血压和预防感冒中有显著作用，比如有人外出佩戴蓝色眼镜，可以减轻晕车、晕船的症状。但对于有精神衰弱、抑郁症等的患者来说不宜过度接触蓝色，否则会加重病情。

黄色是象征健康的色彩，因其是光谱中最易被吸收的颜色。它具有双重功能，对心理健康者的人来说，具有稳定情绪、增进食欲的作用；对情绪压抑、悲观失望的人来说，则会加重这种不良情绪。

三、微表情

微表情是心理应激微反应的一部分,它从人类本能出发,不受思想的控制,无法掩饰,也不能伪装。“微表情”最短可持续1/25秒,再能装的人,遇到有效刺激之后的第一瞬间也会出现微表情,他/她的伪装只能出现在微表情之后。因此,以微表情为代表的微反应是个人内心想法的忠实呈现,是了解一个人内心真实想法的最准确线索。常见微表情心理学分析如下。

伤心:伤心时,面部特征包括眯眼,眉毛收紧,嘴角下拉,下巴抬起或收紧;

害怕:害怕时,嘴巴和眼睛张开,眉毛上扬,鼻孔张大;

愤怒:愤怒时,眉毛下垂,前额紧皱,眼睑和嘴唇紧张;

厌恶:厌恶的表情包括嗤鼻,上嘴唇上抬,眉毛下垂,眯眼;

惊讶:惊讶时,下颚下垂,嘴唇和嘴巴放松,眼睛张大,眼睑和眉毛微抬;

轻蔑:轻蔑的最大特征就是嘴角一侧抬起,做讥笑或得意笑状。

单肩抖动:不自信的时候更容易单肩抖动(并不是所有的单肩抖动都是不自信);

注视对方眼睛:人在准备好谎言时,更容易注视对方眼睛,以使对方相信或观察对方是否相信(并不是注视对方眼睛就是撒谎);

回答时生硬地重复问题:很有可能是典型谎言;

揉鼻子:掩饰真相的时候更容易揉摸鼻子;

把手放在眉骨之间:当人感到羞愧的时候,很可能出现的动作是把手放在眉骨或者是额骨附近,用来建立一个视觉阻碍。

四、钟摆效应

心理学上的钟摆效应,是指在特定背景的心理活动过程中,感情的等级越高,呈现的“心理斜坡”就越大,因此也就很容易向相反的情绪状态进行转化。如果此刻感到兴奋无比,那相反的心理状态极有可能在另一时刻不可避免地出现;如果你认为已很好地控制了自己情绪,也可能同时减弱了自己体验正性情绪的能力。

人的情绪就像摆钟一样,在高兴与悲伤、希望与失望之间来回摆动,心情会从“沸点”降到“零点”,而且越快乐,随后就会越悲伤。人的情绪不仅在短时间内呈现出较大的波动,而且会在长时期内出现由高涨到低潮的周期性变化。“情绪定律”以28天为周期,从高潮、临界到低潮循环变化,在情绪高潮期内,会感觉心情愉悦,精力充沛,能够平心静气地做好每件事情;在情绪的临界日内,会觉得心情烦躁不安,容易莫名其妙地发火。

大起大落的情绪不仅会给人的身心带来很大的伤害，还会让人变得异常暴躁，失去理智，以至于做出一些让自己悔恨终生的事情。可以掌握一些克服“心理钟摆效应”的方法，以调节坏情绪。

学会体验不同生活状态的不同乐趣。激荡人心有乐趣，平淡如水同样可以获得悠然自得的宁静乐趣，每一种生活状态，都有它不同的生活情趣，都能够让人有所得。安享每种生活状态，我们的情绪就会稳定平和。

情绪情感的高低是相依存在、相辅相成的，要避免狂落就要先避免狂涨，在顺境中要平和、清醒，在逆境中才能安详和镇静。有快乐兴奋事情的时候，不得意忘形，也就不会乐极生悲；碰到不高兴的事情，要把注意力转到能平和心境的活动中。

通过有意识的记录，确定自己情绪变化的周期，有意识地将最为重要的工作安排在情绪高涨的时候完成；情绪低落时，可以多散散心，参加健身运动，找朋友聊天倾诉，寻求心理慰藉，直到安全度过情绪危险期。

五、小故事大道理

爱地巴跑圈

在古老的西藏，有一个叫爱地巴的人，每次生气和人起争执的时候，他就以很快的速度跑回家去，绕着自己的房子和土地跑三圈，然后坐在田地边喘气。爱地巴工作非常努力，他的房子越来越大，土地也越来越广，但不管房地有多大，只要与人争论生气，他还是会绕着房子和土地跑三圈。爱地巴为何每次生气都绕着房子和土地跑三圈？所有认识他的人，心里都有疑惑，但是不管怎么问他，爱地巴都不愿意说明。

直到有一天，爱地巴很老了，他的房地已经非常广大了，他生气时需要拄着拐杖艰难地绕着土地和房子走，等他好不容易走完三圈，太阳都下山了，而且累得坐在田边喘气。他的孙子恳求他：“阿公，您已经年纪很大了，这附近地区的人也没有谁的土地比您的更大，您为什么还要一生气就绕着房地走啊？您可不可以告诉我这个秘密？”

爱地巴经不起孙子的恳求，终于说出了隐藏在心中多年的秘密，他说：“年轻时，我如果和人吵架、争论、生气，就绕着房地跑三圈，边跑边想，我的房子这么小，土地这么小，我哪有时间、哪有资格去跟人家生气！一想到这里，气就消了，于是就把所有时间用来努力工作。”孙子问道：“阿公，那您现在变成最富有的人了，为什么还要绕着房地走?”爱地巴笑着说:“我现在还是会生气,生气时绕着房地走三圈,边走边想,我的房子这么大,土地这么多,我又何必跟人计较?一想到这,气就消了。”

附　录

好书推荐:

1.《伯恩斯新情绪疗法》

作者简介:戴维·伯恩斯,美国斯坦福大学医学博士、著名心理学家,“伯恩斯抑郁状况自查表”发明人,也是运用认知疗法的先行者。他曾在宾夕法尼亚大学完成精神治疗训练,现为斯坦福大学精神病学与行为科学临床教授。伯恩斯获奖无数,包括1975年美国神经科学学会(The Society for Biological Psychiatry)颁发的贝内特(A. E. Bennett)奖、1995年应用暨预防心理协会(The Association of Applied and Preventive Psychology)所颁的杰出贡献奖。除多次讲演和专业文献外,伯恩斯著有数本有关情绪和关系问题的畅销书。《伯恩斯新情绪疗法》一书在全球已售出500多万册。

内容简介:本书是伯恩斯博士多年以来总结的如何解决抑郁、焦虑等情绪问题的重要著作。在这本书中,作者详细列出了当面对各种情绪困扰,包括面对负向思维、拖延症、孤独感、恐惧感、愤怒时,可以采取哪些话术去进行反驳,使用哪些表格去分析自身的情绪和底层思想。本书是一套治疗体系,更是一整组的工具,向读者展示了快速、有效地克服日常不良情绪的治疗技术,从而战胜抑郁。你会注意到书中不断要求你边阅读,边拿起笔做测试、做练习,请静心对待,你是在逐渐谙习一些特别行之有效的理念和技巧,以帮助你战胜不良情绪,如忧郁、焦虑、悲伤、挫折、内疚、紧张、羞愧、自卑、孤独……试一试在四周内阅读完本书,你的情绪将会得到极大的改善。

2.《活出最乐观的自己》

作者简介:马丁·塞利格曼,知名心理学家,积极心理学创建人,被公认为“积极心理学之父”,国际积极心理协会(IPPIA)终身荣誉主席,美国心理协会前主席,美国心理协会终身成就奖获得者,还曾荣获美国心理协会两项大奖——威廉姆斯奖和詹斯·卡

特尔奖。其著作《真实的幸福》《活出最乐观的自己》《认识自己　接纳自己》《教出乐观的孩子》《塞利格曼自传》等被译为多种语言，畅销全球。

内容简介：塞利格曼博士用大量令人信服的实验和调查证据告诉人们：乐观的人能在逆境中更好地成长，也更容易走上成功之路！不过，如果你天生是一名悲观主义者，你也不用沮丧，因为书中肯定地指出：乐观是一种可以掌握的技巧！如果需要的话，你可以运用塞利格曼博士推荐的一种有效方法来改变自己悲观的生活态度，这种方法就是学习乐观的“ABCDE 技术”。

项目八

探寻我的人格密码

——大学生塑造健全人格解读

编者寄语

党的二十大报告强调,“育人的根本在于立德。全面贯彻党的教育方针,落实立德树人根本任务,培养德智体美劳全面发展的社会主义建设者和接班人”。从心理学角度来看,此处的立德,涵盖着培养优秀人格之意。

歌德曾说:“只有伟大的人格,才有伟大的风格。”人格是伴随个体一生成长发展的心理品质,每个人都有其独特的人格特点,即所谓“人心不同,各如其面”,有的勇敢,有的胆怯,有的开朗,有的内向,有的机灵,有的笨拙。人格成熟的重要标志是宽容、忍让、和善,这也意味着个体心理的完善和成熟。

案例导入

案例一:从太空漫游看九型人格

在遥远的太空某处,一艘宇宙飞船正在四处漫游,由东往西,从南到北,穿梭宇宙星际,希望找到无人到达过的地方,探索出新的文化、资源和思维。

某一天,宇宙飞船来到太阳系某个星球,远远看去,星球很美丽,水绿山清、色彩缤纷,船长于是命令宇宙飞船驶近一点儿,用先进的仪器探索一番后,结论是这个星球有水、泥土、树木、动物,可以支持生命,是个很不错的地方。然而船员人才济济,该派谁去?

开路先锋8号

船长打开一幅关于船员的九型人格地图,发现8号船员的人生使命是保护、带领,特质是从不害怕、有谋略、目光长远、懂得保护身边人、设法解决困难、有力量和冲劲去克服问题。要开山劈石做先锋,建立长远目标,他们是最佳人选。

于是,船长派了8号船员来到星球上,先建立一个桥头堡,并为下一步开发铺路。8号船员尽责地策划了很多方案、目标,不过由于工程浩大、工作繁长,8号船员无法一一应付,便向船长求助派人帮忙。

支援之选2号

船长再度打开船员的心理地图,发现2号船员的人生使命是成就他人、尽力协助他人成功,最适合做支持工作,于是又派遣2号船员去支持8号船员。不过,问题依然存在。8号船员只顾看长远目标,不能兼顾细节,2号船员只懂支持策划,却不会自行多走一步。欠缺真正勤奋办事的人,迫使船长再考虑加派他人去协助。

忠心队员6号

打开地图,船长发现6号船员是团队型的人,人格特质是团结、忠心、安全,最适合做士兵,于是派他们前去。这时,一个国家已初具规模,有皇帝(8号)、宰相(2号)、士兵(6号)。不过,由于6号船员太重视安全,在探索时遇到危险便退缩,8号船员认为需要增派将军来带领士兵。

勇字当头3号

3号船员正是将军人选。他们的人生使命是不断实现目标。人格特质是喜欢有成就、勇字当头，可以披荆斩棘、不怕痛楚、不受感情拖累。3号船员来到这个星球上，跟从8号船员的指引，带领6号船员向前冲，令宇宙飞船的势力急速扩大。

但是由于3号船员为求目的有时会不计成本、横冲直撞，不惜牺牲士兵，导致士兵怨声载道，于是8号船员又要求宇宙飞船派人帮忙，以制约各方，取得平衡，同时能规划各种行动上的细节。

长于规划5号

宇宙飞船这次派来的是5号船员。他们的人格特质是理性、不会冲动，人生使命是收集资料和做出分析。他们一到达就搜集了所有问题的数据，逐一研究，寻找解决方案，建立真正细致的拓展蓝图。有了蓝图，3号船员便可以根据规划带领6号船员去冲锋，探索新大陆、修桥筑路等工作便变得更安全。有了5号船员的规划，工作变得顺利了，只是有一点，3号船员有时为了急于求成会不顾一切，没有跟从5号船员的规划去做，结果是工作时有遗漏。

监督使者1号

为了保证质量，宇宙飞船派出1号船员来监督，确保所有人按着标准去做。1号船员的人生使命是跟从标准和原则，人格特质是有判断性，是非黑白分得很清楚。1号船员的到来起到了监督的效果，整个团体运作开始畅顺。

可是不久之后，留在星球上的人又觉得有所缺乏。因为平时只有工作，没有娱乐，也欠缺士气，于是宇宙飞船派了7号船员前来。

娱人先生7号

7号船员的人生使命是创造可能性，他们最怕闷、不开心，为了保持自己开心，他们会不停娱乐自己、娱乐他人，设法带给每个人欢笑和享受，有了7号船员，星球生活开始变得丰富，吃喝玩乐一应俱全。

心灵诗人4号

不过，本身拥有高度智慧和深度的太空人，并不愿意看见留在星球上的一群人仅满足于吃喝玩乐等肤浅的娱乐，更害怕他们只顾向外发展，忽略了心灵空间，忘却本来灵性。宇宙飞船于是派4号船员前来。4号船员的人生使命是凭感觉做事，他们会创作歌曲、诗章、雕塑、艺术品、书画等，能透视人的内心感受，带动所有人重投灵性的怀抱。

和平大使9号

至此，星球上似乎什么都有了，不过人一多，纷争、冲突便出现。为了维持和平，船长把最后一种人9号船员派来，9号船员的人生使命是维持和谐，人格特质是没有野心，又喜欢调解其他人的纷争，能够维持和平，制造凝聚力。

当九种人同时在星球上共存时，一个最完整没有缺陷的团体诞生了，这九种人共同合作，互相制衡，堪称真正的梦幻组合。这个星球，就是“地球”。

在这个案例中，人类本是很完美的团队，虽然人与人之间各不相同，但每种性格都与一定的职位、工作相匹配，缺一不可。因此，人们应根据自己的人格特征人尽其才，发挥所长。

案例二：大学生焦虑型人格障碍

岳某，某大学四年级学生，与人相处时，总是感觉紧张，总习惯对别人察言观色，只要谁略微不高兴，他就心里不踏实，甚至还为此而自责，结果自己每天都很累。尽管他上课非常认真，但是总担心老师会对自己有意见，晚上也入睡困难，会不断躺在床上自省。吃过一些补脑的药，开始还有点儿作用，后来就不起作用了。

岳某这种情况持续了很多年，在他还很小的时候，就经常谨小慎微，总担心会给家长惹祸，上大学以后，更加小心，面对人和事总会感到不安。特别是期末考试、四六级等大型考试之前都很紧张，常常复习到很晚，入睡困难，进教室考试时还会心慌出汗、全身绷紧，发挥很差。

该案例中的学生属于焦虑型人格障碍，以持久和广泛的内心紧张和忧虑体验为特征，内心有不安全感，避免与他人交往密切，总担心别人对自己有意见，一到快考试时会出现紧张、害怕、焦虑的症状。

案例三：从少年犯到心理学家

1942 年，丹尼斯·克雷布斯出生于温哥华，是一位木匠的儿子。14 岁时，因难以适应搬家后的异地文化生活，他成了一个少年犯。那时当地人取笑他的一切——穿着、行为甚至口音，为此，他常常拳脚相向，大打出手，一次次卷入打斗中，一发不可收，以致变成了帮派活动的一个小头目。后来，因逃学、打架、去商店偷东西，他被抓入管教所待了几个月。出来后，又因酗酒开车，惹是生非，与警察对着干，被关进了监狱。越狱逃跑后，他来到俄勒冈的某个伐木营帐中，在这里，他对人生进行了“深度的思考”，萌发了“换个活法”的念头——去哥伦比亚上大学。伐木半年后挣足了钱，他就动身了。那时他已 20 多岁，比其他学生年长一些，当发现自己落后于他人，便极其认真地学习，成了一名刻苦的学生，还选修了不少课程，兼职做一些课后的零工。毕业后，他获得了心理学的顶尖学生的荣誉。

当他申请去哈佛继续深造时，突然想到自己一直就在恐惧中生活，害怕有人揭发他是一个逃犯，所以决定去自首，他的自首引起了当时的轰动，也成了报纸的头条新闻，最后结果却是被宽恕了。后来他在哈佛拿到了硕士学位，又花两年时间得到了博士学位，最后被哈佛录用，成了一名副教授，负责本科教学工作。之后，他对发展心理学做出了卓越贡献。

我们从克雷布斯传奇的一生中可以看到，尽管人格是相对稳定的，但并不意味着它会在个体的发展中一成不变，随着内、外环境的变化，人格也会发生变化，这体现了人格的可塑性。

案例四：贝多芬的自我激励人格

贝多芬是西方古典音乐中的恺撒。他25岁时患耳疾，45岁时失聪。尽管他不能享受自己创作的作品，却给后人留下了震撼心灵的音乐作品。贝多芬的可贵在于他每每生活失意时，都会在音乐创作中寻求内心的平衡。例如，贝多芬因失恋而谱写出《致爱丽丝》，因向往自由而谱写出《第三交响曲》（《英雄交响曲》），因失聪而谱写出《第九交响曲》（《欢乐颂》），他的音乐创作饱含了对人生的深刻感受，又充满了激情。他最大的名言是："我要扼住命运的咽喉。"他用一生的努力向世人证明他有这个能力！

贝多芬的可贵还在于他永远傲视达官显贵，不因自己出身卑贱就刻意巴结他们。他在音乐创作当中也突出体现了傲骨，他谱写的旋律可比惊涛骇浪，充满了个性特征。一个失聪之人，却能写出人类最动听、最振奋的音乐篇章，这是贝多芬自励人格的不朽传奇。

从心理学角度分析，贝多芬之所以能在极度困苦的状况下创作出令世人震撼的音乐篇章，与他的自励人格密不可分。自励人格的突出特点是能自觉将遇到的压力转化为激励自我前进的动力，并在奋进的过程中收获精神上的满足。这类人擅长将个人的精神痛苦进行提炼、升华，不因挫折而气馁、退步，反而会把每一次挫折当做成长的动力和契机，磨炼意志，实现蜕变。

心理解读

一、人格概述

（一）人格的内涵

阿尔波特曾说："人格像每一种有生命的物体一样，随着成长而发生变化。"人格是遗传、家庭、环境、文化等多方面因素渗透下展现出的个体风貌。幼儿期个体已逐渐形成人格的雏形，表现出诸多差异。随着岁月的变迁，人格的可塑性逐渐减少，但其成长却是持续一生的过程。人格的成熟意味着个体心理的成熟，人格的魅力绽放是个体心灵的闪光。

“人格”一词来源于拉丁语“person”，意指戏剧中演员所戴的特殊面具，实际说明了人不仅有外部行为特点，也具有某些内隐的个性特点。“人格”一词在心理学中的广泛应用始于20世纪30年代，《心理学大词典》中指出，人格也称个性，指一个人的整个精神面貌，即具有一定倾向性的心理特征的总和，包括需要、兴趣、价值观、能力、气质、性格等。

（二）人格的特征

人格是一个具有丰富内涵的概念，反映了人的多种本质特征。

1. 独特性与共同性

“人心不同，各如其面”，正如世界上没有完全相同的两片树叶，人格也具有独特性。一个人的人格是在遗传、环境、文化等因素制约下形成的，每个人都有不同于他人的人格特点，即使是同卵双生子长大成人，也各自有不同于对方的特性。但是人格的独特性并不意味着人与人之间的个性特点毫无相同之处，它作为一个人的整体特质，不仅包含了个体与他人不同的心理特点，也体现了人与人之间在心理面貌上相同的方面，比如每个种族、民族、阶层和集团都有其共同的心理特点。人格是独特性与共同性的统一，也是生物性与社会性的统一。

2. 稳定性与可塑性

“江山易改，禀性难移”，指的就是人格的相对稳定性。个体在行为中偶然表现出来的心理特征和倾向性不能代表其整体的人格面貌，只有稳定的心理特征和倾向性才能体现其人格特点。但是人格的稳定性是相对的，它在人的一生发展中并非一成不变，随着个体生理条件的成熟和外在环境的变化，人格也会有缓慢变化，由此体现了人格的可塑性，正因为可塑性，才能培养和发展人格。人格兼具了稳定性与可塑性相结合的特征。

3. 统合性与功能性

人格是由多侧面、多成分相互结合构成的统一有机体，它受个体自我意识的调控，具有内在一致性，体现了人格的统合性特点，也是个体心理健康的重要指标。当个体的人格结构各层面和谐一致时，其人格是健康完善的；当人格结构的各层面相互矛盾冲突时，会出现各类心理问题，严重的会导致人格分裂。人格特征决定了个体的生活方式，会影响个体一生的发展，当面对挫折与失败时，坚强者能毫不气馁、奋发图强，怯懦者则会不堪一击、萎靡不振，这就是人格功能性的体现。

（三）人格的结构

人格作为一个综合性系统，从不同侧面反映了个体的差异。人格结构亦称人格组织，包括多种成分，主要体现在气质、性格、认知风格等方面。

1. 气质

气质是人生来就有的典型的、稳定的心理活动的动力特征，表现在心理活动的强度、速度、灵活性和指向性等方面。在日常生活中，有些人是“冲动型”的，表现为情绪爆发迅猛，来得快也去得快；有些人是“稳健型”的，凡事三思而后行，深思熟虑后才行动；有些人思维敏捷，反应灵活；有些人则思维迟缓，反应比别人慢半拍。不同的人在思维、情绪、注意力等方面有自己不同的特点，受个体神经系统活动过程特性的制约且与生俱来。我们通常所说的“脾气秉性”指的就是气质。

气质学说最先源于古希腊医生希波克里特的体液说。他认为人体内有四种液体：黏液、黄胆汁、黑胆汁、血液。这四种体液的配合比率不同，形成了四种不同类型的人。后来，罗马医生盖伦进一步确定了人的四种气质类型，即多血质、胆汁质、黏液质、抑郁质。

（1）多血质

多血质以反应迅速、有朝气、活泼好动、动作敏捷、情绪不稳定、粗枝大叶为特点。这种人的行动有很高的反应性。他们会对一切吸引他注意力的东西，做出生动的、兴致勃勃的反应。这种人行动敏捷，有高度的可塑性，容易适应新环境，也善于结交新朋友。他们一般行为反应属于外倾，情感易发生，姿态活泼，表情生动，言语具有表达力和感染力。他们还具有较高的主动性，在活动中精力充沛，有较强的坚定性和毅力等，但有时候，他们在平凡而持久的工作中，热情会消退，表现出萎靡不振的状态。

（2）胆汁质

胆汁质以精力旺盛、表里如一、刚强、感情用事为特征。整个心理活动笼罩着迅速而突发的色彩。有这种气质特点的人反应速度快，具有较高的主动性。他们脾气暴躁、不稳重、好挑衅，但态度直率、精力旺盛。往往能以极大的热情工作，并克服前进道路上的障碍，但有时表现出缺乏耐心。当困难太大而需要特别努力时，有时显得意气消沉、心灰意冷。他们的可塑性差，但兴趣较稳定。

（3）黏液质

黏液质是以稳重但灵活不足，踏实但有些死板，沉着冷静但缺乏生气为特征。这种人反应性低，情感不易发生，也不易外露。他们态度稳重，交际适度，对自己的行为有自制力，心理反应缓慢，遇事不慌不忙。他们的可塑性差，不够灵活，一方面使他们能有条理地、冷静地、持久地工作，另一方面又使他们容易因循守旧，缺乏创新精神。他们的行为一般表现为内倾，对外界的影响很少做出明确的反应。

(4)抑郁质

抑郁质的人以敏锐、稳重、体验深刻、外表温柔、怯懦、孤独和行为缓慢为特征。这种人具有较高的感受性和较低的敏捷性，他们的心理反应速度缓慢，动作迟钝，说话慢慢吞吞。他们多愁善感，情感容易发生，但表现微弱而持久。一般属于内倾，不善于与人交往，在困难面前常优柔寡断；在危险面前常表现出恐惧和畏缩；在受挫折后，常心神不安，不能迅速地转向新的工作。他们的主动性较差，不能把事情坚持到底。但这种人富于想象，比较聪明，对力所能及的事情表现出较大的坚韧精神，能克服一定的困难。

气质本身并无好坏之分，每一种气质都有其积极和消极的方面，单一气质类型的人并不多见，绝大多数人是多种气质类型的混合体，有的人是两种气质的混合型，如多血—胆汁型、抑郁—黏液型，有的人是三种气质的混合型，有的人则是四种气质的混合型。

2. 性格

恩格斯说过："人物的性格不仅表现在他做什么，而且表现在他怎么做。"性格是人对现实的态度和行为方式中较稳定的个性心理特征，它是个性的核心部分，最能表现个别差异。阿德勒认为性格是一个人尝试去适应他所居住的环境，因而显现出来的特殊作风。

性格包含现实、意志、情绪、理智等诸多面的特征，人与人相异的性格特征体现在态度和行为上。例如，有些大学生认为大学的多数课程没什么意义，因此采用得过且过、考前突击的学习方式去应对；有些大学生认为虽然很多课程可能暂时没什么用，但是通过学习能够锻炼自己的思考能力，对将来的发展大有裨益，因此采用仔细认真、刻苦钻研的学习方式去应对。如果某方面的消极特征占主导，则会诱发相应的心理问题或不良状态。消极的现实特征易滋生虚伪、骄傲、自卑、孤僻等问题，消极的意志特征易滋生怯懦、优柔寡断、我行我素、执拗等问题，消极的情绪特征易滋生冷漠、抑郁、冲动、偏激等问题，消极的理智特征易滋生思维迟缓、浅薄、无逻辑性等问题。

《歌德传》的作者彼谢斯基曾在书中精彩地描摹了歌德复杂而多层面的性格世界："这个人，平常非常温柔忍耐，但有时愤怒竟能咬牙跺脚。他能娴静，又能活泼，愉快时犹如登天，苦闷时如堕地狱。他有坚强的自信，又常有自若的怀疑，他能自觉为超人，去毁灭一个世界，但又觉得懦弱无能，不能移动道途中一块小石。"

按照知、情、意在性格中的表现程度，英国的培因等学者把人分为理智型、情绪型和意志型三种。理智型的人以理智支配自己的行动；情绪型的人情绪体验深刻，言行容易受情绪左右；意志型的人具有较明确的目标，行为主动。

按照个体的心理倾向，瑞士心理学家荣格把人分为外倾型和内倾型。外倾型的人心理活动倾向于外部，活泼开朗，善于交际，感情易于外露，处事不拘小节，独立性较强，但有时粗心、轻率；内倾型的人心理活动倾向于内部，一般表现为感情含蓄，处事谨慎，自制力强，交往面窄，适应环境比较困难。

根据人们在时间上的紧迫感和好胜心等特点，美国心理学家弗雷德曼和罗斯曼把人的性格分为 A 型和 B 型两种性格。A 型性格的人具有强烈的进取心和成功意识，好争善斗，易被激怒，他们的生活节奏较快，不愿浪费生活中的一分一秒，容易出现急躁的心态；B 型性格的人则表现平静，与世无争，他们不喜欢紧张的工作，没有时间紧迫感，愿意过着悠然自得的生活，很少和人一比高下。

3. 认知风格

认知风格也称认知方式，是指个体在认知过程中所表现出来的习惯化的信息加工模式。认知风格与智力不相关或相关不显著，大多是自幼所养成的在知觉、记忆、思维、问题解决过程中体现的态度和表达方式，认知风格种类多样，主要分类有场独立型和场依存型、沉思型和冲动型、系列型和同时型。

(1)场独立型—场依存型。美国心理学家赫尔曼·威特金认为有些人知觉时较多地受他所看到的环境信息的影响，有些人则较多地受身体内部线索的影响。他把个体较多依赖自己内部的参照，不易受外来因素影响和干扰，独立对事物做出判断的称为场独立型；个体较多地依赖自己所处的周围环境的外在参照，从环境的刺激中定义知识、信息的称作场依存型。场独立型的人不易受外来事物的干扰，他们具有坚定的信念，能独立地判断事物、发现问题和解决问题，在紧急和困难的情况下不慌张，易于发挥自己的力量，但有时会把自己的意志强加于人，固执己见，不易合群；场依存型的人随和、谦虚，易与人合作，但独立性较差，易受暗示，容易接受别人的意见，在紧急情况下易惊慌失措。

(2)冲动型—沉思型。冲动型学生面对问题时总是急于求成，不能全面细致地分析问题的各种可能性，不管是否正确就急于表达出来，甚至有时还没弄清问题的要求，就开始对问题进行解答。他们的信息加工策略使用的多是整体加工方式，在完成需要做整体型解释的学习任务时，学习成绩会更好些，但是会出现阅读困难，常伴有学习能力缺失，学习成绩不太好；沉思型的学生阅读能力、记忆能力、推理能力、创造力等方面都表现比较好，其特点是反应慢，但精确性高。这种学生总是把问题考虑周全以后，再做出反应，他们看重的是解决问题的质量，而不是速度。但是当他们回答熟悉的比较简单的问题时，反应也是比较快的。在回答比较复杂的问题时，沉思型的特点表现得更为明显。沉思型学生的信息加工策略多采用细节性加工方式，所以他们在完成需要对细节做分析的学习任务时，学习成绩会更好些。

(3)系列型—同时型。达斯等人在脑神经研究的基础上，提出了系列型与同时型认知风格。他们认为左优势脑的个体在对信息进行加工时，表现出系列型加工风格；而右优势脑的个体则表现出同时型加工风格。系列型认知风格的特点是，在解决问题的过程中，一步一步地分析问题，每一个步骤只考虑一种假设或一种属性，第一种假设成立后再进一步考虑第二种假设，一环一环地推导出问题的结果。每一种假设都有其时间上的前后顺序，他们解决问题的过程如链状。言语操作、记忆等都属于系列加工过程。

同时型认知风格的特点是在解决问题的过程中，采取宽视野的方式，同时考虑多种假设，并同时兼顾到各种可能性，在此基础上解决问题。许多数学操作、空间问题的操作都要依赖于这种同时型加工方式。

这两种认知方式不存在加工水平上的差异，仅仅是方式上的差异。但是，如果学习方式与认知方式相匹配时，各自认知方式的优势就能显示出来。帕斯克曾做过一项有关教师的教学方式与学生认知方式的匹配实验，他先区分出两种不同的认知类型，然后让学生学习两种不同的材料，一种材料适合于同时型加工方式的学生，另一种适合于系列型加工方式的学生。结果是当学习材料与学生认知方式相匹配时，学习效果好；反之，当学习材料与学生认知方式不匹配时，学生学习成绩一般都不及格。

(四)影响大学生人格形成的因素

有关研究表明，人格是环境与遗传交互作用的产物。大学生人格的塑造是先天、后天因素共同作用的结果。

1. 遗传因素

先天的遗传因素叫作素质，是个体初生时所具有的生理特性，包括神经系统类型、内分泌腺以及身体外表的特征等。遗传对人格的影响主要体现在：

首先，影响健康人格的塑成。行为遗传学的最新研究证明，遗传总体上对人格的影响占50%，通常在智力、气质等生物性明显的人格特征上作用凸显。先天禀赋的基因组合是人格形成的物质条件和生理基础，健全的遗传因子为健康的人格创设了优良条件，而先天的缺陷将会给健康人格的形成带来困难和隐患，生理素质不良的个体，在成长中更易遭受心理困扰。

其次,影响“根本性格”的形成。“根本性格”是心理遗传学中性格的深层部分,尽管性格受环境影响明显,但已有相关研究定论表明,“根本性格”如活泼、开朗、冷静、急躁等受遗传因素影响显著,它又会进一步直接影响个体的心理健康状态。

心理学界关于双生子的研究被认为是研究人格遗传因素的最好方法。英国科学家高尔顿曾对300多对同卵或异卵双生子进行了观察研究,对数百名法官、文学家、科学家、艺术家、神学家、政治家的家谱进行了调查,发现人的才能和性格都是可以遗传的,许多心理学家的进一步研究证实了这一观点。比如,婴儿在出生后的几个星期里,就能表现出一些最初的人格特征,不同的婴儿在活跃水平、情绪、反应性、心率和注意广度上都有差异。有些孩子易怒、暴躁,有些孩子平静、温和;兴奋型的婴儿哭声洪亮、好动,抑制型的婴儿哭声细微、安静。这些都是遗传因子起作用的表现。

2. 家庭环境

家庭是“人类性格的工厂”,家庭教养方式、家庭构成情况、父母态度等均会影响子女人格的形成。

从家庭教养方式来说,溺爱型家庭教养出的子女,容易形成依赖、被动、懦弱或者蛮横、自私、任性等特点;暴躁型家庭教养出的子女,往往敏感、急躁、好强;冷淡型家庭会使子女的性格比较温和,但有些孤僻,他们遇事冷静却缺乏敏感和热情,上进心也不太强;和谐型家庭教养出的子女,多数性格开朗,待人礼貌,遵守法纪,有较强的上进心和较高的自觉性,但过于循规蹈矩,缺乏闯劲。

从家庭构成情况来说,丧亲家庭下长大的个体,往往有极大的心理缺失感,或孤独无依,或沉默寡言,或忧虑失望;离异家庭下长大的个体可能会因父母的争执吵闹变得惊慌恐惧或冷酷粗暴;暴力家庭下长大的个体,对周围的一切都不信任、排斥和抵抗,易形成反社会人格,愤世嫉俗,有强烈的报复心;残疾家庭下长大的个体,往往自卑、怯懦,性格孤僻;贫困家庭下长大的个体,出于自我保护需要,更为敏感,对周围的一切事情保持怀疑态度,常孤独失落、自卑自怜。

苏联教育学家马卡连柯曾告诫做父母的人们:“你们怎样穿戴,怎样同别人谈话,怎样谈论别人,怎样欢乐或发愁,怎样对待朋友或敌人,怎样笑……这一切的一切对儿童都有着重要的意义。”可见,父母的教养态度将直接影响子女性格的形成,如表8-1所示。

表 8－1　父母态度与子女性格关系

父母态度	子女性格
滥用支配	消极、顺从、依赖、缺乏独立性
过分溺爱	任性、骄傲、利己主义、依赖、胆怯、缺乏独立性和社会性
过于严厉	顽固、冷酷、残忍、独立，或者怯懦、盲从、不诚实、缺乏自信心和自尊心
漠不关心	妒忌、情绪不安、创造力差，甚至有厌世和轻生的情绪
作风民主	独立、直爽、协作、亲切、善于社交、机灵、快乐、大胆、有毅力和创造精神
意见分歧	易生气、警惕性高，或者两面讨好、投机取巧、爱说谎

3. 学校教育

学校是有目的和有计划性地向学生施加影响的教育场所，教师、班级、同学等在个体人格成长中有重要的影响作用。不同的教育氛围下学生的行为表现各不相同，瑞士教育学家洛奇在一项教育研究中发现，性情冷酷、刻板、专横的教师所管辖的班级中，学生的欺骗行为增多；友好、民主的教师所管辖的班级中，学生的欺骗行为减少。

4. 社会文化

社会文化对人格的影响伴随着个体发展的一生，它决定了人格的共同特征，特别是对性格、价值观等后天形成的人格成分影响明显。不同文化的种族和民族有其固有的文化传统和认同，由此形成了契合本种族、民族的人格特点。比如谈及德国人，我们想到的是严谨；一提法国人，我们想到的是浪漫；同样是中国人，蒙古族给人的印象是粗犷豪放，维吾尔族给人的印象是活泼开朗。

二、大学生常见的人格障碍

人格障碍，指在没有认知障碍或智力障碍的情况下，个体出现的情绪反应、动机和行为活动的异常。轻者表现不明显，重者表现为各类社会适应障碍，不能正常地学习和生活。

参照美国《心理障碍诊断和统计手册》（DSM—V）中的分类标准，人格障碍分三大类群。A 类以行为或思维显著偏离常态为特点，包括偏执型、分裂型、分裂样人格障碍；B 类以情绪波动大、行为冲动、人际关系紧张为特点，包括边缘型、自恋型、反社会型、表演型人格障碍；C 类以压抑、回避为特点，包括回避型、强迫型和依赖型人格特征。

在我国大学生中，出现频度相对较高的有自恋型人格障碍、回避型人格障碍、偏执型人格障碍以及依赖型人格障碍。

(一)自恋型人格障碍

古希腊有一个神话故事,讲一位英俊的少年纳喀索斯有一天于水中发现了自己的影子,便一见倾心,再无心恋及他人他事,在水边不忍离去,终于憔悴而死。后来,心理学上便以纳喀索斯的名字来命名"自恋症",其核心特征是以自我为中心。自恋型人格障碍的主要特征如下:

1. 对批评的反应是愤怒、羞愧或者感到耻辱,有时未必直接表露出来。
2. 喜欢指使别人,要他人为自己服务。
3. 过分自高自大,对自己的才能夸大其词,希望受到特别关注。
4. 坚信关注的问题是世界上独有的,只能被某些特殊人物了解。
5. 对无限的成功、权力、荣誉、美丽或理想的爱情有非分的幻想。
6. 认为自己应享有他人没有的特权。
7. 渴望持久地被关注与赞美。
8. 缺乏同情心。
9. 有很强的嫉妒心。

患有自恋型人格障碍的大学生,自我评价过高,主观自我高于客观自我,他们希望受到别人特别的关注,并且认为别人对自己的赞美、关心、帮助是理所当然的,在生活中爱听表扬,忌听批评,且具有高度幻想性,缺乏责任感和愧疚感,做错事总会寻找借口。他们对无限的成功、权力、荣誉有非分的幻想,认为这些也理所应该是属于他们的,因此,他们会颐指气使地要求他人为自己服务。这类学生的自信心与自尊心都较强,一旦失败将因无法面对现实世界而导致心理崩溃。

(二)回避型人格障碍

回避型人格障碍的个体行为退缩、心理自卑,面对挑战多采取回避态度或无能力应付,当面临内心的冲突时,不是选择解决问题而是选择逃避、迁就、忍让。这种人格障碍形成的主要原因是自卑心理,与个体的不良成长环境以及早期生活经验有关。其主要特征如下:

1. 在没有从他人处得到大量的建议与保证之前,对日常事务不能做出决策。
2. 明显的无助感,希望别人为自己做出人生的重要决定。
3. 依赖性,很少独立地开展计划或行动。
4. 过度容忍,为讨好别人甘心做自己内心不愿意做的事,不轻易拒绝别人。
5. 容易因未得到赞许或遭到批评而受到伤害。
6. 当亲密关系中止时感到失落无助甚至崩溃。

7. 经常由被人遗弃的念头折磨，且在交往中，担心被朋友遗弃，不坚持自己的观点。

患有回避型人格障碍的大学生，以回避退缩为其根本特点，特别是在人际交往中，处于极其被动的位置，究其根本，源自内心深度的自卑和不自信。他们往往对自我缺乏合理的认识，不能恰当解决生活中的问题，经常出现“任人宰割”“呼之即来挥之即去”的现象。

（三）偏执型人格障碍

偏执型人格障碍又叫妄想型人格障碍，是一种以猜疑和偏执为主要特点的人格障碍，表现为主观、固执、敏感多疑、好忌妒、心胸狭隘等。具有这种人格障碍的个体习惯于将周围环境中与自己无关的现象或事件都看作和自己有重大关系，甚至还将广播、电视、网络中的内容跟自己相匹配。尽管这种多疑与客观事实不符、与生活实际严重脱离，但是个体无法改变不合实际的想法。其主要特征如下：

1. 广泛猜疑，常将他人无意的、非恶意的甚至友好的行为误解为敌意或歧视，或无足够根据地怀疑会被人利用或伤害，因此过分警惕与防卫。

2. 将周围事物解释为不符合实际情况的“阴谋”。

3. 易产生病态嫉妒。

4. 过分自负，若有挫折或失败则归咎于人，总认为自己正确。

5. 好嫉恨别人，对他人的过错不能宽容。

6. 脱离实际地好争斗和敌对，固执地追求个人不合理的“权利”或“利益”。

7. 忽视或不相信与自己想法不相符合的客观证据。

患有偏执型人格障碍的大学生，一方面自我评价过高，过分自负，总认为自己正确，好与人争论，喜欢钻牛角尖，脱离实际地争辩与敌对，固执地追求个人不够合理的“权利”或“利益”，容易与他人发生冲突和争执；另一方面，猜疑心强，对人充满不信任和戒备，容易感情冲动，并伴有攻击性行为，例如酗酒闹事、打架斗殴等，多见于男大学生中。

（四）依赖型人格障碍

依赖型人格障碍的个体对亲近、归属等有过分的渴求，这种渴求是强迫的、盲目的、非理性的，甚至宁愿放弃自己的个人兴趣、爱好、价值观、人生观等，只要能得到别人对他的“好”就心满意足了。由于过分委曲求全，依赖型人格障碍患者会产生越来越多的压抑感，这种压抑感阻止着他/她去做自己喜欢做的事情或者放弃属于自己的东西。其主要特征如下：

1. 深感自己软弱无助，总是感觉“我真可怜”。当需要自己拿主意时，便感到一筹莫展。

2. 在没有从他人处得到大量的建议和保证之前,不能对日常事务做出决策。
3. 让他人为自己做大多数的重要决定,如在何处生活、该选择什么职业等。
4. 无意识地倾向于以别人的看法来评价自己。
5. 理所当然地认为别人比自己优秀、比自己有吸引力、比自己能干。
6. 缺乏独立性,很难单独展开计划。
7. 过度容忍,为讨好他人甘愿做低下的或自己不愿做的事。
8. 害怕被人忽视,明知他人不对也随声附和。
9. 很容易因为没有得到赞许或遭到批评而受到伤害。
10. 经常被遭人遗弃的念头所折磨。
11. 当亲密的关系中止时感到无助或崩溃。
12. 独处时有不适和无助感,或竭尽全力逃避孤独。

当代大学生大多都是独生子女,亲人的过分溺爱,使他们逐渐产生对父母或权威的依赖心理,久而久之易形成依赖型人格障碍。患有依赖型人格障碍的大学生平时没什么事,但是一旦遭遇重大挫折会比常人容易引发妄想症,甚至精神分裂症等心理障碍。

三、大学生健康人格塑造

培养自身健康人格,优化各种人格资源,是每一名大学生都要面对的人生课题。大学生塑造健康人格的终极目的是充分发挥人格魅力,实现自我价值。

(一)马斯洛归纳的16条理想的人格特征

1. 了解并认识现实,持有较为实际的人生观。
2. 悦纳自己、别人以及周围的世界。
3. 在情绪与思想表达上较为自然。
4. 有较广阔的视野,就事论事,较少考虑个人利害。
5. 能享受自己的私人生活。
6. 有独立自主的性格。
7. 对平凡事物不觉厌烦,对日常生活永感新鲜。
8. 在生命中曾有过引起心灵震撼的高峰体验。
9. 爱人类并认同自己为全人类之一员。
10. 有至深的知交,有亲密的家人。
11. 有民主风范,尊重别人的意见。
12. 有伦理观念,能区别手段与目的,绝不为达到目的而不择手段。

13. 带有哲学气质，有幽默感。

14. 有创见，不墨守成规。

15. 对世俗和而不同。

16. 对生活环境有改造的意愿和能力。

（二）大学生健康人格的标准

健全人格的标准是人类追求的理想尺度，是从人的优秀的心理品质中总结出来的有代表性的特征，为我们指明了人格塑造的努力方向。因此，健全人格是相对的，不是绝对的。

大学生的健全人格，主要有以下特征与表现：

1. 自我悦纳，接纳他人

人格健全的大学生能够积极地开放自我，正确地认识自己，体验到自己存在的价值，对自己做出恰当、客观的评价，对自己不会提出苛刻、非分的期望与要求。罗杰斯指出，自我协调是心理健康的关键。除了悦纳自己，还应悦纳别人，接近他人，关心他人。

2. 人际关系和谐

人格健全的大学生心胸开阔，善解人意，宽容他人、尊重自己，也尊重他人，对不同的人际交往对象表现出合适的态度，既不狂妄自大，也不妄自菲薄，在人际交往关系中具有吸引人的魅力，深受大家的喜欢。

3. 有乐观向上的生活态度

人格健全的大学生，其人生态度乐观向上，生活态度积极热情，有正确的人生观与价值观。能够理性分析生活事件，头脑中非理性观念较少，能独立自主思考问题，不随波逐流。

4. 能够发挥自己的潜能

人格健全的大学生具有自我发展、自我塑造与自我完善的能力，能够发挥自己的潜能，充分开发自身的能力，创造性地生活，发现生命的意义并选择有意义的生活。

5. 有良好的情绪控制能力

积极的情绪体验能使人振奋精神，增强自信心，提高活动效率；消极的情绪体验会降低人的活动效率，甚至使人患病。一个人的情绪特征能够反映其人格的成熟程度。人格成熟的人，情绪反应适度，具有调节和控制情绪的能力，经常保持愉快、满意、开朗的心境，并富有幽默感。

总之，人格健全的大学生，其生理、心理、道德和审美各要素是统一的、平衡的、协调的。

(三)塑造健康人格的途径与方法

1. 增强自我意识

增强自我意识、正确认识自我,是大学生塑造健康人格的首要条件,这意味着大学生要了解自己的性格特点,认清自己的气质类型,全面分析自己的优点和缺点,认识到"尺有所短,寸有所长"。通过运用比较法,正确选择比较对象,找准自己在群体中的坐标位置;运用自省法,不断反思、检查自我,弥补不足,发挥专长;运用二分法,合理分析自我,扬长避短,把握自己;运用评价法,对自己和他人进行客观、公正的评价,不可偏听偏信。

2. 提高自我控制能力

自我控制能力是自我意识的重要成分,它是个人对自身的心理和行为的主动掌握,是个体自觉地选择目标,在没有外界监督的情况下,适当地控制、调节自己的行为,是抑制冲动、抵制诱惑、延迟满足、坚持不懈地保证目标实现的一种综合能力,表现在认知、情感、行为等方面。自我控制能力不仅是个体所应具备的基本人格特征,而且也是成功人格的特质之一,影响自我控制能力的因素包括:自尊心、人际交往能力、情感反应等。有研究表明,通过训练抽象思维能力,可以增强个体的自我控制能力。大学生首先要正确地认识和评价自己,才能提高自我控制的动机水平,有控制力的大学生在遭遇挫折时不会垂头丧气,在成功时不会趾高气扬,在冲动时不会横冲直撞。通过在实践中多次重复实施自控行为,个体可形成良好的习惯,进而降低自控行为引起的紧张感,使自控行为容易完成和保持。

3. 从小事做起

"不积跬步,无以至千里;不积小流,无以成江海",大学生要学会从身边的小事做起,在细微的生活中逐渐优化人格。许多人所具有的优秀品格都是一点一滴逐步形成的,从小事做起,是每个人收获成功的起点。拥有健康人格的个体常常能看到生活的光明,从身边的点滴中看到前途和希望,对自己所从事的工作或学习抱有浓厚的兴趣,这样的人即使在遇到困难和挫折时,也能不畏艰险,勇于拼搏。

4. 学会自我激励

自我激励是塑造健康人格的动力条件,它可以激发个体发挥潜能,增强人格魅力。美国心理学家詹姆士的研究表明,一个没有受到激励的人,只能发挥其能力的 20%—30%;当他/她受到激励时,其能力可以发挥 80%—90%,相当于前者的 3—4 倍。在没有别人激励的情况下,大学生要学会自我激励,进行积极的自我暗示,给自己带来信心和力量。

5. 融入集体

马克思说，只有在集体中，个人才能获得全面发展其才能的手段。拥有健康人格的个体乐于与他人交往，善于与他人建立良好的关系。大学生只有通过与他人交往，才能够看清别人的长处，弥补自己的短处，并从他人那里获得理解和肯定。人际关系不仅是体现健康人格程度的重要标志，也是完善人格的重要途径，它能为大学生提供有效的支持，提高自尊和自信。

6. 提升人格魅力

对于大学生来说，个体人格的塑造和培养离不开人格魅力的提升，人格魅力是个体在性格、气质、能力、道德品质等方面具有的很能吸引人的力量。在当今社会里一个人如果受到别人的欢迎、容纳，实际上就具备了一定的人格魅力。

有心理学家通过研究，推荐了以下几种提升人格魅力的方法：

(1)对自己和生活的世界有积极的看法。把自己看作被喜欢的、被需要的、被热情接待的而且有能力的，并生活在自己能应付的世界上的人。

(2)和别人有着热情的亲密的人际关系，和别人有基本信任的关系。

(3)有时间完全冷静地独处反省，使自己有机会揣摩、体验各种人的情感，这有助于更好地理解自己的人格。

(4)在发展社会性的、智力的以及职业的各种技能方面取得成功，即在学习上、工作上以及与人交往上有成功的体验。

(5)接受新思想、新哲学，以及和有独特见解的人交往。新的思想可以从读书中、从对戏曲和音乐的感染中获得，也可从旅行、与陌生人相识中获得。

(6)找出充分表达自己情绪的方法、嗜好，和朋友间的亲密关系或“一群青年人聚在一起”，有助于基本情绪的释放。

(7)提高独立性。逐步减少对他人的依赖，而更多地依靠自己的能力和价值体系，如对工作和家庭、邻里以及人类社会承担更多的责任，在该做该说时，无拘束地表达自己的意见，做到自尊和自爱。

(8)并非在任何情境中都按一个标准行事，学会知道不总是“非此即彼”，而是“这个、那个和更无限量的各种组合”。

(9)学会更好地关心他人。

(10)在每一个生活阶段，学会和别人一起时变得更人性些。

心理体验

活动一:个性发展

活动目的:认识他人,坦诚反馈,了解自己的个性。

活动时间:约40分钟。

活动材料:每人一张“个性特征表”、一张白纸、一支笔。

具体操作:

1. 指导者给每人发一张“个性特征表”,请团队成员详细阅读。

2. 研究团体内每个成员的个性,把自己的认识记下来,对每个人可选择一种或三至五种特征写下来。

3. 写完后,指导者按顺序找出其中一人,请其他人说出对该成员个性特征的认识(轮流进行)。

4. 针对他人对自己的评价,由本人发表感受并自我分析(也许非常一致,也许差别很大)。

讨论:深入交流与探讨为什么他人的评价与自我评价会有差别。

活动二:优化个性

活动目的:每个人都有内心冲突的体验,有时会觉得好像有几个不同的自己,他们彼此间经常有矛盾,这些互相矛盾的成分在每个人身上都存在着,只要放松地体验,每个人都会发现许多个不同的自己。只有了解真实的自己,才能主动优化自己的人格。

活动时间:约20分钟。

具体操作:

1. 请成员以舒适的姿势坐好,闭上眼睛,放松身体,轻轻地问自己:“我有哪些不同的自己?”然后,放松意识,无须刻意去想,等待它们的形象在眼前自然出现。对出现的自己也不要评判好坏,它们都是自己个性中的一部分,并无优劣之分。

2. 接下来让成员学会说三句话:“太好了!”“我能行!”“你有困难吗？让我来帮你吧!”这三句看似平常的话,反映了乐观向上、自信自强、关爱仁义这三种重要而优秀的人格特质。学说“太好了”,有利于优化成员的人格特质,遇到问题时,从积极的角度去考虑,以乐观的心态去承受;“我能行”这种观念的内化,有助于成员最大限度地发挥潜力,从而更好地创新开拓;“你有困难吗？让我来帮你吧”这句话,可以让成员从小事做起，学习生存本领，而且能培养关心他人、帮助他人的品质。

活动三：良好性格的训练与塑造

活动目的：通过有计划、有目的的训练，帮助个体塑造良好的性格。

具体操作：

1. 随意找四个自己所熟悉的人，要他们如实回答对你的印象，然后确定他们的回答哪些是自己喜欢的，哪些是自己不喜欢的。

2. 如果是一名演员，你愿意扮演什么角色？为什么喜欢这个角色？

3. 把你所崇拜的人一一列举出来，从中选择一个你最喜欢的人，列举他（她）身上哪些是你所崇拜的特征和品质。

4. 把第二条和第三条综合为你自己所选择的性格。

5. 改变你的个性、行为以及形象中自己不喜欢的东西，强化你所喜欢的东西。

6. 表现你的新个性。

需要提醒的是，良好性格的形成并非一朝一夕的事情，需要长时间的努力。此外，要成功地塑造良好的性格，还必须以自己性格的内核为基础。这里所提供的性格塑造模式，将有助于你在自我发展的过程中迈开第一步。

活动四：我生命中的五样

活动目的：了解自己需要和珍视的东西，能正确评价。

活动时间：约 20 分钟。

具体操作：

1. 准备好纸和黑色的签字笔。

2. 在白纸顶端写下"×××生命中的五样"，"×××"代表你的姓名。用黑色签字笔在白纸上快速写下你生命中最重要的五样东西，"生命中的五样"既可以是实在的物体（如食物、水或钱），可以是人或动物（如父母、朋友或狗），可以是精神的追求（如理想或信念），可以是爱好或习惯（如游戏、音乐），也可以是抽象的事物（如祖国或哲学）。总之，要把内心最珍贵的五样东西写出来。

3. 按照自己的意愿，将写好的五样逐个画掉删除，直到只剩下最后一样，它就是你生命中最重视的内容。

讨论：

1. 当画掉其他东西时，你的心里是什么感受？

2. 最后留下的一样东西，为什么你认为它是最珍贵的？

心理评估

气质类型测试

指导语：本量表共60道测试题，大致可确定人的气质类型。回答时应实事求是，不必多作考虑，因为没有标准答案和好坏之分。若自己的情况“很符合”记2分，“较符合”记1分，“一般”记0分，“较不符合”记-1分，“很不符合”记-2分。

1. 做事力求稳妥，一般不做无把握的事。
2. 遇到可气的事就怒不可遏，把心里话全部都说出来才痛快。
3. 宁可一个人干事，不愿很多人在一起。
4. 厌恶那些强烈的刺激，如尖叫、噪音、危险镜头等。
5. 和人争吵时总是先发制人，喜欢挑衅别人。
6. 喜欢安静的环境。
7. 善于和人交往。
8. 到一个新环境很快就适应。
9. 生活有规律，很少违反作息制度。
10. 羡慕那些善于克制感情的人。
11. 在多数情况下情绪是乐观的。
12. 碰到陌生人觉得很拘束。
13. 遇到令人气愤的事，能很好地自我克制。
14. 做事总是有旺盛的精力。
15. 遇到问题总是举棋不定、优柔寡断。
16. 在人群中从不觉得过分拘束。
17. 情绪高昂时，觉得干什么都有趣；情绪低落时，又觉得什么都没有意思。
18. 当注意力集中于某一事物时，别的事很难使我分心。
19. 理解问题总比别人快。
20. 碰到危险情景，常有一种极度恐惧感。
21. 对学习、工作怀有很高的热情。
22. 能够长时间做枯燥、单调的工作。
23. 感兴趣的事情，干起来劲头十足，否则就不想干。
24. 一点儿小事就能引起情绪波动。

25. 讨厌做那些需要耐心、细致的工作。
26. 与人交往不卑不亢。
27. 喜欢参加热闹的活动。
28. 爱看感情细腻、描写人物内心活动的文艺作品。
29. 工作学习时间长了，常感到厌倦。
30. 不喜欢长时间讨论一个问题，愿意实际动手干。
31. 宁愿侃侃而谈，不愿窃窃私语。
32. 别人总是说我闷闷不乐。
33. 理解问题常比别人慢。
34. 疲倦时只需要短暂的时间休息，就能够精神抖擞，重新投入工作。
35. 心里有话不愿意说出来。
36. 认准一个目标就希望尽快实现，不达目的誓不罢休。
37. 学习、工作同样一段时间后，常比别人更疲倦。
38. 做事有些鲁莽，常常不考虑后果。
39. 老师或他人讲授新知识、新技术时，总希望讲得慢一些，多重复几遍。
40. 能够很快地忘记那些不愉快的事情。
41. 做作业或完成一件工作总比别人花的时间多。
42. 喜欢运动量大的剧烈体育活动，或者参加各种文艺活动。
43. 不能很快地把注意力从一件事转移到另一件事上。
44. 接受一个任务后，就希望把它迅速解决。
45. 认为墨守成规比冒风险强些。
46. 能够同时注意几件事物。
47. 当我烦闷的时候，别人很难使我高兴起来。
48. 爱看情节起伏跌宕、激动人心的小说。
49. 对工作保持认真严谨、始终一贯的态度。
50. 希望做变化大、花样多的工作。
51. 和周围人的关系总是相处不好。
52. 喜欢复习学过的知识，重复做熟练的工作。
53. 小时候会背的诗歌，我似乎比别人记得清楚。
54. 别人说我“出语伤人”，可我并不觉得这样。
55. 在体育活动中，常因反应慢而落后。

56. 反应敏捷,头脑机智。

57. 喜欢有条理的工作。

58. 兴奋的事常使我失眠。

59. 老师讲新概念,常常听不懂,但是弄懂了以后很难忘记。

60. 假如工作枯燥无味,马上就会情绪低落。

评分与解释:

多血质包括:4、8、11、16、19、23、25、29、34、40、44、46、52、56、60 题;

胆汁质包括:2、6、9、14、17、21、27、31、36、38、42、48、50、54、58 题;

黏液质包括:1、7、10、13、18、22、26、30、33、39、43、45、49、55、57 题;

抑郁质包括:3、5、12、15、20、24、28、32、35、37、41、47、51、53、59 题。

多血质:多血质一栏超过 20 分,其他三栏得分均较低,为典型多血质。多血质一栏得分在 10—20 分,其他三栏得分较低,为一般多血质。同理,可推测出胆汁质、黏液质、抑郁质。

混合气质:其中两栏得分显著超过另外两栏,而且分数比较接近,为这两种气质的混合型;如有一栏得分较低,其他三栏相差不大,则为三种气质的混合型。

每一种气质类型的特点,参考前文第 218 页至第 219 页所述。

内外向性格测试

指导语:以下是 60 个测试题目,每题都有“是”“不能确定”“不是”三种答案。A 卷题,答“是”计 0 分,“不能确定”计 1 分,“不是”计 2 分;B 卷题,答“是”计 2 分,“不能确定”计 1 分,“不是”计 0 分;请你以最快速度回答完毕,并统计 A、B 卷合计总分。

A 卷

1. 当你站在大庭广众面前时,你会感到不好意思。

2. 你愿意一个人独处。

3. 与陌生人打交道,你感到不容易。

4. 当你遇到不快乐的事情时,能抑制感情,不露声色。

5. 你不喜欢社交活动。

6. 你不会把自己的想法轻易告诉别人。

7. 对问题,你喜欢刨根问底。

8. 你凡事很有主见。

9. 会议休息时,你宁肯一个人独坐也不愿同别人聊天。

10. 当你遇到难题时,你非弄懂不可。

11. 你不善于和人辩论。

12. 你时常因为自己的无能而沮丧。

13. 你常常对自己面临的选择犹豫不决。

14. 你喜欢把自己拿去和别人比较。

15. 你容易羡慕别人的成绩。

16. 你很在意别人对你的看法。

17. 在发现异常现象时,你容易产生丰富的联想。

18. 你总是把家里收拾得干干净净。

19. 你做事很细心。

20. 你十分注意维护自己的信用形象。

21. 你信奉“不干则已,干则必成”这一格言。

22. 拿到一本书,你可以反反复复看几遍。

23. 你做事情大多有计划。

24. 你在学习时,不容易受外界干扰。

25. 读书时,你的作业大多整洁、干净。

26. 一旦对人形成一种看法,你不会轻易改变这一看法。

27. 你不喜欢体育活动。

28. 在买东西前,你总要比较估量一番。

29. 遇到不愉快的事情,你会生很长时间的气。

30. 你常常担心自己会遭遇失败。

B 卷

1. 你总是对人一见如故。

2. 你喜欢表现自己。

3. 开会时,你喜欢坐在显眼的地方,以便更容易被人注意到。

4. 你在众人面前总是能爽快地回答问题。

5. 你愿意经常和朋友在一起。

6. 逛商店时,你只要认为是好东西立即就会买下来。

7. 对别人的意见,你很容易接受。

8. 你喜欢高谈阔论。

9. 决定问题时,你是一个爽快的人。

10. 常常不等别人把话讲完，你就觉得自己已经懂得了。
11. 当遇到挫折时，你不轻易丧气。
12. 碰到高兴事时，你极容易喜形于色。
13. 对别人的事情，你不太注意。
14. 你喜欢憧憬未来。
15. 你相信自己不比别人差。
16. 你不太注意外表。
17. 即使做了亏心事，你也会很快遗忘。
18. 你自己放的东西，却常常不知在哪里。
19. 对于别人的请求，你总是乐于帮助。
20. 你总是热情来得快，消退得也快。
21. 你做事情更注意速度而不是质量。
22. 你不习惯于长时间看书。
23. 你的兴趣广泛，但经常变换。
24. 在开会时，你喜欢和人交头接耳。
25. 答应别人的事情经常会忘记。
26. 你容易和人交朋友。
27. 对电视中的球赛节目，你非常感兴趣。
28. 你不看重经验，不惧怕从来没做过的事情。
29. 当你做错了事，你很容易承认和改正。
30. 你容易原谅他人。

评分与解释：

A、B 卷合计得分 90 分以上，是典型的外向性格；

A、B 卷合计得分 71—90 分，是稍外向性格；

A、B 卷合计得分 51—70 分，是内、外混合型性格；

A、B 卷合计得分 31—50 分，是稍内向性格；

A、B 卷合计得分 30 分以下，是典型的内向性格。

个性成熟度测试

指导语：下面有 25 道题，每道题都有 5 个备选答案。请你根据自己的真实情况，在题目下面圈出相应的字母，每题只能选择一个答案。请注意这是测验你的真实想法和做法，而不是问你哪个答案最正确。因此请不要猜测“正确的”答案，以免测验结果失真。

1. 我所在单位的领导（或学校的老师）对待我的态度是：

A. 老是吹毛求疵地批评我

B. 只要有一点不对，马上就批评我，从不表扬我

C. 只要我不太出格，他们就不会指责我

D. 他们说我工作和学习还是认真的

E. 我有错误他们固然要批评，我有成绩他们也会表扬我

2. 如果在比赛中我输了，我通常的做法是：

A. 找出输的原因，提高技术，争取下次赢

B. 对获得胜利的一方表示钦佩

C. 认为对方没啥了不起，在别的方面自己（或自己一方）比对方强

D. 认为对方这次赢的原因不足为奇，很快就忘记了

E. 认为对方这次赢的原因是运气好，如果自己运气好的话也会赢对方

3. 当生活中遇到重大挫折（如高考落榜、失恋）时，我便会感到：

A. 这辈子算完了

B. 也许能在其他方面获得成功，予以补偿

C. 不甘心失败，不惜付出任何代价，一定要实现自己的愿望

D. 没什么大不了的，我可以调整自己的计划或目标

E. 自己本来就不应当抱有这样高的期望或抱负

4. 别人喜欢我的程度是：

A. 某些人很喜欢我，另一些人一点也不喜欢我

B. 一般人都有点喜欢我，但并不以我为知己

C. 谁也不喜欢我

D. 大多数人都在一定程度上喜欢我

E. 我不了解别人的看法

5. 我对谈论自己失败经历的态度是：

A. 只要有人对我失败的经历感兴趣，我就告诉他/她

B. 如果说在谈话中涉及，我就无所顾忌地说出来

C. 我不愿让别人怜悯自己，因此很少谈自己失败的经历

D. 为了维护自尊我从不谈自己失败的经历

E. 我感到自己似乎没有遇到什么失败

6. 在一般情况下，与我意见不相同的人都是：

A. 想法怪僻、难以理解的人

B. 没什么文化知识修养的人

C. 有相当理由坚持自己看法的人

D. 生活阅历和我不同的人

E. 素养比我丰富的人

7. 我喜欢在游戏或竞赛中遇到的对手是：

A. 技艺很高超的人，使我有机会向他/她学习

B. 比我技艺略高些的人，这样玩起来更有劲

C. 技术稍逊于我的人，这样我可以总是赢他，显示自己的实力

D. 和我的技术不相上下的人，这样在平等的情况下最有益于展开竞争

E. 一个有比赛道德的人，不管他/她的技术水平如何

8. 我喜欢的社会环境是：

A. 比现在更安宁、平静的社会环境

B. 就像现在这样的社会环境就很好

C. 正向好的方面发展的社会环境

D. 变化剧烈的社会环境，使我能利用这个机会发展自己

E. 比现在更富足的社会环境

9. 我对待争论的态度是：

A. 随时准备进行激烈争论

B. 只对自己感兴趣的问题才争论

C. 我很少与人争论，喜欢自己独立思考各种观点的利弊

D. 我不喜欢争论，尽量避免之；

E. 无所谓

10. 受到别人指责时，我通常的反应是：

A. 分析别人为什么指责我，自己在哪些地方有错

B. 保持沉默毫不在意，过后置之脑后

C. 也对他/她进行指责

D. 尽量照别人的意思去做

E. 如果我认为自己是对的，就为自己辩护

11. 我认为亲友的帮助对一个人事业成功的影响是：

A. 总是有害的，这会使他/她在无人帮助的时候面对困难而一筹莫展

B. 通常是弊大于利，常常帮倒忙

C. 有时会有帮助，但这不是最主要的

D. 为了获得事业成功，这是必需的

E. 对一个人起步时有帮助

12. 我认为对待社会生活环境的正确态度是：

A. 使自己适应周围的社会生活环境

B. 尽量利用生活环境中的有利因素发展自己

C. 改造生活环境中的不良因素，使生活环境变好

D. 遇到不良的社会生活环境，就下决心脱离这个环境，争取调到别的地方去

E. 好死不如歹活，不管周围生活环境是好是坏

13. 我对死亡的态度是：

A. 从来不考虑死的问题

B. 经常想到死，但对死不十分惧怕

C. 把死看作是自然现象，但平时很少想到

D. 每次想到死就毛骨悚然

E. 不但不怕，反而认为自己死了是解脱

14. 为了让别人对自己有好的印象，我的做法是：

A. 在未见面时就做准备

B. 虽很少预先准备，但在见面时提醒自己应给人留下一种好的印象

C. 懒得考虑给人一个好的印象

D. 我从来不做预先准备，也讨厌别人掩盖自己的本来面目

E. 为了工作和生活上的特殊需要，有时应认真考虑如何给人以良好的印象

15. 我认为要使自己生活得愉快而有意义，就必须生活在：

A. 天然关系融洽的亲友们中间

B. 有学识的人们中间

C. 志同道合的同志们中间

D. 人数众多的亲戚、同学和同事们中间

E. 生活在什么人中间都一样

16. 在工作或学习中遇到困难时，我通常是：

A. 向比我懂得多的任何人请教

B. 只向我的亲密朋友请教

C. 我总是尽自己的最大努力去独立解决，实在不行，才去请求别人的帮助

D. 我只是咬紧牙关，不请求别人来帮助

E. 我没发现可以请教的人

17. 当自己的亲人错误地责怪我时，我通常是：

A. 心里憋气，但不吱声

B. 为了家庭和睦，违心地承认自己做错了事

C. 当即发火，并进行争论，以维护自尊

D. 克制自己，耐心地解释和说明

E. 一笑了之，从不放在心上

18. 在与别人的交往中，我通常是：

A. 喜欢故意引起别人对自己的注意

B. 希望别人注意我，但又想不明显地表示出来

C. 喜欢别人注意我，但并不刻意去追求这一点

D. 不喜欢别人注意我

E. 对于是否会引人注意，我从不在乎

19. 外表对我来说：

A. 非常重要，常花很多时间修饰自己的外表

B. 比较重要，常花不多的时间做修饰

C. 不重要，只要让人看得过去就行了

D. 完全没有意义，我从不修饰自己的外表

E. 重要是重要，但实际上花时间不多

20. 我经常与之交往的人通常是：

A. 异性，因为他们（或她们）与我更合得来

B. 同性，因为我和他们（或她们）更容易相处

C. 和我合得来的人，不管他们与我的性别是否相同

D. 我不喜欢与家庭以外的人多交往

E. 我只喜欢与少数合得来的同性朋友交往

21. 当我必须在大庭广众中讲话时，我总是：

A. 因为紧张发窘而讲不清话

B. 尽管不习惯，但还是竭力保持神态自若

C. 我把这看成是一次考验，精神抖擞地去讲

D. 我喜欢出头露面，这时讲话更出色

E. 无论如何也要推辞，不敢去讲话

22. 我对用看手相、测八字来算命的看法是：

A. 我发现算命能了解过去和未来，而且很准

B. 算命人多数是骗子

C. 我不清楚算命到底是胡说还是确有道理

D. 我不相信算命能预测人的过去和未来

E. 尽管我知道算命是迷信，但还是时常一试

23. 在参加几个人的讨论会中，我通常是：

A. 第一个发表意见

B. 我对自己了解的问题才发表看法

C. 除非我说的话比别人有价值，我才发言

D. 我从来不在小组会上发言

E. 我虽然不带头发言，但总是要说上几句

24. 我对社会的看法是：

A. 社会上到处都有丑恶的东西，我希望能逃避现实

B. 在社会上生活，要想永远保持正直、清白是很难的

C. 社会是复杂而迷人的大舞台，我很喜欢研究社会现象

D. 不管社会如何，我只希望自己能生活得愉快

E. 不管生活环境如何，我都要努力奋斗，无愧于自己的一生

25. 当我在人生道路上遇到考验（如参加高考、竞选职位）时，我总是：

A. 很兴奋，因为这是表现自己的机会

B. 视作平常之事，因为我已经习惯了

C. 感到有些害怕，但仍硬着头皮去顶

D. 非常害怕失败，宁愿放弃尝试

E. 听天由命吧

计分与诊断：

计分表

题号	选项				
	A	B	C	D	E
1	-3	-2	+4	0	+6
2	+4	0	-3	+8	-4
3	-4	+10	0	+5	-3
4	0	+3	-3	+8	-2
5	-3	+8	+4	-2	0
6	-3	-2	+8	+4	0
7	-2	+6	-3	0	+8
8	-5	0	+6	+4	-3
9	-4	+8	0	-2	+3
10	+8	-4	-4	0	+4
11	-2	0	+8	-4	+6
12	-2	+4	+8	-4	+6
13	0	+2	+10	-4	-3
14	-1	+8	0	-3	+4
15	0	+6	+4	-2	-4
16	+8	0	+4	-2	-4
17	-1	0	-4	+8	+4
18	-2	0	+8	-3	+4
19	-2	+6	0	-3	+4
20	-2	0	+8	-3	+4
21	-1	+4	+8	+2	-4
22	-5	+3	-2	+10	0
23	0	+8	-1	-4	+4
24	-3	-2	+6	0	+10
25	+4	+8	0	-4	-1

诊断：

根据你的答案，对照计分表，累计自己的总得分。计分过程中，负分数与绝对值相等的正分数可以相互抵消。这个总分就是你的个性成熟度指数。计分表上每道题目的5个答案中，得分为正值的答案代表处理该问题的合理做法。得分越高，说明该做法越妥当，是个性成熟者的通常做法。相反，得分为负值的答案均代表了不妥当的或幼稚的做法，反映了个性的不成熟。因此，你可以观察一下你在每道题目上的得分，看看自己在哪些题目上的得分较高，自己在处理哪些问题上较为成熟和老练；自己在哪些题目上得了负分数，自己在处理哪些问题时还不成熟，较为妥当的做法是哪一种。经过这样仔细的分析，你可以看出自己处理社会生活问题上的长处和短处，使自己尽快地成熟起来。

另外，总分可以用来判断一个人整体的个性成熟程度。总分越高，说明你的个性越成熟；总分越低，说明个性越不成熟；具体的个性成熟程度的划分，可参照下面的评价表。

评价表

总分	个性成熟程度
0 分以下	很不成熟
0—49 分	不大成熟
50—99 分	一般
100—149	比较成熟
150 分以上	很成熟

分析：

如果你的测验总分在150分以上，这说明你是个很成熟老练的人。个性成熟的人，在社会中游刃有余，处事泰然。他们知道怎样妥善地处理个人所遇到的各种社会问题。他们能够准确地判断：处理一个问题，哪些方式是有效的，哪些方式则会造成不良的后果，从而选择一种最佳的处理主法。他们常常成为别人请教和效仿的对象。

如果测验总分在100—149分，这说明你是较为成熟的人。在大部分事情的处理上你是很得体的。你能够很好地适应社会，建立起较良好的人际关系。

如果测验总分在50—99分，这说明你的个性成熟程度属于中等水平。你的个性具有两重性：一半老练，另一半是幼稚的。还需要在社会生活实践中慢慢磨炼。

如果测验总分在0—49分，这说明你的个性还欠成熟，你还不善于处理社会生活中的各种问题和矛盾，不善于观察影响问题的各种复杂因素，不能准确地预见自己行为的结果，还不能很好地适应复杂的社会生活。

如果你的测验总得分是负数，说明你还十分幼稚，处理社会生活问题仍不成熟。你喜欢单凭个人粗浅的直觉印象和一时的感情行事，好冲动、莽撞、不识大体。或者相反，即遇事退缩不前，害怕出头露面，孤独而自卑。你容易得罪人，也容易被人欺骗，在社会生活中到处碰壁，无法实现自己的理想和目标。这与现代社会生活的要求不相适应，你必须设法使自己尽快地成熟起来。

知识拓展

一、什么是影子人格？

心理学大师杨格认为，每个人都身具“显性”与“隐性”（或称“影子”）人格。换言之，每个人除了表现外在、众人所见的“显性人格”外，还有个正好相反、潜藏心底的“影子人格”。也就是说，一个很活泼的人实际潜藏着很抑郁的一面，而一个很安静的人，很可能在另一种陌生环境下，变得躁动不安。从心理学理论来说，“分析型”者的影子人格是“感觉型”，由于“分析型”者着重逻辑思考与客观评断，但是当他/她在夸大与表现“理性”时，便不知不觉地把自己细腻多情的“感性”部分人格，压抑到潜意识深处，变成隐性的“影子人格”。

于是，当一个人遇见一位身具自己“影子人格”的异性时，心中常会有欢喜雀跃的感觉，因为对方彰显出自己所缺乏（或已被压抑）的人格特质。有人说，恋爱双方通常都是性格互补的，就是这个原因。一个沉默的人碰到一个活泼的人，往往是他的“影子人格”见到了阳光，受到了感召，由此变得极为愉快，受桎梏的心灵得以自由开释。

这种异性相吸、“影子人格”和“显性人格”整合互补的过程，将逐渐发展出一个较完全、较成熟的人格，这个过程也被心理学家称为“完整之我”的追寻。

但是，这种结合也往往成为爱情痛苦的一部分，在所谓的磨合中，以往对方最吸引你的特质，以后可能成为让你最受不了的地方。以前，你爱上的是他的温柔，那么，很可能你以后会抱怨他缺乏男子气概；以前你爱上的是她的活泼，也很可能以后会觉得她啰唆、幼稚。

二、食物如何影响人的性格？

随着科学研究的不断深入，心理学家和社会学家认为食物可以影响人的性格。

情绪不稳定的人，往往是酸性食物摄入过量，缺乏维生素 B 和维生素 C 的缘故；优柔寡断的人，可能是因为体内缺少维生素和氨基酸；性格固执的人，常因喜欢吃肉类及高脂肪食物，血中尿素偏高所致。

因此专家建议，人们要想改变自己性格中的弱点或改善一下情绪，不妨有意识地选择相应的食物。

（一）情绪不稳定者

应选择多吃碱性食物，如果觉得自己在这段时间里情绪波动特别大，甚至无缘无故发脾气，那么最好吃一段时间的素食。

减少盐和糖的摄取，少吃零食，可以多吃些含有钙质的牛奶及贝类、蟹、鱼、海带等海产品；同时多吃富含维生素 B 的食物，如大蒜、油菜、土豆、茄子、南瓜、莲藕、豆芽、鲢鱼、草鱼、鲲鱼、香蕉、苹果、玉米等。

（二）优柔寡断者

建立以肉类为中心的饮食习惯，同时大量吃新鲜蔬菜和水果，特别要多吃含维生素 A、维生素 B、维生素 C 的食物。

（三）多心多疑者

一日三餐不可缺少高蛋白食物，如牛肉、猪肉等，多吃乳制品。

（四）焦虑不安者

可帮助安定情绪的营养素有钙质、维生素等，但在摄入这些营养素的同时，还要多吃可增强体质的动物性蛋白质，并且在烹调时宜清淡，口味不可太重。维生素 B 族含量多的有啤酒、牛奶、蜂蜜、瘦肉、豆类、蔬菜、鱼、麦片等。

（五）消极依赖者

适当节制一些甜食，如蛋糕、可乐等。多吃含钙和维生素 B_1 较丰富的猪肉、羊肉、小麦胚芽、鱼、贝类、大豆制品等。

（六）做事虎头蛇尾者

多吃胡萝卜、田螺、鸡肝、卷心菜、扁豆、辣椒、苦瓜、西红柿等，少吃肉类食物。

（七）迟钝不灵者

需要摄取丰富而多变的食物，多吃富含维生素 A、维生素 B 的蔬菜和含钙丰富的食物。特别是多吃对大脑神经纤维有帮助的海藻类食品,以达到柔软脑神经的目的。

(八)以自我为中心者

改掉吃糖过多的习惯,多吃鱼、肉、蔬菜、胡萝卜。绝对不吃过咸的食品。

三、人格理论

(一)人格特质理论

1. 奥尔波特的人格特质理论

奥尔波特首次提出了人格特质理论。他把特质分成共同特质和个人特质。共同特质是在某一社会文化形态下,大多数人或一个群体所共有的相同的特质;个人特质是个体身上所独具的特质,它又分为首要特质、中心特质、次要特质。首要特质是一个人最典型、最有概括性的特质;中心特质是构成个体独特性的几个重要的特质,每个人身上大约有5—10个中心特质;次要特质是个体的一些不太重要的特质,往往只在特殊情况下才表现出来。

2. 卡特尔的人格特质理论

卡特尔用因素分析的方法对人格特质进行了分析,提出了基于人格特质理论的一个理论模型。模型分成四层,即个别特质和共同特质、表面特质和根源特质、体质特质和环境特质、能力特质和气质特质。其中,根源特质有16种彼此相互独立作用的特质,由此编制了"卡特尔16种人格因素调查表(16PF)"。他认为在每个人身上都具备这16种特质,只是不同人身上的表现有程度上的差异。

3. 艾森克的人格"三因素模型"

艾森克根据因素分析法提出了人格的"三因素模型",包括外倾性,表现为内、外倾向的差异;神经质,表现为情绪稳定性上的差异;精神质,表现为孤独、冷酷、敌视、怪异等负面人格特征。这三个因素不同程度的表现形成了多样化的人格特点。依据这一模型,艾森克编制了"艾森克人格问卷",此量表在人格评价中得到了广泛应用。

(二)人格类型理论

1. 单一人格类型理论

该理论是根据一群人是否具有某一特殊人格来确定的,最典型代表是T型人格理论,由美国心理学家弗兰克·法利提出。T型人格是一种好冒险、爱刺激的人格特征。根据冒险行为的性质分为T+和T-。前者表示冒险行为倾向于健康、积极、创造性方向,如赛车、探险等,又可细分为体格T+类型和智力T+类型;后者表示冒险行为倾向于破坏性质，如酗酒、吸毒、暴力等。

2. 内—外向人格类型理论

瑞士心理学家荣格依据心理倾向来划分人格类型，最先提出了内—外向人格类型理论。其中，内向类型的个体把兴趣和关注点指向主体，其特点是自我剖析、做事谨慎、深思熟虑、交往面窄、有时会出现适应困难；外向类型的个体把兴趣和关注点指向外部客体，其特点是注重外部世界、情感外露、热情、当机立断、独立自主、善于交往、行动敏捷等。

3. 精神分析人格理论

精神分析的人格理论以弗洛伊德的理论为代表，他的人格理论包括：

（1）人格动力论。人格的核心是人内在的心理事件，这些心理事件发动了行为，或构成了行为的意图。人的行为的动机来源在于心理能量，这些能量来自先天的驱动力和本能。行为的动机通常是无意识的。

（2）人格结构。人格由本我、自我和超我构成。本我，本能需要的满足，遵循快乐原则；自我，遵循现实原则；超我，遵循理想原则。本我是无意识部分，自我和超我是意识部分，属于人格控制系统。

（3）自我防御机制。指自我所运用的心理策略，以此保护自己避开日常生活中体验到的种种冲突。常见的有压抑、投射、合理化作用、反向作用、升华、转移等。

四、小故事大道理

寻找快乐

有个富人，背着许多金银珠宝去远方寻找快乐，可是走遍了千山万水也没有找到。

一天，一位衣衫褴褛的农夫唱着山歌走过来。富人向农夫讨教快乐的秘诀，农夫笑着说："哪里有什么秘诀，只要你把背负的东西放下就可以了。"

富人蓦然醒悟：自己背着那么沉重的金银珠宝，腰都快被压弯了，而且住店怕偷，行路怕抢，成天忧心忡忡，惊魂不定，怎么能快乐起来呢？

如果富人放下行囊，把金银珠宝分发给过路的穷人，不仅背上的重负没有了，一定还能够看到一张张快乐的笑脸，他也会因此而快乐起来的。

很多时候，不是快乐离我们太远，而是我们根本不知道自己和快乐之间的距离。快乐并不难，难的是因为我们活得还不够简单。

在你少年时，行囊是空的，因此轻松，所以快乐。但之后的岁月，你一路拣拾，行囊渐渐装满了，因为沉重，快乐也就消失了。你以为装进去的都是好东西，可正是这些好东西，让你在斤斤计较中无法快乐。对于一个喜欢零食的孩子来说，买一座金山和买一包话梅的钱没什么区别，所以孩子很容易快乐。

容易快乐的还有那些从不胡思乱想的动物。只要解决了吃饭问题，瑞士奶牛就会闲卧在阿尔卑斯山的斜坡上，一边享受温暖的阳光，一边慢条斯理地反刍。非洲草原上的狮子吃饱以后，即使羚羊从身边经过，也懒得抬一下眼皮。

一位作家非常赞赏瑞士奶牛和非洲狮子的生存哲学，他说，假如你的饭量是三个面包，那么你为第四个面包所做的一切努力都是愚蠢的。

因此，你不快乐是因为你背负了太多的负担，这也是由于你的欲望所致，试着放下一些超重的欲望，你就会有一个新的发现。

附　　录

好书推荐：

1.《人格心理学》

作者简介：伯格（Jerry M. Burger），美国圣克拉拉大学心理学教授。他是《人格杂志》（*Journal of Personality*）和《人格和社会心理学公报》（*Personality and Social Psychology Bulletin*）的编委，以及《人格与社会心理学杂志》（*Journal of Personality and Social Psychology*）副编委。他从事多年的人格心理学课程教学，本书正是他多年来教学经验的集中体现。

内容简介：这是一本广受读者青睐的人格心理学经典畅销书。它围绕精神分析流派、新精神分析流派、特质流派、生物学流派、人本主义流派、行为主义和社会学习流派这六大人格理论流派，进行了系统、精辟的介绍与评价，并梳理了支持各流派观点的大量实证研究项目。本书行文流畅、通俗易懂，穿插了众多理论家的生平故事与摘自新闻报道的有趣议题，强调运用人格理论解决实际生活中的问题，更提供了13个经典的人格测验。阅读本书，读者不仅能掌握人格心理学的经典理论与前沿研究，而且将深入了解自己的人格特征！

2.《幸福的方法》

作者简介：泰勒·本－沙哈尔（Tal Ben－Shahar），哈佛大学心理学硕士、哲学和组织行为学博士。沙哈尔博士开设的“积极心理学”和“领袖心理学”课程曾被哈佛学生推选为“最受欢迎的课程”，他本人也被评为“最受欢迎的哈佛导师”。他的课程兼具实用性和可操作性，被众多企业家和高管们誉为“摸得着的幸福”。沙哈尔博士目前致力于个人及组织机构的优势开发、领导力提升等研究工作。

内容简介：本书以充满智慧的语言风格，将幸福的秘密如沐春风般地带入到你的心灵深处。作者将人生分为四种类型，其中不幸福的三种类型分别是：牺牲眼前快乐，只着眼于未来目标的忙碌奔波型；放纵自己、及时行乐的享乐主义型；对一切都失望，无所作为的虚无主义型。通过本书，读者将深刻理解到幸福的终极目标不是名利财富，而是尊重生命的核心价值，找到自己的真正使命并努力发掘出自己的潜力，全然地投入到生活中去，才能最终达到第四种状态：感悟幸福型。幸福是可以通过学习和练习获得的；同时，幸福也是一个需要永不间断追求的过程。幸福的人生态度不但是为了自己的目标努力奋斗，也需要享受当下的每时每刻。每一位读者若能按书中的方法去思考人生并坚持练习，便能够踏上持久快乐、幸福并具有满足感的旅程。

项目九

网络伴我健康行

——大学生网络心理解读

编者寄语

党的二十大报告指出，要“健全网络综合治理体系，推动形成良好网络生态”。网络生态是网络主体、网络、网络环境三者之间相互关系的总和。网络几乎成为我们每个人工作、学习与生活中必不可少的一部分，在现代社会中发挥着重要的作用。然而，网络是一把双刃剑。人类历史上任何一项科学技术的发明和应用，在给人们带来便利和实惠的同时，又不可避免地带来负面影响。由于大学生的认知能力、生理和心理成熟度都不高，网络对大学生的思想、行为和心理都将产生很大的影响。能否正确运用网络，将成为大学生未来成败的决定因素之一。

案例导入

案例一：从“网虫”到“书虫”——大三男生每天读一本书成功戒掉网瘾

2012年复旦图书馆要根据借阅册数排行，确定复旦十大借阅达人进行表彰。借阅达人中，有的是为了完成论文，有的为了扩展专业知识，而其中有一位男生却表示，大量借阅是为了戒掉网瘾。

这位男生就是2010级生命科学学院大三学生宋崇勤，他全年借阅394册图书，排名第五。宋崇勤之所以大量阅读根本目的是戒掉网瘾。提起被网瘾笼罩的大二生活，他称自己为“网瘾患者”。大二一个学期，他几乎没有去上课，完全沉浸在网络世界里。通宵连上两三天网，对宋崇勤来说已是平常事。可是，到考试的时候就傻了眼，十几门课程只通过了三门。网瘾大时，连补考都顾不上去。宋崇勤的网瘾引起了老师的注意，为此，老师给宋崇勤的父母打了电话。在老师和父母的共同监督下，宋崇勤下定决心要戒掉网瘾。为了戒网瘾他还参加过网瘾训练营，但最终他找到一条适合自己的戒瘾方式——读书。读什么书？读好玩的书，读有意思的书。“我从来不想读书会带给我什么，我会从中学到什么，我只是感受到阅读的快乐。”从前宋崇勤有空没空都会钻进网络世界遨游，如今他从网虫变成了书虫。“书籍填补了我生活中的空白，在闲暇时总会有读书的欲望，感觉这是一种习惯。”宋崇勤几乎每天都去图书馆借书，每天要读三四个小时书，平均每天读一本书。有时看书上瘾时，一天能读三四本书，他的网瘾已经一去不复返了。大学生想戒除网瘾必须痛下决心，从自我调适做起。

案例二：大学生网恋被骗318万

2021年，一位在杭州上学的大学生被骗318万元的消息上了热搜，令人哗然！19岁的被害者在6月中旬到8月初的一个半月里足足向主播转账94次，累计300多万元！然而这些钱都是该学生父母准备给孩子在杭州买房的钱。该主播利用一款网络语音聊天软件认识了该学生，在双方接触的过程中，该学生逐渐对这位所谓的“语音主播”产生好感，不禁和她发展起了恋爱关系。

8月1日，在该学生多次请求与女方视频聊天失败的情况下，终于，该学生意识到被骗了。在再三追问的情况下，这名“主播”也承认了自己的欺骗行为，并且祈求该学生不要报警，答应返还所骗的钱。8 月 2 日，学生父母经过多次向其询问了解情况，终于知晓他被骗的事情，随即父母带着孩子去了派出所报案！

8 月 21 日，该名“主播”被抓捕归案。令人惊掉下巴的是，这名令受害者着迷的主播的实际形象与其“工作照”大相径庭，而用来“工作”的照片也是从网上买来的！

网络世界鱼龙混杂，尤其在网上涉及钱财的一定要谨慎。大学生要增强自己的辨别能力，不要在网上随意透露个人真实信息，保护好自己的隐私！

案例三：重庆一大学生通宵上网引发悲剧

小林（化名）是西南某大学三年级的学生，性格内向，不善与同学交往，一个偶然机会学会了网络游戏，就迷上了网络游戏不能自拔。由于他长期上网熬通宵，不爱体育运动，体质也变得不好。网络可以让他不必面对现实，还能给他带来“成功”的喜悦，因此网络曾经就是他的天堂。暑假结束后开学的第一天晚上，他通宵上网，第二天中午回到宿舍，第三天，突发疾病，医院全力抢救，仍未能挽回他的生命。告别人世时，小林才 21 岁。在他的病历上，记载着“重症胰腺炎、暴发性菌痢、血糖增高、急性肺水肿、多脏器功能衰竭”等病症。医生认为是劳累过度导致了他的死亡。小林的父母都是 50 多岁的下岗工人，小林是他们的独子。他的离去带给父母的伤痛是可想而知的。

大学时代处于人生求学的黄金时期，虽然适当的网上娱乐能够起到调节心理的作用，但是过度迷恋网络只会让自己离现实越来越远，影响自己的身心健康。

案例四：大学生网上创业成老板

丽丽从高中时代就喜欢网络，中学时丽丽在网上主要是玩游戏、聊天，虚度了时光。进入大学后，丽丽喜欢上了网上淘宝，经常在网上购物，学习市场营销专业的她开始关注网络营销，在大一那年，丽丽开始尝试着在淘宝网上开店。开始的时候因为没有货源，卖的都是一些零散的闲置物品。后来放寒假时第一个店铺也因为断货无疾而终。尽管如此，第一次开店使她认识了许多网上朋友，学习之余，丽丽经常与网上朋友探讨网店问题。

大二开学后，丽丽结合所学的专业知识及网上所学的淘宝经营策略，通过淘宝上的阿里巴巴链接，成功地找到了一家学校附近的水晶经销公司。这是一家跨国企业，正希望能够提升自己的品牌价值，因此，当他们得知丽丽想在网上开水晶店并能带给他们网络宣传效应以后，立刻表示愿意支持。接下来丽丽并不急于马上下海，由于对水晶市场并不了解，她还要求对方能够给自己提供详细的资料以及周期性的培训计划，当一切都准备好之后,丽丽的小店才正式开张。网店正式运营后,丽丽每个月的纯收入在1000元左右,虽然不多,但相当稳定。丽丽表示,自己网上开店只是想提前创业,积累一下创业经验。但这并没有影响学业,反而锻炼了她各方面的能力。

以网络为载体的“虚拟”店铺在今天已经算不上新鲜事物,其运营成本低,信息发布面广,大学生们自然也敏感地嗅出了网络的这些优势。据统计,目前已有不少在校大学生投入到“网上经商”的行列,张罗着在网上开个小店,进货、发货,热热闹闹地盘算起了自己的“小生意经”。作为有梦想的大学生,可以在网上实践,积累经验,为今后实现自己的理想打下基础。网络是把双刃剑,有的学生因为它荒废学业,毁了前程,有的学生却利用它,提升修养,实现自己的梦想。

心理解读

目前,除了使用电脑上网,手机成为人们上网的主要工具,大学生随时都可以使用网络,因此,如何引导大学生正确使用网络,避免网络依赖,对大学生的成长成才具有重要的现实意义。

一、网络环境下心理健康的标准

一个人心理健康,通常表现为有充分的安全感,能充分了解自己并对自己的能力做出适当的估价,能保持人格的完整与和谐、适度的情绪表达与控制等。网络环境下的心理健康除具有心理健康的一般标准外,还具有一些特殊的标准。

(一)正确认识网络

在信息时代,网络是人生活、学习、工作不可缺少的工具。我们需要正确认识网络,学会有效利用网络,充分发挥网络的积极功能,利用网络中的积极因素,提高我们的生活质量,提高工作、学习效率。同时,也要正确处理网络与现实生活的关系。适应网络环境不等于适应现实环境,虚拟环境中的角色不等同于现实生活中的角色,不能借网络逃避现实生活,要敢于正视学习、生活中的困难,建立协调的人际关系,能够与周围环境保持良好的互动。

(二)面对网络能够保持情绪的稳定

接触网络的初期阶段,面对网络知识的缺乏和眼花缭乱的电脑书籍与软件,应能及时调节焦虑紧张的不良情绪，主动积极地适应。在学会利用互联网之后，能够理智地借助网络，选择适宜的情绪宣泄方式，把网络当成社会支持的途径之一，及时有效地调整自己的情绪。避免把网络作为消极情绪的发泄工具。

（三）较好的自我控制能力

网络只是我们生活的一部分，而不是生活的全部。上网应该有较强的目的性和时间性。不论是为了获取信息还是为了休闲消遣，都应该有节有度。不能因为上网的原因而影响了正常的工作、学习、生活以及人际交往。不能破坏自己的生物钟，避免因为沉迷于网络导致身体的机能下降或失调，能够保持机体的平衡。

（四）虚拟与现实环境中的人格统一

在现实生活情境中，大学生一般都始终如一地扮演着自己的角色，但是网络所提供的各种虚拟情境，使不少大学生感到身份迷失、角色混淆、无所适从。沉溺于虚拟角色，也容易逐渐削弱对现实生活的感受力和参与感。保持人格统一，就是上网时能够积极主动地接受和处理信息，下网后能够迅速地从虚拟情境中走出来，而不是仍然沉溺于虚拟情境之中。

（五）良好的道德约束力

网络的基本道德准则和现实生活中最基本的道德准则应该是高度一致的，比如公正、进步、正义、诚实等，但是，因为网络交往的隐蔽性和间接性，网络对自律的要求要高于现实生活。在网络世界里不对自己的行为负责，将自我凌驾于道德和法律之上、不忌伤害别人甚至违法犯罪都是心理不健康的表现。

（六）信息选择和辨认的能力

在网络世界中，信息像汹涌波浪迎面而来，让人目不暇接，真伪难辨。如果用怀疑一切的心态对待网络信息，势必有失偏颇，也得不到任何有用的东西，健康的心理应该是运用现有的知识，理智地辨认真假信息，自觉拒绝网络的各种诱惑，并能够有勇气及时改正自己的认知和行为。

二、网络对大学生的影响

大学生作为一个特殊的群体，对新鲜事物有着浓厚的兴趣。生活在信息化环境下的大学生，无论是在学习生活、身心发展还是在道德修养方面无一不受到网络的影响。人类历史上任何一项科学技术的发明和运用，在给人们带来便利和实惠的同时，又不可避免地带来负面影响。网络是一把双刃剑，由于大学生的认知能力、生理和心理成熟度相对不高，网络对他们的思想、行为、心理都产生了很大的影响，这种影响积极方面和消极方面并存。

（一）网络对大学生的积极影响

1. 网络可以开阔大学生视野，帮助大学生了解更多的未知领域

互联网是一个无奇不有的信息库，其内容不仅丰富、新鲜而且传播迅速。只要大学生善于学习，可以加入名校的远程教育网中，享受优秀的教育资源，也可以从网上搜索到自己想了解的领域的大量知识。这有利于学生扩大知识面，提高各方面的能力。

2. 网络的超时空性扩大了大学生的人际交往范围

网络改变了大学生在学习和生活中的人际关系模式。由于网络言论较为自由，大学生可以在网上公开、坦白、毫无顾忌地发表观点与意见，也可以因此交到志同道合的朋友。

3. 正确使用网络可以调节大学生的不良情绪，增强大学生的自信心

网络对大学生来说，具有心理调适的作用。一些大学生（尤其是一些性格较为内向的学生），在现实生活中遇到挫折，产生不良情绪，如果不愿与周围人倾诉，可以通过网上聊天、适度游戏、听音乐等娱乐方式，宣泄自己的情绪，调整自己的心态。在虚拟世界里，大学生也可以毫无顾虑地展现自我、张扬个性，这都有助于大学生增强自信心。

4. 网络可以让学生了解社会，提高综合素质

在网上学生可以看到各类政治、经济、文化、娱乐等新闻，可以间接地接触社会、认识社会，避免产生只了解书本、不了解现实、与社会脱节的问题。

（二）网络对大学生的消极影响

1. 影响身体健康

大学生处于身体发育的重要时期，长时间上网，容易出现眼疲劳、腰酸、背痛、头痛、手腕痛、精神紧张、睡眠差、颈椎不适等临床症状，甚至还会引发视网膜脱落、肩周炎、自主神经紊乱等疾病。尤其是电脑在工作时产生和发出的电磁辐射（各种电磁射线和电磁波等）、声（噪音）、光（紫外线、红外线辐射以及可见光等）等多种辐射“污染”，可直接影响大学生的身体组织与骨骼的发育，引起视力、记忆力下降和肝脏造血功能下降，严重者可导致视网膜脱落。

2. 影响心理健康

心理学家研究发现，迷恋上网的人大多数都有“社交恐惧症”，由于网络上的人际交往是虚拟的，因而带有虚幻性，在网上的交往跟现实生活存在很大差距，在现实中越是压抑的人在网上表现反而越活跃，网络和现实的悬殊差距导致大学生更加恐惧现实

交往。还有研究发现,由于在网上自己的身份完全可以杜撰,虚拟身份与现实生活反差很大,这种身份的丧失,极易导致“双重人格”。特别是对于分辨能力有限、控制能力较差的大学生来说,过度和不良使用互联网将导致“网络成瘾”,严重危害大学生的身心健康。

3.浪费金钱,影响学业

刚刚离开高中紧张繁忙环境的大一学生,容易在相对宽松的大学环境里产生惰性和松散的情绪。很多大一学生将大部分时间花费在网上,课后沉迷于网络世界,甚至还有一些学生在上课期间逃课上网、玩游戏。很多学生把生活费大部分花在网络游戏充值里,更为严重的是,有的学生为玩网络游戏产生借钱、偷盗等行为。

4.影响大学生树立正确的世界观、人生观、价值观

大学生正是自我形象确立的时期,也是世界观、人生观、价值观形成的阶段,网上的言论形形色色,分辨能力较差的大学生很容易受到网上不良信息的影响,形成错误的观念,滋生享乐主义、拜金主义、见利忘义、自我中心、集体主义淡漠等不良思想。

三、大学生常见的网络心理问题

在网络心理问题中,最严重的是网络成瘾。网络成瘾类型分为五类:网络游戏成瘾、网络色情成瘾、网络关系成瘾、网络信息收集成瘾、网络交易成瘾。在大学生中,网络游戏成瘾、网络聊天成瘾最为常见。

(一)网络成瘾内涵

“网络成瘾”的概念,最初由美国心理学家格登博格(Goldberg)提出,随后,由匹兹堡大学的金伯利·扬博士(Dr. Kimberly. S. Young)发展完善了他的这一概念。“网络成瘾”(internet addiction,简称 IA),又称“网络成瘾症”(internet addiction disorder ,简称 IAD)或“病态网络使用”(pathological internet use ,简称 PIU),指在无成瘾物质作用下的上网行为冲动失控,表现为由于过度使用互联网而导致个体明显的社会、心理功能损害。

我国大陆网瘾专家陶然将网络成瘾定义为“个体反复过度使用网络导致的一种精神行为障碍,其后果可导致性格内向、自卑、与家人对抗及其他精神心理问题,出现心境障碍,部分患者还会导致社交恐惧症等”。

国内很多研究者将网络成瘾与网络依赖混淆使用,实际上二者有着相同的联系但却有本质区别:网络依赖是网络成瘾的最初表现,网络依赖是走向网络成瘾的过程,网络成瘾是网络依赖的重度表现形式和继续发展,网络成瘾几乎是在网络依赖调节不当

情况下造成的。但从上网的总体时间、间隔时间、上网的目的性、自控力等方面来看，网络依赖和网络成瘾之间存在明显差别。另外，虽然二者都属于心理上的依恋，但网络依赖更强调情感寄托与依靠，网络成瘾则更注重自我，夸大自我价值。具体如表9－1所示：

表9－1　网络依赖和网络成瘾

对现实生活的影响	网络成瘾	网络依赖
人际交往	严重影响生活，除了维持生命需要的吃睡，时间精力都花在网上	一旦有空闲时间就想上网，但仍旧能保持正常的社会生活
情感表现	实际生活中没有人际交往，自我封闭	和周围人正常交往
思维意识	情感冷漠，和家人、朋友没有语言交流	情感表现正常，有固定的社交圈
心理病症	依赖虚拟世界，厌恶现实	能分清虚拟和现实的区别
大脑控制元素	程度不同地存在着抑郁症、自闭症、强迫症、偏执症等心理症状	没有心理上的病症
对现实生活的影响	脑中控制情绪、心境的元素5HT不平衡	脑中控制情绪、心境的元素5HT平衡

（二）网络成瘾的主要症状

网络成瘾主要症状：上网后精神极度亢奋并乐此不疲，长时间使用网络以获得心理满足，上网后行为不能自制，或通过上网来逃避现实，并时常出现焦虑、忧郁、人际关系冷漠、情绪波动、烦恼不安等现象；上网时间每次都超过原来计划，甚至整夜游荡在虚幻的环境中，而到白天工作时则昏昏欲睡，对现实生活无兴趣；不上网时手指会不停地运动，严重时全身打战、痉挛、摔毁器物，甚至只是为了活下去不得不吃饭和睡觉，有人因为陷得太深而不能自拔。

（三）大学生网络成瘾原因

1. 大学生网络成瘾形成的主观原因

（1）与大学生的性格有关

那些在生活中较孤僻、内向、敏感、自我管理和约束能力差、纪律性不强的学生更喜欢在网络上寻找自由的空间交朋友，发表言论。

（2）与大学生不善于学习有关

部分学生在中学时就没有科学的学习方法，学习动机不强，到了大学后也不爱学习，经常无所事事，只好以上网逃避听课，甚至有的学生逃课去上网。另外，在大学业余时间较多，大部分学生学习没目标，不会安排业余时间，整日无聊，非常空虚，只好在网上消磨时间。

(3)与大学生的心理素质有关

一些心理素质较差的学生,害怕挫折和困难,在现实生活中很难实现自我,完不成目标便陷入抑郁情绪;有的学生不善与人交往,日常生活中朋友较少,非常寂寞,心理问题无处倾诉。于是他们就到网络上发泄、寻求刺激,在虚拟世界中达到自我实现的目的。

2. 大学生网络成瘾形成的客观原因

(1)与家庭教育方式有关

当前我国大学生中独生子女比较多,且大部分远离父母来异地求学,成瘾学生的家长往往无暇顾及子女的内心需求,忽略了与子女的沟通,导致子女不愿向家人倾诉成长过程中的困惑,而选择网络作为他们精神寄托和压力释放的途径。有的家长属于专制型,教育孩子时非常严厉甚至采取暴力,孩子脱离家长控制后,他们的叛逆心理促使他们迷恋网络。

(2)与学校教育有关

大学生绝大部分时间在校,校风、班风及人际关系优劣直接关系到学生的人生观、价值观。学校对学生的管理是否科学、规范,课堂是否允许携带手机上网,对学生使用网络能否正确引导,直接影响到学生能否科学合理地使用网络。另外,学校的社团和文体等课外活动是否丰富多彩、学生课余时间能否充分利用,也直接影响到学生上网的时间。

(3)与社会环境有关

2022 年 8 月 31 日,中国互联网络信息中心(CNNIC)在京发布第 50 次《中国互联网络发展状况统计报告》(以下简称《报告》)。《报告》显示,截至 2022 年 6 月,我国网民规模为 10.51 亿,互联网普及率达 74.4%。互联网不仅是一种工具,也是数字时代的基础设施,深刻影响着当代社会的生产生活。这一代青少年之所以被称为“互联网原住民”,就是因为他们的成长与网络紧密相伴。《2020 年全国未成年人互联网使用情况研究报告》显示,我国未成年网民已达到 1.83 亿人,互联网普及率为 94.9%,远远高于全国互联网普及率。超过三分之一的小学生在学龄前就开始使用互联网,而且呈逐年上升趋势,未成年人首次触网的年龄不断降低。

但是,互联网在给未成年人带来学习、生活的便利的同时,也带来了某些不容忽视的负面影响。网络信息泥沙俱下,部分不良内容影响着青少年的认知。此外,网络欺凌、未成年网红、短视频沉迷等问题也是社会面临的新挑战。因此,对于“网生代”来说，如何减少互联网的不利影响，引导他们更好地用网是我们必须重视的问题。

四、大学生常见的网络心理问题调适

在全民上网时代，大学生不接触网络、不使用网络是不可能的。因此，强行让大学生远离网络解决不了学生网络依赖或者成瘾问题。大学生要做的是适度运用网络，利用网络带给自己的有利之处，避免危害。事情的成败是由内外因共同作用的结果，但是内因的作用更大，因此大学生的网络心理调适关键是要靠自己的意志和信心。以下主要介绍一些大学生网络心理问题的自我调适办法。

（一）正确认识自我

存在网络心理问题的人往往对自己认识不足，没有树立良好的自我形象，理想自我和现实自我存在较大差距，因此不能正确看待别人对自己的评价，无法面对现实生活中的挫折。有的学生因为对自己缺乏职业生涯规划，生活毫无目标，缺乏自我控制能力，把大把时间花费在网络上，已经形成网络成瘾综合症，但自己并未意识到。因此大学生应该首先认识自我，悦纳自我，完善自我，完善自己的心理防御机制，提高自己面对挫折的心理承受能力，然后通过网络自测量表，自测网络依赖程度。

（二）正确认识网络

网络有双面性，合理利用网络有助于大学生开阔视野，拓展学业知识，但是网络毕竟是虚幻的，与现实是不一致的。尤其是网络上交的朋友要慎重对待，防止上当受骗。换言之，在运用网络时要把自己的虚拟人格和现实人格相互转化好。

（三）分析并了解网瘾成瘾的促发点

明确到底是什么原因促使自己上网：是因为周围没有朋友聊天还是因为自己听不懂课产生厌学情绪？是因为自己课余时间无聊还是因为心情不好，或者还有什么别的原因？上完网后，感觉怎样，促使自己上网的那些事情都解决了吗？明确自己的网瘾成瘾的促发点后，采取较现实的办法，寻求社会支持，真正解决自己面临的问题。

迷恋网络的大学生要认真分析：自己因为上网得到了什么同时又失去了什么？是利大于弊还是弊大于利？具体列出因为上网耽误的事情对你的重要性，以及因为你耽误的这件事，对你现在的影响。比如，自己高考成绩不理想，与上网成瘾有没有关系，继续迷恋网络对你的将来会有什么影响。

（四）运用时间管理技术控制上网时间

试着记录上网的所有时间，以及这些时间是怎样分配的，如网络聊天、游戏、收发电子邮件、搜索信息等各用了多长时间。对这些网络行为进行分析，有益和无益的网络行为分别有哪些，缩短无益网络行为的时间。同时要确认自己的上网时间模式：平时都是什么时间上网，在哪里上网，并刻意打乱这个模式，甚至利用外在具体事情催促自己停止上网。然后规划自己的日常时间，列出必须做的事、具体的行动时间表，并严格遵守。根据时间表的执行情况，采取恰当的奖惩措施奖励或惩罚自己。为减少上网时间，可以拓宽自己在现实生活中的交际圈，努力寻找上网的替代活动，比如将时间安排在参加学校活动上，做那些一直想做但没时间做的事，花时间联系那些现实生活中一直想联系的朋友，尽量让生活变得丰富多彩，充实起来，就无暇网络成瘾。

（五）建立正向的提醒

上网的好处和坏处各列举五个，把这些好处和坏处制成卡片并随身携带，当想上网时就拿出来看一看，读一读，比一比。反复强化自己对待网络的态度。

（六）寻求社会支持

当自己网络成瘾症状较严重时，要善于寻求社会支持，网瘾者可以从父母、老师、朋友那里获取帮助，同时还可以借助专业的心理咨询和心理治疗介入。

五、利用网络进行学习

对于正处于求学期的大学生而言，合理运用网络进行学习，是正确使用网络的最好表现。

网络学习，是指通过计算机网络进行的一种学习活动，它主要采用自主学习和协商学习的方式进行，是现代人学习的重要方式。相对传统学习活动而言，网络学习有以下三个特征：一是丰富的和共享的网络化学习资源，二是以个体的自主学习和协作学习为主要形式，三是突破了传统学习的时空限制。在进行网络学习时，应注意以下几点：

1. 根据自己的所需，进行有目的的浏览性阅读

读书有法方能学有所获。互联网上的信息量很大，无穷无尽，而个人的时间和精力是十分有限的。每个大学生所学的专业、各自的生活范围、兴趣爱好和需求各不相同，不是所有的信息都是我们需要的，也不是我们都能掌握得来的，懂得筛选十分重要。

网上的学科信息与相关知识对大学生的学习非常有益，大学生可以关注一些知名的网站，经常去那里逛逛，看看有什么内容是你专业所需要的或与你的职业活动有关。感到有用的资料可以下载下来慢慢研读，也可以复制到文档里面，打印出来仔细推敲和学习。

同时，大学生还应多关注网络热点问题，关注国情、社情，关注自己喜欢的主题，这

不仅能拓宽自己的视野，还能引导自己树立正确的世界观、价值观、人生观。

2. 在一定时间内，根据自己的实际情况，在可能的情况下开展专题学习与研究

随意地浏览信息，学到的东西不够深入和全面，更重要的是你要开展专题学习与研究。也就是说，在一定时间内，确定一个题目，自己在网络里面查询资料，慢慢积累。然后积累到一定程度之后，便可以进行自己的专题研究了。

3. 在网络里面建立自己的平台，与同学和朋友互动交流，共同发展

网络里面有很多的免费或者收费的个人空间、个人主页、博客系统，还有自助建站系统，这些工具使用起来方便快捷，操作简单。可以通过平台把自己的资源发布出来，和大家交流沟通，别人可以分享你的东西，同时你也可以学习借鉴别人的东西，进而互相启发，共同提高。

心理体验

活动一：认识网络中的我

活动目的：了解目前网络到底带给自己什么。

活动时间：约 20 分钟。

具体操作：

1. 填写下面的内容：

（1）平均每天的上网时间：________________________

（2）上网一般做什么？并填写相应所花的时间。

查资料；看新闻或其他信息；与朋友聊天；搜集信息；网络游戏；看视频；其他。

（3）上网之后，一般哪种心情居多？

沮丧　空虚　快乐　充实　其他（请写明）________________________

____

（4）对你来说，网络带给你的益处是：________________________

____

（5）网络带给你的危害有：________________________

____

（6）你对自己的网络使用满意吗？为什么？________________________

2. 填写完毕后请成员以小组为单位进行分享。

3. 讨论:你对自己的网络利用率满意吗? 为什么?

4. 团体领导者做相应的归纳总结,引导学生思考网络与自己生活和学习的关系。

活动二:一分钟的价值

活动目的:

1. 让学生意识到生命是由每分每秒组成的,热爱生命就要从珍惜每一分每一秒钟开始。

2. 利用好每一分钟,在有限的时间里创造出其应有的价值。

活动时间:约 20—30 分钟。

活动道具:秒表、白纸、笔。

具体操作:

1. 分组,每小组 5—6 人,选出小组长、记录员。

2. 主持人提出讨论的问题:一分钟能做多少事?

3. 小组讨论。

4. 全班交流。

活动三:走出网络“舒服圈”

活动目的:体验改变习惯的困难及改变习惯的不舒服感;让学生意识到要不断挑战自己,改变自己的习惯是可能的。

活动时间:约 25 分钟。

具体操作:

1. 主持人邀请学生自然地十指交叉相扣约 5 秒。

2. 主持人再邀请各学生以双手相反的方向十指交叉相约扣 5 秒,感受和之前动作不同的地方。

3. 恢复垂手状态,主持人再邀请各学生随自己的习惯自然地绕手。

4. 主持人再邀请各学生以相反方向绕手,感受和之前动作不同的地方。

5. 恢复垂手状态,向学生提问:“第二次的十指相扣和绕手有什么感觉? 为什么有这种感觉? 改变习惯可能吗? 什么因素可协助改变?”引发学生讨论如何改变不良习惯。

6. 提问与讨论：如果你习惯了每天把大部分时间用于玩手机或者电脑上网，尤其是上课的时候，特别热衷于手机上网，不上网就会觉得不舒服，那么如何改变自己的这种不良习惯，形成正确使用网络的好习惯？

活动四：知你知我

活动目的：认识自己上网成瘾的危害，体会父母的苦心。

活动时间：约 15 分钟。

具体操作：诵读下面的一封信。

一位母亲给深陷网瘾不能自拔的儿子的告白信

亲爱的儿子、妈妈的宝贝：

唯有这样的称呼，才能表达妈妈是多么爱你。

在你成长的路途中，妈妈不小心让你掉进了网络游戏的泥潭里，在这个恐怖的网络泥潭面前，妈妈慌乱极了。看着在网络泥潭里挣扎得疲惫的你、憔悴的你、麻木的你，妈妈的心碎了，妈妈的世界一片黑暗，妈妈用尽了作为母亲能用到所有的办法来拯救你，也没能把你从中拉出来，你知道，妈妈有多伤心吗？

儿子，你知道吗，这个网络泥潭充满着变数，它改变了你的人生，使你远离了正常的生活轨道，使你失去了理想，失去了理性，使你抛弃了人间的温情，变成了冷血动物！

这个网络泥潭充满着血腥罪恶，多少不该发生的事情发生了：辍学、偷窃、自杀、猝死、杀人……儿子呀，掉进这个网络泥潭是你的灾难呀，是你们这一代人的灾难呀，你什么时候才能明白、才能清醒呢？

漫长的日子在折磨着妈妈，妈妈成了世界上最伤心的人，最无奈的人，心痛你的麻木，感慨自己的无能，痛恨充满魔力的网络……

在这个灾难面前，妈妈感到了从未有过的绝望和无助，儿子，你知道吗，无助的妈妈最后只好默默地祈求上天，祈求上天能把你拯救：救救我的孩子！

孩子啊，所有陷入网络泥潭的孩子们，你们听见妈妈呼唤了吗？你知道吗，多少期盼的目光在注视着你，多少热情的双手在伸向你，多么温馨的世界在等待着你呀！

回来吧，我亲爱的孩子！

爱你的妈妈

读完信后讨论自己的网络行为与信中“儿子”的行为有何异同？体会自己在网上娱乐、玩得不亦乐乎时父母的心理感受以及自己读信后的感受，并具体谈谈自己上网尤其是沉迷网络后父母的态度和做法。最后设想，有一天你的孩子网络成瘾你会怎么办？

心理评估

网络成瘾自测 Internet Addiction Test (IAT)

指导语：这个测试是给那些怀疑自己的网络行为已经开始成瘾的同学自己评价的。请根据下列20个问题用0—5进行评分。0—5的具体含义是：0 = 没有，1 = 罕见，2 = 偶尔，3 = 较常，4 = 经常，5 = 总是。

题目	没有	罕见	偶尔	较常	经常	总是
1. 你发现你在网上逗留的时间比你原来打算的时间要长	0	1	2	3	4	5
2. 由于上网上的时间太多，以至于忘记了要做的家务	0	1	2	3	4	5
3. 你觉得因特网带给你的愉悦超过了亲朋密友之间的亲昵	0	1	2	3	4	5
4. 你会与网上的人建立各种新的关系	0	1	2	3	4	5
5. 你的亲友会抱怨你花太长的时间在网上	0	1	2	3	4	5
6. 由于你花太多的时间在网上，以至于耽误学业和工作	0	1	2	3	4	5
7. 你宁愿去查收电子邮件，也不愿去完成必须做的工作	0	1	2	3	4	5
8. 上网影响了你的学习或工作业绩和效果	0	1	2	3	4	5
9. 你尽量隐瞒你在网上的所作所为	0	1	2	3	4	5
10. 你会同时想起网上的快乐和生活的烦恼	0	1	2	3	4	5
11. 在你准备开始上网时，你会觉得自己早就渴望上网了	0	1	2	3	4	5
12. 没了互联网，生活会变得枯燥、空虚和无聊	0	1	2	3	4	5
13. 当有人打扰你上网时，你会恼怒或吵闹	0	1	2	3	4	5
14. 你会为深夜上网而不睡觉	0	1	2	3	4	5
15. 其他时间你仍全身心想着上网或幻想着上网	0	1	2	3	4	5
16. 你上网时老想着“就再多上一会儿”	0	1	2	3	4	5
17. 你尝试减少上网时间但却失败了	0	1	2	3	4	5
18. 你企图掩饰自己上网的时间	0	1	2	3	4	5
19. 你选择花更多时间上网而不是和别人出去玩	0	1	2	3	4	5

续表

题目	没有	罕见	偶尔	较常	经常	总是
20. 当外出不能上网时，你会感到沮丧、忧郁或焦虑，但一上了网，这些感觉就消失了	0	1	2	3	4	5

评分与分析：

20—49 分：你是个一般上网者，只是有时会上得多一些，但总体上是能够自我控制的，尚未沉溺于此。

50—79 分：你由于上网似乎引起了一些问题，应该谨慎对待上网给你带来的影响，以及对学习、生活带来的影响。

80—100 分：上网已经给你和你的学习、生活带来了很多问题，你必须马上正视并解决这些问题。

当你对照总分查阅相关说明后，请再看一下你得 4 分和 5 分的问题。你是否意识到这些问题是你急需关注的症结所在呢？举例说明：如果你第 2 个问题得了 4 分，与之相对，你是否忽视了家务，要洗的脏衣服是否堆成了堆？房间是否杂乱无章？如果你 14 题得了 5 分，你是否经常感到每天早上从床上爬起来是非常困难的事？你是否觉得学习提不起神来？而这种作息方式是否已经开始使你的身体状况糟糕起来？

趣味心理测试：测试你是否会有网恋

题目：很多人喜欢在家中摆一盆花，让自己一整天保持愉快的心情。你会选用什么样的花瓶，来为你的室内摆设增添色彩呢？

1. 手工玻璃瓶
2. 陶盆
3. 细瓷花瓶
4. 籐篮

测试结果：

1. 选“手工玻璃瓶”

你一开始会觉得网络恋情好像吃速食一样，太过草率随便了，一点儿也不符合你心中的理想爱情。可是试过之后，你就会爱上那样的感觉，反而成为最热衷的一个。只要是遇到一些谈得来的朋友，你就会认真和对方交往，只要你们都有心继续发展下去，还可能一起步上红地毯。

2. 选“陶盆”

你认为感情是需要慢慢酝酿的，对于陌生的人，你会有点防备，无法完全交心。所以对于网恋，虽然已经听过不少这类情况，却还是迟迟不敢行动。网络能为人开启另一扇感情之窗，但是窗外的风景朦朦胧胧，许多负面的想象，更使你无法踏出第一步，最后你还是决定按照一般的方式交朋友，谈个正大光明的恋爱吧。

3. 选“细瓷花瓶”

对于网恋，你是又期待，又怕受伤害。在试探的过程，你会走得很慢，也许有的人等得不耐烦，或是进展过快，对你有更多的要求，都会破坏你们的发展。所以你会容易被企图不良或素养欠佳的人吓到，对于网络恋情从此敬谢不敏，还来不及体验到美好的滋味，就早早打了退堂鼓。

4. 选“籐篮”

你喜欢尝试各种新奇的事物，对于网络恋情更是觉得新奇，很想体验看看。你活泼外向的性格，也很有魅力，网恋最初是要用文字与人沟通，你在这方面很能展现自己的特质，吸引异性的注意。所以你的人缘不错，交际广泛，能够与大家玩得很热络，谈网络恋爱成功的机会也很大。

趣味心理测试：你是容易受骗的人吗？

测试一：在公共汽车上遇到多年前的老同学，这时他认出了你，而你却一时想不起他的名字，你想这时他会有什么反应？

A：并不介意，继续和你聊天

B：立刻纠正你，并有责备的意思

C：皱起眉头谈话，立即失落起来

D：反过来讽刺你一番

分析：

A：你把人性想得太单纯了，虽然你也算是个智商不低的中等天才，但是“防人之心不可无”，或许你应该学习如何保护自己不受伤害。

B：你太精明了，很多时候，只有你欺骗人家，没有人欺负得了你，因为你的睿智。相对地，你的朋友会感受到你施予的压力，与他人交往时要简单、真诚些才好。

C：你受骗的概率不大，大约是百分之四十，通常你是很理智的，但是当别人猛说你的好话时，你就会迷失自己。

D：你简直是个防止被骗的高手，聪明得不得了，却时常装傻，博得好友的怜惜。

测试二:假设有一天你不小心在森林里迷路,这个时候忽然有四种鸟出现在你面前,并各自停在不同的方向对你说:"出口在这边啊!"

那么你会相信哪种鸟说的话呢?

1. 雄鹰 2. 鹦鹉 3. 猫头鹰 4. 鸵鸟

分析:

1. 雄鹰——不辨是非

只要别人用严肃的表情对你说话,你就会上当,而且只要以权威的语气来骗你,你就会立刻照做。

易骗度:★★★★★

2. 鹦鹉——全凭直觉

你表面精明,但是你的判断全凭外表,只要对方长着一副好好先生的样子,你就会立刻上当,是典型的"以貌取人"一族。

易骗度:★★★

3. 猫头鹰——警觉性高

你被骗的可能性甚低,因为你的警戒心强,对任何事都抱着怀疑的态度,别人若想欺骗你是相当困难的。

易骗度:★

4. 鸵鸟——憨直老实人

你十分相信熟人,至今被骗的经验一定多得数不清,朋友想骗你上当是件超级简单的事。

易骗度:★★★★

互联网上人与人之间进行的是一种非现实接触式的情感交流,难以对对方的真实情况进行全面客观的了解。目前,运用网络传播虚假信息的诈骗犯罪日益高发,手法不断翻新。因此,大学生一定要加强防范意识,在所谓的熟悉甚至是至交的网友以各种借口提出借钱、见面等要求时,要保持清醒,分清真伪,尽量拒绝。如果你是一个容易受骗的人,要更加小心!

知识拓展

一、网络心理学

网络心理学是一个新兴的网络名词。通常是指以心理学经典理论为基础、以实证研究为手段,研究互联网相关情景下,人的心理、行为及其规律性的一门应用心理学学科。

目前来看,网络心理学的研究领域主要有:互联网使用对人的认知、情感、意志、行为、人格、一般能力、记忆能力、学习能力、社会适应性等心理特征的一般影响;互联网人格的形成机制与影响因素;互联网使用者的网上/网下双重人格问题;互联网对青少年人格形成的影响;互联网使用成瘾(或称网络成瘾、网瘾)的早期干预、治疗及网络成瘾者的愈后的社会再适应问题;色情、暴力、反社会、反政府等不良网络信息对网络使用者的影响等。其中最热门的题材是网瘾形成及戒断方法、互联网对人格形成改变和重建的影响。

网络心理学的理论假设和实证方法多源于变态心理学、临床心理学、社会心理学、社会学等既有的理论体系,其中又以行为主义学派的强化理论、社会学习论、替代学习论、变态反应论影响较大。研究者多为临床心理学学者、社会心理学学者、行为主义学派的心理治疗师、社会工作者。

二、心理学家称沉迷网络易患心理疾病

英国心理学家调查发现沉迷网络与抑郁症密切相关。英国利兹大学莫里森博士研究上网与抑郁间的关系,他通过社交网站招募了1319名年龄16到51岁的志愿者让他们在线填写调查问卷回答上网时间、上网目的和一系列判断是否罹患抑郁症的问题。结果显示,小部分志愿者有网络强迫症,沉迷于网络世界宁愿上网络聊天室和社交网站,也不愿意参加现实生活中的社交活动,还有1.2%已经上网成瘾。研究人员发现,上网成瘾者的抑郁得分比普通网友高5倍,达到中度到重度抑郁。

2022年6月29日,人民网研究院发布的《中国移动互联网发展报告(2022)》显示,2021年底,全球上网人口达到49亿,大约占全球人口的63%。据国际电信联盟(ITU)数据显示,两年来,全球上网人口比疫情出现的2019年(41亿)增长了19.5%,新增加

了8亿网民，网民普及率提升了将近10个百分点。其中，2020年全球网民增长率再次达到两位数，达到10.2%，为十年来的最高速度。新冠肺炎疫情背景下的最大确定性之一，就是人类进一步加快进入数字生活的进程，疫情无疑是迄今为止数字化进程的最大动力和催化剂。上网成为人们工作、生活、学习的必要方式。

但是，不得不引起我们重视的是，有研究发现，长期较长时间使用电脑的人比正常人群容易患上焦虑症、抑郁症及强迫障碍等心理疾病。“用多了电脑，的确容易发生多种情绪障碍。”专家指出，所谓的这种“心理死亡（早衰）”跟网络成瘾有着莫大关联，二者有相通的地方。因此，为保证自心健康，大学生应合理有度地使用网络，避免因过度上网引发心理疾病。

三、解除网瘾的10大招数

症状一：

关闭真实生活大门，独自龟缩在小屋，在虚拟网络世界里冲浪，用电子同伴代替人类交流的遁世封闭症。

解决办法：

在生活中应合理地平衡地使用网络，上网少一点儿，与家人和朋友交流多一点儿。

症状二：

饱食终日，不注意运动，整天泡在电脑里。

解决办法：

每周做3—4次增氧健身运动，每次20—30分钟慢跑，散步和骑自行车效果也不错。

症状三：

在电脑前不停地吃一些如巧克力、饼干等含热量很高的零食。

解决办法：

沉溺于电脑前时多吃一些有利于大脑营养丰富的食品，如苹果、卷心菜等。

症状四：

养成依靠喝咖啡、酗酒等打发网上的不良习惯。

解决办法：

不要糟蹋自己的身体，尽量不要长期饮酒和喝咖啡，可选用一些增加能量放松情绪的保健饮料。

症状五：

网络破坏了现实中你与家人、朋友的亲密关系。

解决办法：

网络交流具有神秘感而又不会有过分要求，如果你发现了这种来自网上的危害时，请反思一下，你从网上得到的情感是否正是你的生活里所缺乏的。走出网络世界，多与家人、朋友沟通，多关心他们，会收获十足的幸福感。

症状六：

出现了驼背。

解决办法：

改变坐姿使用直背椅子，调整电脑显示器的位置，这样就不会弯着脖子驼着背来上网了。

症状七：

用眼过度导致视力退化。

解决办法：

建议经常到户外走走或每隔一个小时站在窗前远眺，还可用缓解视力疲劳的眼药水。

症状八：

过于沉溺于网络，工作岌岌可危。

解决办法：

严格自制，树立“工作就是工作，玩就是玩”的意识。

症状九：

陶醉于网络色情内容，这包含色情游戏和淫秽聊天室。

解决办法：

认真检讨一下自己的所作所为，及早离开精神鸦片，如果传播和下载将会受到法律制裁。

症状十：

对现状不满，通过不切合实际的网络生活发泄。

解决办法：

找出其沉溺网上的真正原因，对症下药，才能恢复到正常的现实生活中来。

四、小故事大道理

凡事靠自己

从前，有两个禅师结伴去参访行脚，途中禅师甲不堪跋山涉水的疲困，几次闹着要回去。禅师乙就安慰他说："我们已经立志出来参学，而且已经走了这么远的路，很不容易，现在半途放弃回去，实在是太可惜了。不如这样吧，从现在起，一路上如果有可以替代你做的事情，我一定为你代劳，但只有五件事我帮不上忙。"禅师甲连忙问道："哪五件事呢？"禅师乙非常自然地回答道："穿衣、吃饭、睡觉、拉屎撒尿还有走路。"听完禅师乙的话，禅师甲终于大悟，从此再也不敢说辛苦了。

道理：

人生中有很多事情，别人是无法帮忙、替代的，只能靠自己。而且即使别人能帮忙，我们也不能有依赖别人的想法，毕竟每个人都有自己的路要走，遇上急难亲友可以拉一把，但终究不是长久之计。

附　　录

好书推荐：

《走出网络迷途》

作者：关成华

内容简介：网络成瘾是一个复杂的心理历程，因此在解释上难以简单地只用诸如人际关系不佳、自制力弱、自我概念差等因素来说明，而宜用更广泛的态度来看待。本书正是围绕这一中心，通过八个网络成瘾的详细案例，从孩子、家庭、学校三个角度提出了网络成瘾的新理论，并依此理论分析了网络成瘾的原因，提出了可靠性的干预措施，其中每个案例由孩子故事、家庭故事、学校故事和专家点评几个部分组成。

项目十

我的未来不是梦

——大学生职业生涯规划与择业心理解读

编者寄语

党的二十大报告提出,“实施就业优先战略。就业就是最基本的民生。强化就业优先政策,健全就业促进机制,促进高质量充分就业”。国家积极部署实施就业优先战略,强化支持、破除歧视、加强保障,为劳动者端好“饭碗”注入稳稳的力量。大学生是就业的主力军,如何更好地实现就业与创业,是摆在每个大学生面前的重要课题。

西方有句谚语:“如果你不知道你要到哪儿去,那通常你哪儿也去不了。”大学生能否尽早给自己制定一份可行的职业生涯规划书,并在大学认真地执行,将成为决定大学生就业和人生发展的关键。

案例导入

案例一：一名大学生的觉醒与后悔

张某是某职业技术大学汽修专业的学生，他所在的学校在全国属于百强示范校，环境和师资相对还是不错的。一开始考入这所学校时张某非常沮丧，自认为自己低人一等，不会有好的前途。尤其是所选择的专业并非自己所愿，而是因为他的家长觉得是热门，张某对此专业实在不感兴趣。张某家庭条件比较优越，父母是商人，因此他自以为一切靠父母就可以了，不需要自己付出辛苦的努力。基于以上种种原因，张某上课从不听讲，不是玩手机，就是旷课上网，实践技能课也从不参加。大三实习时，张某为完成实习任务，就随便找了一家超市做起了营销工作，当然在实习时，由于并非自己所学专业，也并未显示自己的特长，最后勉强实习完。

大三快毕业时，张某父母的生意出现了问题，资金非常紧张，无暇帮张某找工作。张某只能靠自己，开始四处找工作，可是他一直不清楚自己想干什么工作、适合干什么工作、能干什么工作。因为大学期间基本上蹉跎了时间，好几门课程还参加了补考，更谈不上有什么成绩和荣誉，所以自己的简历非常简单，没有出彩之处。这让张某在择业时非常迷茫、自卑和焦虑，总是跟着别的同学四处投简历，大部分简历石沉大海，没有回复，极少简历能收到面试通知，但是张某难改“少爷”作风，从不为面试做什么准备，随随便便回答考官问题，最终结果可想而知。当大部分同学都找到工作时，张某还是处于待业状态，高不成低不就。

毕业半年后，张某被迫到一家乡镇汽修厂上班，一开始汽修厂师傅们以为他是经过学校教育出来的，有技能的人，都很尊重他。但工作一个月后，当发现他一无所知，既不具备理论知识，也没有实际技能，还没有学习干劲后，汽修厂就辞退了他。

再后来，张某还摆过地摊、卖过包子、做过保险等工作，都屡屡失败。在毕业三年同学回母校的聚会上，看到三年前同窗的同学个个都小有成绩时，张某悔不当初，后悔自己没有主见，浪费了宝贵的大学时光，没有进行职业生涯规划，更没有努力过，毁了自己的前程。遗憾的是时光不会倒流，虚度了青春，早晚会让自己的未来为之付出代价。

案例二：一名优等生的就业困局

23 岁的徐某是山东某大学新闻专业的学生，在校期间表现出色，学习成绩优秀，连续 3 年获得奖学金，实习成绩也很好；她是学生干部，还参加多个社团，人际交往能力和组织能力都不错。

进入大四，很多学生开始谈论就业话题。徐某对此有些不屑，她对自己的实力和前程都很自信。徐某的就业目标是做一名“有理想”的记者，踌躇满志的她给自己定下目标：非地市级以上的媒体和单位不去。“当时我的想法是，自己总能在省会济南立足，退一步说，就算不能留在济南的媒体，去一家规模较大的杂志社也没问题。”说这话的时候，徐某一脸苦笑，“现在我才明白，现实远不是理想中的那样，我高估了自己的实力。”

春节前，部分用人单位开始进校园招聘，别的同学都忙着制作简历，向用人单位推销自己，徐某却悠闲地在图书馆看书。她有自己的想法：媒体一般在春节后才招聘，凭自己的本事，就业不是难题。转眼到了 3 月份，用人单位的需求达到最高峰，徐某这才行动起来。她向几家中意的媒体、杂志社投出简历，也参加了一些笔试、面试，却无一单位录用她。

经历过几次打击后，徐某开始怀疑自己，也变得有些慌张。“那时我才猛然意识到，自己的职业规划不一定合理。”她开始退而求其次，决定放弃做一名媒体人的梦想。当时正值校园招聘的高峰期，也确实有不少机会，包括一家中外合资企业打算聘她当文秘，但考虑到可能有更好的工作，她犹犹豫豫间就放弃了。“就像俗话说的高不成低不就，出现机会时，总有些不甘心，以为还会有更好的工作，结果是好工作从身边溜走。”

毕业的日子越来越近，徐某的压力越来越大，她不得不改变了想法，打算找个单位先干着。但这时用人单位大规模的招聘活动已经结束，招聘要求也越来越高，不是要求有工作经验就是要求研究生学历，以致找工作越来越难，徐某变得彷徨踌躇。“那段日子真的很难过，看着身边的同学一个个与用人单位签约，心里很后悔。”徐某甚至做了最坏的打算：再找不到工作的话，就去超市做促销员或者去饭店做服务员。

毕业前半个月，徐某收到了一家广告公司的邀请，从事文案策划工作。尽管对这份工作不满意，她还是与该单位签订了劳动合同。“我只能说，机会是给有准备的人的，最初的我太自信，以至于没有认清自己，对就业准备不充分。”徐某深有感触地说，找工作的过程使自己变得成熟和理性，不但清醒地了解了自己，还对社会有了更深刻的认识。

案例三：为大学生回乡创业叫好

是在喧嚣的大城市捕捉机会，还是回到小山村实现梦想？大学毕业生胡鹏飞的抉择是回乡当“羊倌”。他的创业梦是从踏实的“养羊”起步，在家乡发展生态农业，在泥巴里盘出“金子”，在激情中追逐梦想。

“生在农村、长在农村，把汗水挥洒在这里我才觉得踏实”。这朴实的话语道出一个道理：梦想的种子要播散在适合自己成长的土地上。当众多年轻人涌入城市的时候，他选择回到家乡一步一个脚印地实现梦想。这种不贪慕虚荣、不浮躁的精气神值得我们点赞、力挺。

刻苦钻研相关专业知识，把适用技术和广阔的发展眼界带到拥有广阔天地而发展视角还相对狭小的乡村，竭尽所能摸索现代农业经营管理方式，“小羊倌”能够发挥大能量。中国农村还有五六亿人口，新型城镇化建设也需要依托农村的发展，中国未来的发展和稳定更离不开农村的快速发展。“小康不小康，关键看老乡”，只有更多的“胡鹏飞”到农村创业，把现代技术与现代管理带入农村，带领农民发展致富，我国农业现代化、全体人民的小康才有可能实现，中国梦的实现，才有厚实的基础。

很多大学生把成功的希望给予大城市、大机关、大企业，忽视了小城镇和广阔的农村。大城市有大城市的发展机会，新型城镇化给了小城镇众多的机会，农村更有意想不到的发展机会。相对来说，大城市、大机关、大企业，人才济济、竞争者众，不是每人都有机会。小城镇、农村则是一大片蓝海，相对来说，这里缺乏技术、缺乏管理，只要是人才，只要是种子，播下去就能发芽，就能茁壮成长。只要肯吃苦、愿付出，本科生、硕士生、博士生在那里大有作为！胡鹏飞的故事告诉我们，“小羊倌”能够成就一个大产业，艰苦的环境更能够体现一个高素质人才的自身价值，自己铸就的“金饭碗”胜过在城市中接手别人的“铁饭碗”。

建设创新型国家的基石是创业，创业的主力是有梦想有魄力的年轻人。对于创业道路上肯于吃苦、孜孜以求并小有成就的“胡鹏飞”们，我们要力挺、点赞、叫好。

心理解读

一、大学生职业生涯规划

（一）职业生涯规划内涵

职业生涯规划（简称生涯规划）又称职业生涯设计，是指个人与组织相结合，在对一个人职业生涯的主客观条件进行测定、分析、总结的基础上，对自己的兴趣、爱好、能力、特点进行综合分析与权衡，结合时代特点，根据自己的职业倾向，确定最佳的职业奋斗目标，并为实现这一目标做出行之有效的安排。

大学生职业生涯规划是指学生在大学期间进行系统的职业生涯规划的过程，包括大学期间的学习规划、生活规划、职业规划、爱情规划。职业生涯规划直接影响到大学期间的学习生活质量，更直接影响到求职就业，甚至未来职业生涯的成败。大学生职业生涯规划的主要目的在于为未来的就业和事业发展做好准备。

舒伯认为人的职业生涯发展分为五个阶段。

第一个阶段：成长阶段(0—14 岁)

儿童开始辨认他们周围的事物，并逐渐意识到自己的兴趣所在以及和职业相关的一些最基本技能。他们这个阶段发展的任务是：发展自我形象和对工作世界的正确态度，并了解工作的意义。

第二阶段：探索阶段(15—24 岁)

青少年开始通过个人尝试一些自己感兴趣的职业活动，对自我能力及角色、职业进行探索。职业倾向趋向于某些特定的领域。

第三阶段：建立阶段(25—44 岁)

个人开始尝试选择适合自己的职业领域。这个阶段发展的任务是个人致力于工作上的稳定，大部分人处于最具创造力的时期。

第四阶段：维持阶段(45—64 岁)

个人通过不断努力来获得职业生涯的发展和成就，并逐渐在自己的领域中占有一席之地。这一阶段发展的任务是维持既有成就与地位。

第五阶段：衰退阶段 (65 岁以上)

由于生理及心理机能日益衰退，个人职业角色的分量逐渐减少，开始考虑退休并享受自己的晚年生活。

(二)职业生涯规划对大学生的意义

1. 职业生涯规划有利于大学生认识自我、了解自我、完善自我，明确人生目标，提升自身价值。大学生自觉进行职业生涯规划时，会思考我想干什么、我能干什么、当今就业环境如何、我如何度过自己的大学生活、我现在应该干什么等问题。明确以上问题的答案后，有利于大学生合理安排和利用时间，提高综合素质，为以后更好地发展自我打下坚实的基础。

2. 职业生涯规划有助于大学生全面认识职业和就业环境，为择业充分做好各项准备，可以提升应对竞争的能力，提高就业率。大学生在了解自己的职业锚后，可以根据自己的性格和职业兴趣，结合实际情况，充分做好择业、就业或者继续深造的准备，这样就会避免发生毕业等于失业、书到用时方恨少的情况。

（三）大学生职业生涯规划辅导

职业生涯规划是个人对自己一生职业发展总体的计划，包括目标的制定和执行以及修正和完善。许多职业咨询机构和心理学专家进行职业咨询和职业规划时常常采用的一种方法就是有关五个“W”的思考模式。从问自己是谁开始，然后顺着问下去，共有五个问题：

（1）Who are you？你是谁？这是自我分析过程。分析的内容包括个人的兴趣爱好、性格倾向、优缺点、身体状况、教育背景、专长、过往经历和思维能力。这样可以对自己有个全面的了解。

（2）What you want？你想要什么？这是目标展望过程。包括职业目标、收入目标、学习目标、名望期望和成就感。特别要注意的是学习目标，只有不断确立学习目标，才能不被激烈的竞争淘汰，才能不断超越自我，登上更高的职业高峰。

（3）What can you do？你能干什么？自己专业技能何在？最好能学以致用，发挥自己的专长，在学习过程中积累自己的专业相关知识技能。同时，个人工作经历也是一个重要的经验积累，可以帮助你判断你能够做什么。

（4）What can support you？环境支持或允许你干什么？你具有哪些职业竞争能力以及你的各种资源和社会关系有哪些，个人、家庭、学校、社会的种种关系，也许都能够影响你的职业选择。

（5）What you can be in the end？你最终的职业目标是什么？行业和职位众多，哪个才是适合你的呢？每份工作的待遇、名望、成就感、工作压力及劳累程度都不一样，关键看个人的选择。选择最好的并不一定是合适的，选择合适的才是最好的。

回答了以上五个问题，找到它们的最高共同点，你就有了自己的职业生涯规划。机会偏爱有准备的人，你做好了自己的职业生涯规划，为未来的职业做出了准备，当然比没有做准备的人机会更多。

对于大学生来说，职业生涯规划除付诸笔端外，更为重要的是付诸实施，按照规划的计划进行学习，完善自我，并进一步通过实施过程中的回馈，再评估自己的规划目标是否合适，有无必要做出调整。也许你原来掌握的信息不准确，也许是主客观的情况发生了变化，因此要不断地继续进行评估与修订。要不断调整自己的选择，这其中包括职业目标的重新选择、职业的重新定位、中期和短期目标的重新调整、具体行动措施与计划的重新制定等。

二、大学生择业心理

(一)择业心理内涵

择业即选择职业,大学生择业心理是指大学生在选择职业的动态行为过程中表现出来的个体差异和特点,包括气质、性格、兴趣、能力及价值观等方面。

择业与就业不同,就业是大学生以找到工作岗位为目标,这个岗位不一定是大学生喜欢的或者符合大学生职业目标的。而择业更注重大学生职业选择的主动性,主要以自己的职业兴趣和职业目标选择职业的过程。大学生应该先就业还是先择业,应该根据大学生的个人实际情况选择,但是无论如何选择,有清晰的职业生涯规划的学生,就业或者择业时目标会更明确,就业机会更大。

(二)大学生常见择业心理特点

1. 对择业充满信心,积极参与

一些在校期间较早就制定了职业生涯规划的学生,根据自己的规划,付诸行动,不仅提升了自身素质,掌握了扎实的专业技能,而且积累了较为丰富的社会实践经验,为择业做好了各项准备。因此他们对未来充满憧憬,在毕业面临职业选择时,能进行理智分析并做出理智选择。

2. 对择业过于悲观,依赖心理较重

部分学生在校期间并未制定职业生涯规划,得过且过,浪费了宝贵的学习时间。这些学生刚入校时就对所在学校和所学专业的认识不科学,认为所在学校就业竞争力不强,再努力也不会有好的结果,因此在毕业面临择业时更是悲观失望,自主择业积极性不高,就等学校和家长安排自己的未来。

3. 择业功利心强

部分学生择业时,虚荣心和功利心强,对于那些知名度小、地理位置不好、实习期间工资待遇不高的工作不予考虑,这样就错过很多就业机会。因为这些学生的职业理想和自身实际情况不相符,设置职业目标时,不考虑自己的专业水平和综合素质,导致择业屡遭失败。

4. 择业观念传统僵化,盲目从众

受传统就业观的影响,社会、学校和家长往往认为在“体制内”就业比“体制外”就业更为稳固、有面子。因此,部分大学生就业时就以有编制的“体制内”岗位为首选。不敢根据自己的独特性,大胆创业或者从民营企业基层做起。

（三）大学生常见择业心理问题及调试

1. 大学生常见择业心理问题

（1）焦虑心理。焦虑是由心理冲突或挫折引起的一种复杂的情绪反应，表现为紧张烦躁、心神不宁、萎靡不振、意志消沉等。一些毕业生，总是过于担忧自己的前途，担心能否找到适合自己发展的工作单位，担心选择是否正确以及理想能否实现。他们一直让自己处于紧张状态中，影响了自己在求职面试、笔试过程中的正常发挥。有的学生在求职过程中，急于求成，总希望自己马上找到工作，总担心毕业等于失业，因此心理压力过大，忧心忡忡。

（2）自卑心理。自卑是一种消极的自我评价或自我意识，即个体认为自己在某些方面不如他人而产生的消极情感。加之自我定位不准确，一次求职不成功，就对自己失去了信心。有的大学生对自我认识不足，只看到了别人的优点和自己的缺点，不善于发挥自己的优势，总是畏首畏尾、逃避现实、自卑过度。

（3）自负心理。与自卑心理相反，自负心理是盲目自大，过高地不切实际地评估自己的能力，以致失去自知。在求职择业的过程中，大学生对自我认识不足，对自己的评价过高，尤其是一些家庭条件好的学生，觉得自己的父母有权有钱，自己找个普通工作单位就是屈才，因此在就业标准方面，既要单位的工资待遇福利好，又要单位的工作环境、地理位置好，还要看自己在此单位的发展前途。在这种心理支配下，往往是“这山望着那山高”，这个单位不顺眼，那个单位不如意，从而错过了很多适合自己发展的用人单位。

（4）依赖心理。一些大学生缺乏独立意识和责任意识，总以为自己还没长大，在择业方面缺乏主见，一心想着靠父母或者学校安排工作。有的学生觉得自己不急于就业，靠父母关系找个工作就可以，或者根本不需要工作，靠父母养着就行。还有的学生外出找工作总爱拉同学相伴，或一帮学友共同应聘同一单位，希望日后相互照应，但这反而增加了就业的内部竞争，很难完成就业目标。

（5）攀比心理。在择业过程中，一些大学生喜欢争强好胜，虚荣心强，形成了一种攀比心态。他们认为在学校的时候成绩比别人好、荣誉比别人多、官职比别人大，理应找个比别人好的单位，却不知用人单位并非以此作为评判人才的标准。他们在择业时，忽视自身的缺点，对自我缺乏正确的分析，不能从自身实际出发，不考虑单位是否适合自己，而是盲目与同学攀比，高不成低不就，结果失去一些就业机会。

（6）嫉妒心理。这种心理的主要特征是把别人的优越之处视为对自己的威胁，因而感到心理不平衡，甚至是恐惧和愤怒，于是借助贬低、诽谤以至报复的手段来求得心理的补偿或摆脱恐惧和愤怒的困扰。有的学生不把精力放在自己的择业准备上，而是总盯着周围其他同学。看不惯别人比自己有才华，因此总会因为别人的情况影响自己的求职准备、求职心态、职业目标，内心痛苦烦躁，最终耽误了自己的求职时间，错失了机会。

2. 大学生常见择业心理问题调试

大学生求职时的心理状态一定程度上影响着择业是否能够成功。因此，健康的心态对大学生的求职非常重要，大学生可根据以下介绍的方法，重新认识自己，合理定位自己的求职目标，大胆寻找适合自己的工作岗位。

(1)客观地认识自我和评价自我，增强就业自信心

大学生对自我的评价是否客观真实，是大学生能否实现择业目标的基础。只有认识自我，才能知道自己适合什么工作。实际上，认识自我是需要一个人一生进行探索的。不认识自己的人，很难实现事业的成功。认识自我可以采取以下三种方法：

第一，内省法。内省法是一种经常使用的自我评价方法，指在总结人际交往中本人或他人对自己的认识的基础上进行的主观分析和评价。

大学生自我内省包括以下方面：客观地分析自己的性格特点、能力和特长、专业技能水平高低及自己的综合素质（包括自己处理问题、分析问题的能力等）。在内省的同时，仍需结合别人对自己的评价，比较两种评价是否一致，最终客观地评价自己，树立正确的自我形象。对自己有较为客观的认识后，大学生要继续保持自己的优点并发挥优势，完善自己的劣势，变不利为有利，全面提高自己的综合素质。

第二，比较法。包括横向比较和纵向比较，即自己与他人的比较以及自己现在与过去的比较。通过与他人的比较发现自己的优势劣势，找出不足，发挥优势，根据自己的实际，在就业求职时尽量避免自己劣势的呈现，或者针对自己的劣势和不足，专门进行锻炼，为以后更好择业打下基础。比较现在的自己与以前的自己，可以发现自己在思想道德、价值观念、专业能力、学习水平、心理素质、对职业和社会的认识等方面有何进步，充分认识到自己的改变，肯定自己的能力，增强就业信心。

第三，测验法。目前针对求职择业，国内外开发了一系列量表，可以帮助大学生更为科学客观地认识自我。如"霍兰德职业倾向测验""气质类型测验""艾森克个性问卷""九型人格测试""职业锚测试"等等，大学生可以参考测试结果，确定自己的职业目标。当然心理评估结果仅供学生择业参考，不可作为择业的唯一依据。另外，学生也可以咨询校内外或者网上的职业咨询机构以及心理健康教育机构，评估自己和确立自己的职业目标。

（2）全面认识就业形势，树立正确的择业观

由于我国人口多，生产力发展水平有待提高，就业机会不能同步扩大，下岗人员日益增多，高校毕业生逐年增多。加之，中国产业结构调整和创新驱动发展战略实施，部分地区用工需求与劳动力供给结构性失衡现象更加凸显。此外，国际经济及就业形势在一定程度上抑制了中国的外贸、出口、投资、就业等，势必也将对高校毕业生就业产生影响。因此大学生首先要接纳目前的就业现实，一切从实际出发，处理理想和现实的关系。那种脱离社会、脱离现实、好高骛远的做法是不正确的。

为引导大学生多渠道就业，尤其是鼓励自主创业和灵活就业，国家和各级政府部门出台了许多优惠政策，涉及融资、开业、税收、创业培训、创业指导等诸多方面。对于那些有着远大抱负和理想的大学生，较之一门心思地四处找工作，自主创业也不失为一种好的选择。对打算创业的大学生来说，需了解国家和各级政府部门针对大学生的优惠政策，才能走好创业的第一步。

对于大学生来说，就业是多渠道的，并非只有被动找工作机会这一个选择。要放宽自己的择业思路，根据个人的实际情况择业，不可人云亦云，盲目从众。可以“先就业再择业”，避免因专业不对口或者期望值过高造成的难就业问题，也可以减轻无法就业带来的种种压力。避免找工作必须一步到位、一份工作必须干一辈子的陈旧观念，可以先就业后，在工作过程中不断提升个人实践经验，寻找新的就业机会。也可以根据自己的实际情况学习创业理论，多方面收集创业信息，自主创业，变求职者为创业者，从寻找就业机会到创造就业机会。当今有很多有志大学生在校期间或毕业后努力创业，踏实肯干，干出了一份事业。有的大学生已有了明确的职业生涯规划，坚定地要实现自己的职业目标，也可以选择待业继续深造，通过各种途径，推迟自己职业目标的实现。不管是选择哪一种择业形式，关键是要通过认识社会和职业，稳定心态，踏实行动。

（3）提升综合素质，增强就业竞争力

无论是毕业于哪所学校，学的什么专业，家庭条件如何，就业环境是否严峻，是否能够找到自己合适的工作岗位，关键还是要靠学生个人的素质。大学生个人素质的形成，关键要看大学时光如何度过。一般而言，大学生活分为专业学习、社会实践和课外活动三个方面。大学生应该在这三个方面努力，提升自己的综合素质，从而充满信心地参加就业竞争。

第一，加强专业学习，提升专业技能。当今用人单位在招聘时，对毕业生的综合素质要求很高，不管是将来从事什么工作，要想取得成绩，都需要过硬的专业素质。大学生除了要掌握学校教授的专业知识外，还需要拓宽自己的专业知识面，掌握和了解与本

专业相关、相近的专业知识与技术，以及其他领域的相关知识。努力做到专博相济，专深博广。如果对于自己所学专业知之不深，或者孤陋寡闻，很难受到用人单位的青睐。

第二，理论结合实践，在实践中提升职业素质。书本知识固然重要，但是只有在实践中反复检验，才能真正将书本知识为我所用。大学生不可将所有时间都用在死记硬背书本知识上，还应参加社会实践和学校其他课外活动，在社会实践中，才能真正地接触社会、了解社会、适应社会，知道用人单位需要什么样的应聘者，从而不断调整自己的职业规划，找到适合自己的职业目标。当今用人单位在选拔人才时非常看重应聘者的实习经验，用人单位比较青睐有丰富工作经验的毕业生，因为这样的毕业生心理相对更成熟、更现实且有较强的团队协作能力。

此外，大学校内的课外活动种类很丰富，积极参加这些活动可以锻炼大学生各方面的能力。大学生可以在参加活动的时候，提升人际交往及团队协作能力、解决问题的能力以及组织能力、心理承受力等。大学生在参加活动的同时也可以调节自己的心理，调整自己的情绪，释放学习压力，对职业素质的提高具有重要意义。

三、大学生求职能力培养

在大学生就业时，一般要经历自荐、笔试、面试等过程，面试是非常重要的一环，有些大学生在这个过程中感到不知所措，或者做得不好，导致求职失败。下面主要列举一些面试技巧，供大学生参考。

（一）面试前的准备

1. 事先了解应聘单位信息

从网上认真浏览企业主页并搜索这个行业的相关信息，具体了解的问题可包括：应聘单位在本行业中的排名、客户群、竞争对手、热门话题、组织结构以及单位老板的个人情况。如果有条件，求职者可以到应聘单位了解实际情况。在面试时要自然而然地流露出你对应聘单位的了解程度，显示出你对该单位的热爱和向往。注意不要卖弄，避免给考官留下不好的印象。

2. 模拟面试练习

思考面试官可能会问什么问题，求职者应充分准备答案。可以找老师、家人或者同学对自己进行模拟面试，在模拟过程中修正自己的一些不完善的做法。也可以在脑子里预设模拟场景，做好心理准备，消除面试时的紧张情绪。

3. 准备面试服装

面试时，给考官的第一印象至关重要，面试成败与否与应聘者的着装有一定的关系。一般应聘时需要着正装，男士应着西装，女士应穿套装。是否名牌并不重要，只要衣服干净整洁即可。除必要的岗位需要穿休闲运动服外，一般职业尽量避免穿得过于轻松随意，着装比较正式会给人一种很认真的印象，让面试考官感觉你对此次应聘是认真而又自信的。女士也可化淡妆，这也能表达出你对此次面试的重视，这是对面试官的一种尊重，但要避免浓妆。

（二）面试中的基本礼仪

1. 避免迟到

根据面试约定时间，提前10—20分钟到达面试地点，到后可以调整自己的心态，做一些简单的仪表准备，以免仓促上阵，手忙脚乱。一般提前5分钟左右到达面试指定位置，以表示求职者的诚意，给对方以信任感。为了做到这一点，一定要牢记面试的时间和地点，有条件的同学最好能提前去一趟，以免因一时找不到地方或途中延误而迟到。如果迟到了，肯定会给招聘者留下不好的印象，甚至会丧失面试的机会。

2. 进入面试场所时，调整心态，不要紧张

如门关着，应先敲门，得到允许后再进去。开关门动作要轻，以从容、自然为好。见面时要向招聘者主动打招呼问好致意，称呼应当得体。在用人单位没有请你坐下时，切勿急于落座。用人单位请你坐下时，应道声“谢谢”。坐下后保持良好体态，切忌大大咧咧、左顾右盼，以免引起招聘者的反感。面试结束时可再询问“还有什么问题要问吗”，起身离开时应微笑，道谢并说“再见”。

3. 对用人单位的问题要逐一回答

对方给你介绍情况时，要认真聆听。为了表示你已听懂并感兴趣，可以在适当的时候点头或适当提问、答话。回答主试者的问题，口齿要清晰，声音要适度，答话要简练、完整。一般情况下不要打断用人单位的问话或抢问抢答，否则会给人急躁、鲁莽、不礼貌的印象。问话完毕，听不懂时可要求重复。当不能回答某一问题时，应如实告诉用人单位，表达自己的诚实，切记不可不懂装懂、胡吹乱侃，以免给考官留下应聘者不诚信的印象。

4. 举止文雅大方，谈吐谦虚谨慎，态度积极热情

面试时，眼睛要适时地注视对方，不要东张西望，避免显得漫不经心，也不要低头向下看，显得缺乏自信；避免与用人单位产生意见分歧和冲突，不管遇到什么情况，要冷静地保持不卑不亢的风度。有的用人单位可能会提一些无理的问题试探你的反应，面试者都要时刻保持清醒和理智，情绪不可过于激动。

（三）应试者语言运用的技巧

面试场上你的语言表达水平在很大程度上代表着你的成熟程度和综合素养。对求职应试者来说，掌握语言表达的技巧无疑是重要的。求职能否成功，个人真实素质固然重要，但是如果面试者不会“推销”自己，就无法让面试单位真正了解自己，这样就很难面试成功。

1. 口齿清晰，注意把握好语气、语速、语调及音量

交谈时要注意发音准确，吐字清晰，最好使用普通话。语气要平和，给人一种温和易接近的感觉。语速最好适中，不可过快，也不可太慢。语速过快给人一种鲁莽不稳重的感觉，过慢给人一种反应迟钝的感觉。自我介绍时，最好多用平缓的陈述语气，不宜使用感叹语气或祈使句。语调要适中，声音过大令人厌烦，声音过小则难以听清。音量的大小要根据面试现场情况而定。两人面谈且距离较近时声音不宜过大，群体面试而且场地开阔时声音不宜过小，以大家都能听清你的讲话为原则。

2. 注意修饰语言

说话时除了表达清晰以外，适当的时候可以插进幽默的语言，使谈话增加轻松愉快的气氛，也会展示自己的从容风度。尤其是当遇到难以回答的问题时，机智幽默的语言会显示自己的聪明智慧，有助于化险为夷，并给人以良好的印象。不管遇到什么情况，都要避免使用不文明语言。

3. 注意互动，观察听者的反应

求职面试不同于演讲，而是更接近于一般的交谈。交谈中，应随时注意听者的反应。比如，听者心不在焉，可能表示他/她对自己这段话没有兴趣，你得设法转移话题；侧耳倾听，可能说明由于自己音量过小使对方难以听清；皱眉、摆头可能表示自己言语有不当之处。根据对方的这些反应，要适时地调整自己的语言、语调、语气、音量、修辞，包括陈述内容。这样才能取得良好的面试效果。

（四）应试者回答问题的技巧

1. 把握重点，简洁明了，条理清楚，有理有据

面试时间有限，一般情况下回答问题要结论在先，议论在后，先将自己的中心意思表达清晰，然后再做必要的叙述和论证。否则，长篇大论，多余的话太多，会让人不得要领，容易走题，将主题冲淡或漏掉。

2. 确认提问内容，切忌答非所问

面试中，如果对用人单位提出的问题一时摸不到边际，以致不知从何答起或难以理解对方问题的含义时，可将问题复述一遍，并先谈自己对这一问题的理解，请教对方以

确认内容。对不太明确的问题，一定要先弄清楚，这样才会有的放矢，不致答非所问。

3. 有个人见解，有个人特色

用人单位有时接待应试者若干名，相同的问题问若干遍，那些在网上搜索到的类似的答案也要听若干遍。因此，用人单位会有乏味、枯燥之感。考官对背诵陈旧答案的面试者提不起兴趣，只有具有独到的个人见解和个人特色的回答，才会引起对方的兴趣和注意。

4. 知之为知之，不知为不知

面试遇到自己不知、不懂、不会的问题时，回避闪烁、默不作声、牵强附会、不懂装懂的做法均不足取，诚恳坦率地承认自己的不足之处，反倒会赢得主试者的信任和好感。

心理体验

活动一：遇到未来的自己

活动目的：帮助学生对自己的职业目标进行分解，明确自己在大学阶段的任务。

准备：舒缓的背景音乐，活动进行时房间灯光关闭，创造一个安静、和谐的环境。

活动时间：约 20 分钟。

具体操作，指导成员进入想象世界：

请大家选择舒适的姿势坐好，跟我一起做深呼吸。好，请深深地吸气，慢慢地呼出，体会身体放松的感觉，让自己的身心都放松下来，再次深深地吸气、呼气。想象一下我们现在正在一面镜子前，你看到了自己的模样，透过镜子可以看到更远的未来。想象一下未来的你，是什么样子的？在做什么样的工作？达到了怎样的成就？大学毕业后的你是怎样的？在做什么？是工作了还是在继续深造？每天都在做什么？30 岁的时候，你是什么样子的？穿着什么样的衣服？在哪里工作？办公室是怎样的？每天的事情有哪些？当时间继续往前走，你会看到 40 岁时候的你，那时的你是不是已经有很大的变化？你在哪里？从事怎样的工作？到达了怎样的岗位？此时的你正在向更好的职业前景发展，还是一无所成，生活拮据？接下来，可以看到 50 岁的时候的自己，你在哪里？在做什么？过着怎样的生活？你的职业生涯是否达到了自己的目标，还是早已超越了设置的目标？你对此满意吗？有什么话要对自己说？时间飞快，时间来到你 60 岁的时候，60 岁的你是什么样的？在哪里？在做什么？当你回头看自己的职业历程时你有怎样的感受？你可以怎样评价你的职业生涯？好，接下来请想象一下自己的晚年，那时的你是怎样的？你享受自己的晚年生活吗？当走完人生的路程，沿途欣赏了自己的职业生涯状况，是否有很多的感受？请你看着镜中的你，对自己说一些鼓励和赞扬的话，激励自己为着自己的目标而努力。好，请你准备好，深深地吸口气，慢慢转回到现实中来，我们这会儿正坐在教室里，和许多伙伴一起成长，如果你准备好了，请慢慢地睁开眼睛。

讨论分享：每个阶段的你是什么样的？你是否满意自己每个阶段的生存状态？为达到你所设定的职业目标，现在的你需要做些什么准备？现在你的状态是否有助于你成为未来想成为的角色呢？

活动二：我的专业和理想

活动目的：协助学生了解自己的兴趣所在，以及所学习专业情况。协助他们更好地规划自己的职业生涯。

准备：白纸、笔。

活动时间：约 20 分钟。

具体操作：请学生完成下表，然后分组讨论。

1. 我的理想

小学三年级时：

初中一年级时：

高中一年级时：

现在：

比较之后我发现：

2. 我的专业

我的专业是如何选择的：

我对专业的了解情况：

我对专业的总体感觉是：

我的专业今后可以做：

我最喜欢的专业是：

如果有重新选择的机会，我会选择______专业，原因是________________。

上述练习给我的启发是：

活动三：时间管理一

活动目的：让学生学会管理时间，提高效率，创造更大价值。

活动时间：约20分钟。

具体操作，老师给学生讲述下面的故事：

在一次时间管理的课上，教授在桌子上放了一个装水的罐子，然后又从桌子下拿出一些正好可以从罐口放进罐子里的“鹅卵石”。当教授把石块放完后问他的学生：“你们说这罐子是不是满的？”

“是。”所有的学生异口同声地回答说。

“真的吗？”教授笑着问。然后再从桌子底下拿出一袋碎石子，把碎石子从罐口倒下去，摇一摇，再加一些，再问学生：“你们说，这罐子现在是不是满的？”这回他的学生不敢回答得太快。最后班上有位学生怯生生地细声回答道：“也许没满。”

“很好！”教授说完后，又从桌下拿出一袋沙子，慢慢地倒进罐子里。倒完后，再问班上的学生：“现在你们再告诉我，这个罐子是满的呢还是没满？”

“没有满。”全班同学这下学乖了，大家很有信心地回答说。

“好极了！”教授再一次称赞他的学生们。称赞完了后，教授从桌底下拿出一大瓶水，把水倒在看起来已经被鹅卵石、小碎石、沙子填满了的罐子。当这些事都做完之后，教授正色问他班上的同学：“我们从上面这些事情得到什么重要的启示？”

班上一阵沉默，然后一位学生自信满满地回答说：“无论我们的工作多忙，行程排得多满，如果要逼一下自己的话，还是可以多做些事的。”这位学生回答完后心中很得意地想：“这门课到底讲的是时间管理啊！”

教授听到这样的回答后，点了点头，微笑道：“答案不错，但并不是我要告诉你们的重要信息。”说到这里，这位教授故意顿住，用眼睛向全班同学扫了一遍说：“我想告诉各位最重要的信息是：如果你不先将大的鹅卵石放进罐子里去，你也许以后永远没机会把它们再放进去了。”

讲完故事后，让同学们就此展开讨论，让他们讲讲听完这个故事后得到什么启发。

活动四：时间管理二

活动目的：让学生学会管理时间，珍惜生命。

活动时间：约20分钟。

具体操作：

现代管理大师彼德·德鲁克有这样一句名言：“时间是最高贵而有限的资源，不能管理时间，便什么都不能管理。”英国博物学家赫胥黎说得更形象：“时间是最不偏私的，给任何人都是24小时，同时时间是最偏私的，给任何人都不是24小时。”

当代成功人士的一个共同的特点就是，他们都是时间管理的高手。

我们无法使时间停留、倒流，但我们可以控制时间的“流向”，这就是通过有效的时间管理，让时光流向有意义的地方。

假如现在你个人的生命处于0—100岁，请准备一张长条纸用笔将它画成10份（中间部分刚好每两列一份代表生命中的10年，分别写上10、20等，最左边的空余部分写上“生”字，最右边的空余部分写上“死”字）。

请回答下面的几个问题，并按要求去做。

第一个问题：请问你现在几岁？（把相应的部分从前面撕掉）过去的生命是再也回不来了，请撕彻底撕干净。

第二个问题：请问你想活到几岁？（如果不想活到100岁的话就从后面把那部分撕掉）

第三个问题：请问你想几岁退休？（请把相应的退休以后的部分从后面撕下来，不用撕碎，放在桌子上）就剩这么长了，这是你可以用来工作的时间。

第四个问题：请问一天24小时你会如何分配？

一般人通常是睡觉8小时（有人还不止呢！）占了三分之一，吃饭、休息、聊天、看电视、游玩等又占了三分之一，其实真正可以工作的时间约8小时，只剩三分之一。所以请将剩下来的折成三等分，并把三分之二撕下来，放在桌子上。

第五个问题：比比看。

请用左手拿起剩下的三分之一，用右手把退休那一段和刚才撕下的三分之二加在一起，并请思考一下你要用左手的三分之一工作赚钱，提供自己另外三分之二的吃喝玩乐及退休后的生活。

第六个问题：想一想。

你要赚多少钱、存多少钱才能养活自己上述的日子，这还不包括给父母、子女、配偶的。

第七个问题：请问你现在有何感想？

第八个问题：请问你会如何看待你的未来？

讨论：这个游戏，你按要求做完了吗？你有什么感想？你珍惜生命吗？你想在有生之年有所作为吗？生命是由分分秒秒的时间组成的，时间管理的实质就是生命管理。同学们，从现在开始管理自己的时间吧！

心理评估

职业心理测试

指导语：这个测试是人力资源专家菲尔博士曾使用过的，也是目前很多大公司人事部门实际采用的测试。

1. 你何时感觉最好？

A. 早晨　B. 下午及傍晚　C. 夜里

2. 你走路时是

A. 大步快走　B. 小步快走　C. 不快，仰着头面对着世界　D. 不快，低着头　E. 很慢

3. 和人说话时，你

A. 手臂交叠地站着　B. 双手紧握着　C. 一只手或双手放在臀部　D. 碰着或推着与你说话的人　E. 玩着你的耳朵，摸着你的下巴或用手整理头发

4. 坐着休息时，你的

A. 两膝并拢　B. 两腿交叉　C. 两腿伸直　D. 一腿蜷在身下

5. 碰到你感到可笑的事时，你的反应是

A. 一个欣赏的大笑　B. 笑着，但不大声　C. 轻声地笑　D. 羞怯地微笑

6. 当你去一个派对或社交场合时，你会

A. 很大声地入场以引起注意　B. 安静地入场，找你认识的人　C. 非常安静地入场，尽量保持不被注意

7. 当你非常专心地工作时，有人打断你，你会

A. 欢迎他/她　B. 感到非常恼怒　C. 在两者之间

8. 下列颜色中，你最喜欢哪一种颜色？

A. 红或橘色　B. 黑色　C. 黄或浅蓝色　D. 绿色　E. 深蓝或紫色　F. 白色　G. 棕或灰色

9. 临入睡的前几分钟，你在床上的姿势是

A. 仰躺，伸直　B. 俯躺，伸直　C. 侧躺，微蜷　D. 头睡在一手臂上　E. 被盖过头

10. 你经常梦到你在

A. 下落　B. 打架或挣扎　C. 找东西或人　D. 飞或漂浮　E. 你平常不做梦　F. 你

的梦都是愉快的

职业心理测试各题对应的分数:

1. A 2; B 4; C 6

2. A 6; B 4; C 7; D 2; E 1

3. A 4; B 2; C 5; D 7; E 6

4. A 4; B 6; C 2; D 1

5. A 6; B 4; C 3; D 5

6. A 6; B 4; C 2

7. A 6; B 2; C 4

8. A 6; B 7; C 5; D 4; E 3; F 2; G 1

9. A 7; B 6; C 4; D 2; E 1

10. A 4; B 2; C 3; D 5; E 6; F 1

计分与解释:

现在将所有分数相加,再对照后面的分析得出你的测评结果。

职业心理测试结果分析:

0—21 分:内向的悲观者

人们认为你是一个害羞的、神经质的、优柔寡断的、是需人照顾的、永远要别人为你做决定、不想与任何事或任何人有关的人,只有那些深知你的人知道你不是这样的人。

21—30 分:缺乏信心的挑剔者

你的朋友认为你是一个谨慎的、十分小心的人,一个缓慢而稳定、辛勤工作的人。如果你做任何冲动或无准备的事,你会令他们大吃一惊。

31—40 分:以牙还牙的自我保护者

别人认为你是一个明智、谨慎、注重实效的人。也认为你是一个伶俐、有天赋、有才干且谦虚的人。你不会很快、很容易和人成为朋友,但你是一个对朋友非常忠诚的人,同时要求朋友对你也有忠诚的回报。那些真正有机会了解你的人会知道要动摇你对朋友的信任是很难的,但一旦这信任被破坏,会使你很难过。

41—50 分:富有活力的完善者

别人认为你是一个有活力的、有魅力的、好玩的、讲究实际的而永远有趣的人,经常是群众注意力的焦点。但是你是一个足够平衡的人,不至于因此而昏了头。他们也认为你亲切、和蔼、体贴、能谅解人;一个永远会使人高兴起来并会帮助别人的人。

51—60分：吸引人的冒险家

别人认为你有一个令人兴奋的、高度活泼的、相当易冲动的个性；你是一个天生的领袖、一个做决定会很快的人，虽然你的决定不总是对的。别人认为你是大胆的和冒险的，会愿意让你尝试做任何事情。你是一个愿意尝试机会而欣赏冒险的人。

60分以上：傲慢的孤独者

在别人的眼中，你是自负的、自我的，是个极端有支配欲、统治欲的人。别人可能钦佩你，但不会永远相信你，会对与你更深入的来往有所踌躇及犹豫。

职业倾向测试

指导语：以下有60道题目。如果你认为自己是属于这一类人，便在序号上画个圈，反之，则不必做记号。答题时根据自己的第一印象，不要反复思考。

1. 我喜欢自己动手干一些具体的能直接看到效果的活儿。
2. 我喜欢弄清楚有关做一件事情的具体要求，以明确如何去做。
3. 我认为追求的目标应该尽量高些，这样才可能在实践中多获成功。
4. 我很看重人与人之间的友情。
5. 我常常想寻找独特的方式来表现自己的创造力。
6. 我喜欢阅读比较理性的书籍。
7. 我喜欢生活与工作场所布置得朴实些、实用些。
8. 在开始做一件事情以前，我喜欢有条不紊地做好所有准备工作。
9. 我善于带动他人、影响他人。
10. 为了帮助他人，我愿意做些自我牺牲。
11. 当我进入创造性工作时，我会忘却一切。
12. 在我找到解决困难的办法之前，通常我不会罢手。
13. 我喜欢直截了当，不喜欢说话婉转。
14. 我比较善于注意和检查细节。
15. 我乐于在所从事的工作中承当主要责任人。
16. 在解决我的个人问题时，我喜欢找他人商量。
17. 我的情绪容易激动。
18. 一接触到有关新发明、新发现的信息，我就会感到兴奋。
19. 我喜欢在户外工作与活动。
20. 我喜欢生活有规律，房间干净整洁。

21. 每当我要做重大的决定之前,总觉得异常兴奋。
22. 当别人叙述个人烦恼时,我能做一个很好的倾听者。
23. 我喜欢观赏艺术展和好的戏剧与电影。
24. 我喜欢先研究所有的细节,然后再做出合乎逻辑的决定。
25. 我认为手工操作和体力劳动永远不会过时。
26. 我不大喜欢由我一个人负责来做重大决定。
27. 我善于和能为我提供好处的人交往。
28. 我善于调节他人相互之间的矛盾。
29. 我喜欢比较别致的着装,喜欢新颖的色彩与风格。
30. 我对各种大自然的奥秘充满好奇。
31. 我不怕干体力活,通常还知道如何巧干体力活。
32. 在做决定时,我喜欢保险系数比较高的方案,不喜欢冒险。
33. 我喜欢竞争与挑战。
34. 我喜欢与人交往,以丰富自己的阅历。
35. 我善于用自己的工作来体现自己的情感。
36. 在动手做一件事情之前,我喜欢先在脑中仔细思索几遍。
37. 我不喜欢购买现存的物品,希望能购买到材料自做。
38. 只要我按照规则做了,心里就会踏实。
39. 只要成果大,我愿意冒险。
40. 我通常能比较敏感地觉察到他人的需求。
41. 音乐、绘画、文字,任何优美的东西都特别容易给我带来好心情。
42. 我把受教育看成是不断提高自我的一辈子的过程。
43. 我喜欢把东西拆开,然后再使之复原。
44. 我喜欢每一分钟都花得有名堂。
45. 我喜欢启动一项工作,具体的细节让其他人去负责。
46. 我喜欢帮助他人,提高他人的学习能力。
47. 我很善于想象。
48. 有时候我能独坐很长时间来阅读、思考或做一件难对付的事情。
49. 我不怎么在乎干活时弄脏自己。
50. 只要能仔细完整地做完一件事情,我就感到十分满足。
51. 我喜欢在团体中担当主角。

52. 如果我与他人有了矛盾，我喜欢采取平和的方式加以解决。
53. 我对环境布置比较讲究，哪怕是一般的色彩、图案都希望能赏心悦目。
54. 哪怕我明知结果会与我的期盼相悖，我也要探究到底。
55. 我很看重有健壮的灵活的身体。
56. 如果我说了我来干，我就会把这件事情彻底干好。
57. 我喜欢谈判，喜欢讨价还价。
58. 人们喜欢向我倾诉他们的烦恼。
59. 我喜欢尝试有创意的新主意。
60. 凡事我都喜欢问一个“为什么”。

计分与结果解释：

计分：

请根据你在上面自测过程中画圈的序号，在下表中相同的数字上同样画圈。哪一列圈数最多，你就属于哪一类型。

R	C	E	S	A	I
1	2	3	4	5	6
7	8	9	10	11	12
13	14	15	16	17	18
19	20	21	22	23	24
25	26	27	28	29	30
31	32	33	34	35	36
37	38	39	40	41	42
43	44	45	46	47	48
49	50	51	52	53	54
55	56	57	58	59	60

结果分析：

1. 实际型（R）

实际型劳动者愿意从事“看得见、摸得着”的工作。喜欢使用工具，特别喜欢操作大型机器。他们做起事来手脚灵活、动作协调，但不善言辞、不善交际，在社交场合往往觉得很不自在，最不喜欢教育工作与接待他人的工作。

给人的印象是：不合群的、实利主义的、谦卑的（避免抛头露面的）、循规蹈矩的、自然的、倔强的（不可变通的）、直率的、精神健全的、节俭的、坦诚的、有毅力的、缺少见识的、固执的、注重实际的。

对应职业类型：实际型职业主要是指各类工程技术工作与农业工作。主要有：机械、汽车、飞机、土木、采矿等方面的工程师和技术员；机械操作、维修、安装、热处理工人，矿工、电工、木工、鞋匠等；公共汽车、出租汽车、工业卡车的司机；轮船、火车驾驶员；测绘员、描图员、消防队员等；农业机械师、牧民、渔民等。

2. 探索型(I)

探索型劳动者乐于解决抽象问题，喜欢运用词、符号和观念进行工作。非常好奇，急于了解周围的未知世界。宁愿思考问题而不愿动手去处理问题，喜欢独立的和富有创造性的工作，而不喜欢从事社会性的和重复性的活动。通常不愿意受人督促，也不愿意督促别人。知识渊博，为自己的学识和才能感到自豪，而对自己的领导能力缺乏信心。

给人的印象是：分析型的、独立的、理性的、细心谨慎的、有智慧的、冷漠的(沉默寡言的)、不满的(善批评的)、内向的、孤独的、复杂的、悲观主义的、不摆架子的、好奇的、精确的和不合群的(不讨人喜欢的)。

对应职业类型：探索型职业主要是指科学研究和科学实验工作。主要有：物理、化学、数学、生物学、动物学、植物学、经济学、人类学等方面的专家和助手；化学、飞机、电子、冶金、无线电和电视等方面的工程师和技术员；飞机驾驶员、电子计算机操作人员等。

3. 艺术型(A)

艺术型劳动者喜欢在以写作、作曲、绘画、摄影、建筑等各种艺术形式表现自己的环境里工作。乐于创造新颖的与众不同的东西，渴望表现自己的个性。比较敏感，易动感情，喜欢独立工作，而不过多关心社会纠纷。一般对单调的或经营性的工作不感兴趣。

给人的印象是：复杂的、不切实际的、直观的、目无法纪的、不守常规的、感情冲动的、有独创性的、善于表达的、独立的、敏感的、理想主义的和开放的。

对应职业类型：艺术型职业主要指各类艺术创作工作。主要有：艺术、音乐、戏剧、外语、文学、舞蹈等方面的教师；歌唱家、舞蹈家、乐队指挥等；编辑、广播节目作者；艺术、家具、珠宝等行业的设计师；文学、艺术方面的评论员等。

4. 社会型(S)

社会型劳动者喜欢从事为人服务和教育他人的工作，喜欢参与解决人们关心的社会问题。热情慷慨，善于交际，关心他人，人际关系很融洽。总是在寻求与群众接触的机会，渴望发挥自己的社会作用。平时，比较看重社会义务与社会道德。一般缺乏技术特长，不喜欢从事需要运用劳动工具的工作。

给人的印象是：向上的、乐于助人的、有责任心的、合作的、理想主义的、合群的、耐心的、八面玲珑的、友好的、仁慈的、善解人意的、慷慨的、有说服力的和温暖的。

对应职业类型：社会型职业主要指各种直接为他人服务的工作，主要有：社会科学、历史、体育等方面的教师，保育员，教育行政人员；社会科学、政治科学、社会学、历史学等方面的专家；政治工作人员、职业护士；社会服务指导、体育教练；食品、戏院、酒店、旅社的经理；房屋管理人员；发型师；牙科助手、福利人员等。

5. 事业型（E）

事业型劳动者喜欢竞争，敢冒风险，精力充沛，乐观自信，善于交际，能说会道，具有领导才能。喜爱权力、地位与物质财富。一般不擅长科学研究，对系统而复杂的思维工作很不耐烦。

给人的印象是：精力旺盛的、好出风头的、乐观的、大胆的、兴奋的、自信的、讨人喜欢的、外向的、合群的、野心勃勃的、滔滔不绝的、盛气凌人的、风流的和贪得无厌的。

对应职业类型：事业型是指那些组织与影响他人共同完成组织目标的工作。主要有：家具、杂货、艺术品、礼品、零售等行业的商人；农场、家庭用品店的经理；工程师；律师；市场和商业系统分析专家；银行、固定资产工作人员；工作关系指导、管理助手；供销人员、售货员；政府官员；无线电和电视播音员等。

6. 常规型（C）

常规型劳动者喜欢按计划办事，乐于完成指令性的任务。总希望知道别人期望他干什么，自己从不谋求领导职务。不喜欢冒风险，对复杂的人际关系问题不感兴趣。工作踏实，忠实可靠，遵守纪律。

给人的印象是：小心的、缺乏灵活性的、有恒心的、遵守常规的、自我约束的、实际的、认真的、有条理的、拘谨的、被动的、顺从的、节俭的、有效率的、守纪律的和缺乏想象力的。

对应职业类型：常规型职业主要是指各类科室工作。主要有：会计、出纳、统计人员；打字人员；办公室人员；秘书与文书；商业教师；图书馆助理；旅游、外贸职员；邮递员；接线员；保管员；书刊销售员；财政专家；审计人员；人事职员等。

职业锚（职业价值观）测试（Career Anchor Questionaire）

指导语：下面40道题中，根据你的实际情况，从“1—6”中选择一个数字。数字越大，表示这种描述越符合你的实际情况。例如，“我梦想成为公司的总裁”，你可以做出如下的选择:选“1”代表这种描述完全不符合你的想法,选“2”代表你偶尔这么想,选“3”代表你有时这么想,选“4”代表你经常这么想,选“5”代表你频繁这么想,选“6”代表这种描述完全符合你的日常想法。

现在,开始回答问题。将最符合你自身情况的答案记在得分表里。

1. 我希望做我擅长的工作,这样我的内行建议可以不断被采纳。

2. 当我整合并管理其他人的工作时,我非常有成就感。

3. 我希望我的工作能让我用自己的方式,按自己的计划去开展。

4. 对我而言,安定与稳定比自由和自主更重要。

5. 我一直在寻找可以让我创立自己事业(公司)的创意(点子)。

6. 我认为只有对社会做出真正贡献的职业才算是成功的职业。

7. 在工作中,我希望去解决那些有挑战性的问题,并且胜出。

8. 我宁愿离开公司,也不愿从事需要个人和家庭做出一定牺牲的工作。

9. 将我的技术和专业水平发展到一个更具有竞争力的层次是成功职业的必要条件。

10. 我希望能够管理一个大的公司(组织),我的决策将会影响许多人。

11. 如果职业允许自由地决定自己的工作内容、计划、过程时,我会非常满意。

12. 如果工作的结果使我丧失了自己在组织中的安全稳定感,我宁愿离开这个工作岗位。

13. 对我而言,创办自己的公司比在其他的公司中争取一个高的管理位置更有意义。

14. 我的职业满足来自我可以用自己的才能去为他人提供服务。

15. 我认为职业的成就感来自克服自己面临的非常有挑战性的困难。

16. 我希望我的职业能够兼顾个人、家庭和工作的需要。

17. 对我而言,在我喜欢的专业领域内做资深专家比总经理更具有吸引力。

18. 只有在我成为公司的总经理后,我才认为我的职业人生是成功的。

19. 成功的职业应该允许我有完全的自主与自由。

20. 我愿意在能给我安全感、稳定感的公司中工作。

21. 当通过自己的努力或想法完成工作时,我的工作成就感最强。

22. 对我而言,利用自己的才能使这个世界变得更适合生活或居住,比争取一个高的管理职位更重要。

23. 当我解决了看上去不可能解决的问题,或者在必输无疑的竞赛中胜出,我会非常有成就感。

24. 我认为只有很好地平衡个人、家庭、职业三者的关系,生活才能算是成功的。

25. 我宁愿离开公司，也不愿频繁接受那些不属于我专业领域的工作。

26. 对我而言，做一个全面管理者比在我喜欢的专业领域内做资深专家更有吸引力。

27. 对我而言，用我自己的方式不受约束地完成工作，比安全、稳定更加重要。

28. 只有当我的收入和工作有保障时，我才会对工作感到满意。

29. 在我的职业生涯中，如果我能成功地创造或实现完全属于自己的产品或点子，我会感到非常成功。

30. 我希望从事对人类和社会真正有贡献的工作。

31. 我希望工作中有很多的机会，可以不断挑战我解决问题的能力（或竞争力）。

32. 能很好地平衡个人生活与工作，比达到一个高的管理职位更重要。

33. 如果在工作中能经常用到我特别的技巧和才能，我会感到特别满意。

34. 我宁愿离开公司，也不愿意接受让我离开全面管理的工作。

35. 我宁愿离开公司，也不愿意接受约束我自由和自主控制权的工作。

36. 我希望有一份让我有安全感和稳定感的工作。

37. 我梦想着创建属于自己的事业。

38. 如果工作限制了我为他人提供帮助或服务，我宁愿离开公司。

39. 去解决那些几乎无法解决的难题，比获得一个高的管理职位更有意义。

40. 我一直在寻找一份能最小化个人和家庭之间冲突的工作。

说明：

职业锚，又称职业系留点（Career Anchor），实际就是人们选择和发展自己的职业时所围绕的中心，是指当一个人不得不做出选择的时候，他/她无论如何都不会放弃的职业中的那种至关重要的东西或价值观，是自我意向的一个习得部分。是个人进入早期工作情境后，由习得的实际工作经验所决定，与在经验中自省的动机、价值观、才干相符合，达到自我满足和补偿的一种稳定的职业定位。职业锚强调个人能力、动机和价值观三方面的相互作用与整合，是个人同工作环境互动作用的产物，在实际工作中是不断调整的。

职业锚（职业价值观）的概念是由美国的施恩教授在 1978 年提出的，是国外职业测评运用最广泛、最有效的工具之一。职业价值观测试就是最佳职业定位，是一个人在长期的职业生涯实践中通过内外部条件、因素的比较，自觉主动选择能最有利于自身发展和做出最大贡献的职业定位。职业价值观测试主要适用于对自己的职业有所了解的在职员工。

评分标准：

现在重新看一下你给分较高的描述，从中挑出与你日常想法最为吻合的三个题目，在原来的评分基础上，将这三个题目得分再各加上 4 分，然后把各题得分填入下表，按列将分数累加，得到每列总分，将每列总分除以 5 得到平均分，最终平均分就是你自我评价的结果，最高分所在列，代表你“真实自我”的职业锚。

得分表：

	TF 技术/职能型	GM 管理型	AU 自主/独立型	SE 安全/稳定型	EC 创造型	SV 服务型	CH 挑战型	LS 生活型
	1	2	3	4	5	6	7	8
	9	10	11	12	13	14	15	16
	17	18	19	20	21	22	23	24
	25	26	27	28	29	30	31	32
	33	34	35	36	37	38	39	40
总分								
平均分(/5)								

结果分析：

职业锚	总分	平均分	说明
TF			技术/职能型的人，追求在技术/职能领域的成长和技能的不断提高，以及应用这种技术/职能的机会。他们对自己的认可来自他们的专业水平，他们喜欢面对来自专业领域的挑战。他们一般不喜欢从事一般的管理工作，因为这将意味着他们放弃在技术/职能领域的成就
GM			管理型的人追求并致力于工作晋升，倾心于全面管理，独自负责一个部分，可以跨部门整合其他人的努力成果，他们想去承担整个部分的责任，并将公司的成功与否看成自己的工作。具体的技术/功能工作仅仅被看作通向更高、更全面管理层的必经之路
AU			自主/独立型的人希望随心所欲安排自己的工作方式、工作习惯和生活方式。追求能施展个人能力的工作环境，最大限度地摆脱组织的限制和制约。他们宁愿放弃提升或工作扩展机会，也不愿意放弃自由与独立
SE			安全/稳定型的人追求工作中的安全与稳定感。他们可以预测将来的成功从而感到放松。他们关心财务安全，例如退休金和退休计划。稳定感包括诚信、忠诚以及完成老板交代的工作。尽管有时他们可以达到一个高的职位，但他们并不关心具体的职位和具体的工作内容

续表

职业锚	总分	平均分	说明
EC			创业型的人希望用自己的能力去创建属于自己的公司或创建完全属于自己的产品（或服务），而且愿意去冒风险，并克服面临的障碍。他们想向世界证明公司是他们靠自己的努力创建的。他们可能正在别人的公司工作，但同时他们在学习并评估将来的机会。一旦他们感觉时机到了，他们便会自己走出去创建自己的事业
SV			服务型的人指那些一直追求他们认可的核心价值，例如帮助他人、改善人们的安全、通过新的产品消除疾病。他们一直追寻这种机会，即使这意味着变换公司，他们也不会接受不允许他们实现这种价值的工作变换或工作提升
CH			挑战型的人喜欢解决看上去无法解决的问题，战胜强硬的对手，克服无法克服的困难障碍等。对他们而言，参加工作或职业的原因是工作允许他们去战胜各种不可能。新奇、变化和困难是他们的终极目标。如果事情非常容易，它马上变得非常令人厌烦
LS			生活型的人喜欢允许他们平衡并结合个人的需要、家庭的需要和职业的需要的工作环境，他们希望将生活的各个主要方面整合为一个整体。正因为如此，他们需要一个能够提供足够的弹性让他们实现这一目标的职业环境。甚至可以牺牲他们职业的一些方面，如：提升带来的职业转换，他们将成功定义得比职业成功更广泛。他们认为自己在如何去生活、在哪里居住、如何处理家庭事务以及在组织中的发展道路是与众不同的

知识拓展

一、目标影响人生

哈佛大学有一个非常著名的关于目标对人生影响的跟踪调查。调查的对象是一群智力、学历、环境等条件差不多的年轻人。调查结果发现，27% 的人没有目标，60% 的人目标模糊，10% 的人有清晰但比较短期的目标，3% 的人有清晰且长期的目标。25 年的跟踪研究结果显示，他们的状况及分布现象十分有意思。

那些 3% 有清晰且长期目标的人，25 年来几乎都不曾更改过自己的人生目标。25 年来他们都朝着同一方向不懈地努力，25 年后，他们几乎都成了社会各界的顶尖成功人士。他们中不乏白手创业者、行业领袖、社会精英。

那些10%有清晰短期目标者，大都在社会的中上层。他们的共同特点是，短期目标不断被达成，状态稳步上升，成为各行各业的不可或缺的专业人士，如医生、律师、工程师、高级主管等等。

而那些60%的模糊目标者，几乎都在社会的中下层面，他们能安稳地工作，但都没有什么特别的成绩。

剩下的27%是那些25年来都没有目标的人群，他们几乎都在社会的最底层。他们过得不如意，常常失业，靠社会救济，并且常常都在抱怨他人、抱怨社会、抱怨世界。

确定自己的职业目标，规划自己的职业生涯，提高自己的就业能力，制订自我发展的行动计划，对于个人的发展来说必不可少。

二、决定面试60秒

有些人说求职面试的前5分钟最关键，也有人说是否被录用取决于面试的前60秒。如何才能在面试的前几秒钟之内就给人留下好印象呢？以下的几点对你也许有所帮助。

1. 事先确定好要穿的衣服，弄清楚面试的地点究竟在哪里。有必要的话，先跑一趟。

2. 对接待人员要和蔼；在等候面试时可读杂志，但不要吸烟或嚼口香糖。

3. 说几句话打破沉默，例如赞美一下漂亮的办公室、有趣的图画等。

4. 在对方招呼你坐下以前不要坐下，不要主动和对方握手，除非对方先伸出手来。

5. 在面试时尽量使用对方的姓氏，除非你们是好朋友，否则不要直呼对方的名字。通过看着面试者的鼻梁来保持目光的接触，但必须时不时地把目光移开，否则对方会认为你很怪异且不真诚。

三、小故事大道理

我们靠自己

小蜗牛问妈妈：为什么我们从生下来，就要背负这个又硬又重的壳呢？

妈妈：因为我们的身体没有骨骼的支撑，只能爬，又爬不快，所以要这个壳的保护！

小蜗牛：毛虫姐姐没有骨头，也爬不快，为什么她却不用背这个又硬又重的壳呢？

妈妈：因为毛虫姐姐能变成蝴蝶，天空会保护她啊。

小蜗牛：可是蚯蚓弟弟也没骨头，也爬不快，也不会变成蝴蝶，他为什么不背这个又硬又重的壳呢？

妈妈：因为蚯蚓弟弟会钻土，大地会保护他啊。

小蜗牛哭了起来：我们好可怜，天空不保护，大地也不保护。

蜗牛妈妈安慰他：所以我们有壳啊！我们不靠天，也不靠地，我们靠自己。

道理：

在人生的道路上，别人是不可能代替自己的，自己的路终究要自己走才能踏实，流自己的汗，吃自己的饭，自己的事情自己干。

附　　录

好书推荐：《年轻人成功的资本》

作者简介：奥里森·马登（Orison Swett Marden）是美国《成功》杂志的创办人，被誉为美国成功学运动的先驱和伟大的成功励志导师。马登的著作和他的成功理论不仅改变了世界上千百万人的命运，也使他变成百万富翁，从无名之辈成为世界上伟大的成功大师。他的著作与新思想运动的其他著作一样，贯穿了一种积极上进的信念，而马登的著作更接近普通读者的思想和生活，因而成为一种永不过时的人生经典。马登的著作被翻译成二十多种文字，是世界上最畅销的著作之一。美国第25任总统威廉姆·麦金莱评价道："马登的书对所有具有高尚的远大抱负的年轻读者都是一个巨大的鼓舞。我认为，没有任何东西比马登的书更值得推荐给每一位美国年轻人。"我国的林语堂先生也专门为马登著作的中文版作序，将其推荐给中国的青年，认为是每一位年轻人的"成功圣经"。

内容简介：作为一个青年，你是否正沉沦于烦闷、消极、悲观、颓唐的苦海中？如果是，那就看看这本书吧。这本由美国最伟大的成功励志导师马登编著的通俗成功心理学书籍，将以鞭辟入里的文字，传授其个人成功学，帮助每个想出人头地的年轻人寻找人生的意义。读完本书，你一定会精神为之大振，人生观念为之一变，烦闷、消极、悲观、颓唐的妖雾阴霾驱除尽净。我们的时代也呼唤着这样的人。他有着深刻的思想、伟大的心灵、坚定的信仰和随时准备好的双手，这样的人，不会被各种各样的欲望所扼杀；这样的人，不会被办公室的腐败所收买；这样的人，拥有独立的观点与坚强的决心；这样的人，以荣誉感为安身立命之本；这样的人，会在一个煽动家面前挺身而出，无畏地揭穿他们美丽的谎言。他们是真正伟大的人，闪耀着人性的光，透过人性的重重迷雾，在人的思想上留下深深的烙印。

影片推荐：《当幸福来敲门》(*The Pursuit of Happyness*)

导演：加布里尔·穆奇诺

编剧：史帝文康拉德

主演：威尔·史密斯、贾登·史密斯、桑迪·牛顿

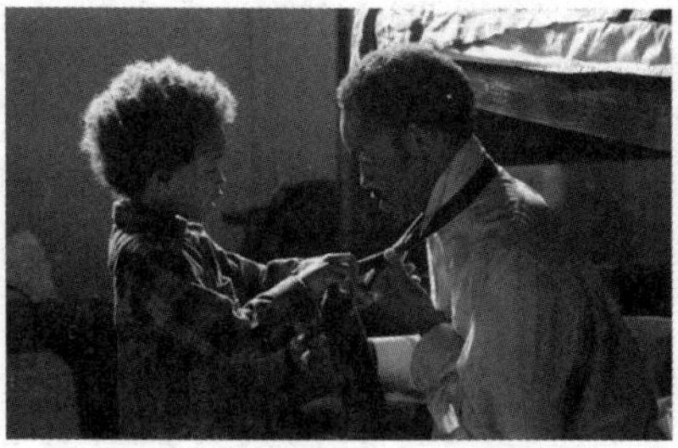

影片简介：这是一部获得奥斯卡提名最佳男主角的剧情片。电影改编自美国加德纳理财公司执行长克里斯·加德纳的真实故事，由意大利导演加布里尔·穆契诺执导，威尔·史密斯饰演克里斯·加德纳，并担任监制，而他现实生活中的儿子贾登·史密斯则饰演克里斯的儿子克里斯托弗。克里斯以推销医疗器材为业，他热爱家庭，这份工作却无法维持家计，贫贱夫妻百事哀，妻子也因此离开。为了自己和家人的未来，克里斯想方设法挤进证券经纪公司当一名无薪实习生，屋漏偏逢连夜雨，他和唯一的儿子被逐出公寓，住进汽车旅馆，正当情况逐渐好转，在银行的存款又因欠税被政府全数充公，父子俩只好露宿街头。只要他能修好手上的医疗器材，只要他能比别人多争取一份业绩，只要他能从 20 名实习生中脱颖而出，他坚信就能带给儿子更好的明天，追求满脸笑容的幸福。

参考文献

[1]俞国良.大学生心理健康[M].北京:北京师范大学出版社,2019.

[2]周莉,刘海娟.大学生心理健康教育(第三版)[M].北京:中国人民大学出版社,2020.

[3]欧晓霞,罗杨.大学生心理健康(第2版)[M].北京:清华大学出版社,2017.

[4]文书锋,胡邓,俞国良.大学生心理健康通识(第3版)[M].北京:中国人民大学出版社,2019.

[5]苏琼瑶,杨美玲,王闪闪.大学生心理健康教育[M].北京:中国轻工业出版社,2020.

[6]高峰,石瑞宝.大学生心理健康教育[M].北京:清华大学出版社,2020.

[7]林丹华,张天太.大学生心理健康教育[M].北京:中国传媒大学出版社,2012.

[8]侯丽萍,张慧全.大学生心理健康与心理素质训练[M].长春:东北师范大学出版社,2011.

[9]欧阳辉,闫华,林征.大学生心理健康应用教程[M].沈阳:辽宁教育出版社,2010.

[10]张潮,杨晓荣.自助与成长——大学生心理健康教育[M].北京:教育科学出版社,2010.

[11]樊富珉等.大学生心理健康与发展[M].北京:清华大学出版社,2001.

[12]雅琴.小故事大道理[M].北京:海潮出版社,2010.

[13]欧晓霞,曲振国.大学生心理健康[M].北京:清华大学出版社,2006.

[14]王宇.生活要懂点心理学[M].北京:化学工业出版社,2009.

[15]叶斌.督导与反思:心理咨询案例集(大学生篇)[M].上海:华东师范大学出版社,2009.

[16]肖嘉铭.做自己的心理专家[M].北京:金城出版社,2010.

[17]王金海,郭海峰.塑造阳光心态——大学生心理知识读本[M].北京:教育科学出版社,2012.

[18][美]斯宾塞·约翰逊.谁动了我的奶酪[M].魏平译.北京:中信出版社,2002.

[19]朱智贤.心理学大辞典[M].北京:北京师范大学出版社,1989.

[20]樊富珉.大学生团体心理咨询[M].北京:清华大学出版社,2001.

[21]迟沂军,王红菊.大学生心理健康辅导[M].徐州:中国矿业大学出版社,2010.

[22]宋彩玲,杜元刚.身心健康(下册)[M].北京:高等教育出版社,2010.

[23]马存根.大学生心理健康教育[M].北京:人民卫生出版社,2005.

[24]聂振伟.高职心理健康(阳光教育)[M].北京:北京师范大学出版社,2003.

[25][美]理查德·格里格,菲利普·津巴多.心理学与生活[M].王垒,王甦等译.北京:人民邮电出版社,2003.

[26]詹启生.审视自我[M].河北:河北大学出版社,2003.

[27]陶国富等.大学生网络心理[M].上海:立信会计出版社,2004.

[28]冉超凤等.高职大学生心理健康与成才[M].北京:科学出版社,2005.

[29]黄希庭.大学生心理健康教育[M].上海:华东师范大学出版社,2004.

[30]彭耽龄.普通心理学[M].北京:北京师范大学出版社,2004.

[31]陈琦,刘儒德.当代教育心理学[M].北京:北京师范大学出版社,2007.

[32]皮连生.教育心理学[M].上海:上海教育出版社,2004.

[33]叶奕乾.现代人格心理学[M].上海:上海教育出版社,2005.

[34]潘海红.大学生心理健康自助[M].合肥:合肥工业大学出版社,2006.

[35]张德胜,陈政.身边心理学[M].上海:上海科学技术文献出版社,2003.

[36]邵伏先.当代爱情心理[M].武汉:湖北人民出版社,1987.

[37]陆小娅.自我结与解[M].上海:华东师范大学出版社,2007.

[38]曹日昌.普通心理学[M].北京:人民教育出版社,2004.

[39]段鑫星,程婧.大学生心理危机干预[M].北京:北京科学出版社,2006.

[40]李慧波.团队精神[M].北京:新华出版社,2004.

[41]王登峰.临床心理学[M].北京:人民教育出版社,1999.

[42]白玉萍.破译心灵密码[M].北京:中国林业出版社,2004.

[43]陆卫明,李红.人际关系心理学[M].西安:西安交通大学出版社,2006.

[44]鲁克成. 打造你的心理优势[M]. 北京:科学出版社,2005.

[45]叶素贞,曾振华. 情绪管理与心理健康[M]. 北京:北京大学出版社,2007.

[46][美]卢西安尼. 改变自己:心理健康自我训练[M]. 迟梦筠,孙燕译. 重庆:重庆大学出版社,2008.

[47][美]威尔伯. 性、生态、灵性[M]. 李明等译. 北京:中国人民大学出版社,2009.

[48]白羽. 改变心力——团体心理训练与潜能激发[M]. 杭州:浙江文艺出版社,2006.

[49][美]丹尼尔·阿门. 大脑处方[M]. 肖铁,郭小社等译. 北京:中国社会科学出版社,2003.

[50]段鑫星,赵岭. 大学生心理健康教育[M]. 北京:科学出版社,2008.

[51]李桦. 假如太阳愿意——学子、学习与生命[M]. 北京:高等教育出版社,2008.

[52]聂振伟. 心灵的距离——人际关系解码[M]. 北京:高等教育出版社,2008.

[53]易法建,冯正直,倪泰一. 心理医生[M]. 重庆:重庆出版社,2006.

[54][美]科尔斯基. 危机干预与创伤治疗方案[M]. 梁军等译. 北京:中国轻工业出版社,2004.

[55]郑雪等,健康与人格[M]. 广州:暨南大学出版社,2007.

[56]吴建玲. 大学生心理健康与心理素质训练[M]. 广州:华南理工大学出版社,2007.

[57][美]伊夫·阿达姆松. 解压全书:压力管理[M]. 方蕾译. 黑龙江:科学技术出版社,2011.

[58]李虹. 压力应对与大学生心理健康[M]. 北京:北京师范大学出版社,2004.

[59]曾天德. 大学生健康人格塑造导论[M]. 北京:中国社会科学出版社,2008.